内容简介

《中国研究生教育研究进展报告2019》坚持“汇聚研究生教育研究成果、展现研究生教育研究状态、引导研究生教育研究方向、提高研究生教育研究水平”的指导思想，对2018年我国研究生教育研究的进展进行了梳理。希望能够帮助读者从宏观的视角认知中国研究生教育研究的主要领域和重点问题，准确把握当前研究生教育研究的内容及热点和趋势。

本报告分为研究生教育基本理论问题、研究生教育质量研究、研究生教育培养研究、研究生导师队伍建设研究、研究生招生与就业研究、研究生教育德育研究、学科建设研究、研究生教育管理、研究生教育国际比较研究、“双一流”建设研究10个专题。各专题聚焦研究主题，系统梳理文献，全面反映了我国研究生教育2018年研究成果。同时，在分析文献分布情况的基础上，归纳了年度研究热点、研究方法、作者群特点，指出相关专题的研究空白领域，并对2011—2018年研究生教育研究进展情况进行了历史回溯分析。

本报告既可以为有关学者和研究生提供研究信息与线索，也可为研究生教育管理者提供相关的参考资料。

Abstract

By collecting the outcomes of the graduate education research, demonstrating current status, guiding the research direction and promoting the development, the report reveals the progress of Chinese graduate education research in 2018 with an intention to help readers cognize main fields and key issues of Chinese graduate education research from a macro perspective, and have an accurate grasp the contents, hotspots and trends of current graduate education research.

10 subjects are included in the report, which are researches on theory, quality research, talent cultivation, graduate supervisors construction, enrollment and employment, moral education research, discipline construction, graduate students management issues, international comparison, and "Double World - class" construction. Each subject focuses on research theme, sorts out the literature, fully reflects the achievements of Chinese graduate education research in 2018. Meanwhile, on the basis of the analyzing the distribution of literature, the report sums up the annual research hotspots, research methods, the authors group characteristics, points out the research gaps of relevant subjuects, and 2011, 2012, 2013, 2014, 2015, 2016 historical analysis of the progress of graduate education research in the year, 2017, and 2018.

This report can not only provide research information and clues for relevant scholars and graduate students, but also provide relevant reference for graduate education managers.

中国研究生教育研究进展报告
2019

Chinese Graduate Education
Research Progress Report 2019

中国学位与研究生教育学会进展报告编写组　编著

中国科学技术出版社
·北　京·

图书在版编目（CIP）数据

中国研究生教育研究进展报告.2019/中国学位与研究生教育学会进展报告编写组编著.—北京：中国科学技术出版社，2019. 8

ISBN 978-7-5046-8339-7

Ⅰ.①中… Ⅱ.①中… Ⅲ.①研究生教育-教育研究-研究报告-中国-2019 Ⅳ.①G643

中国版本图书馆 CIP 数据核字（2019）第 168161 号

策划编辑 王晓义
责任编辑 王晓义
封面设计 孙雪骊
责任校对 杨京华
责任印制 徐 飞

出　　版 中国科学技术出版社
发　　行 中国科学技术出版社有限公司发行部
地　　址 北京市海淀区中关村南大街 16 号
邮　　编 100081
发行电话 010-62173865
传　　真 010-62179148
投稿电话 010-63581202
网　　址 http://www.cspbooks.com.cn

开　　本 720mm×1000mm 1/16
字　　数 360 千字
印　　张 18
印　　数 1—3000 册
版　　次 2019 年 8 月第 1 版
印　　次 2019 年 8 月第 1 次印刷
印　　刷 北京荣泰印刷有限公司
书　　号 ISBN 978-7-5046-8339-7/G·814
定　　价 56.00 元

编 委 会

研究生教育领域仍需摸着石头过的三条河

（代　序）

2018年是改革开放40周年，也是我国恢复研究生教育的第40个年头。40年来，我国研究生教育立足中国国情，同时借鉴国外的成功经验，建立了具有中国特色的学位制度，形成了较为完整的研究生培养体系，构建了基本的研究生质量保障机制，实现了立足国内自主培养高层次人才的目标。40年来，我们始终前进在改革、探索、创新的道路上。教育是关乎国家和民族百年大计的基础性社会领域，需要改革、探索和创新，同时也要防止将改革异化为“变来变去”，将探索、创新变成不断的“折腾”。这就需要我们深入进行思考和研究，特别是对教育规律等基础问题进行研究，同时也需要对政策进行研究，包括在研究教育规律的基础上对以往的政策效果进行分析，做出评价。

1978年恢复研究生招生，我国迎来了教育、科技发展的春天。当时邓小平同志亲自领导了教育领域和科技领域的三大战略决策。教育领域的三大战略决策是恢复高考和研究生教育、建立学位制度和大规模派遣留学生。科技领域的三大决策是恢复国家科技规划委员会（后改为国家科学技术委员会）、设立国家自然科学基金和实施“国家高技术研究发展计划（863计划）”。教育和科技的这些重大战略决策，均是在1978年到20世纪80年代中期实施的，这为我国改革开放和社会主义现代化强国建设奠定了高层次人才培养的基础。

在20世纪80年代后期和90年代，国家启动“211工程”与“985工程”建设，设立“长江学者奖励计划”，积极发展专业学位等。“211工程”吹响了建设高水平大学的号角；“长江学者奖励计划”开始扭转脑体收入倒挂现象。随着改革开放的深入和经济社会的发展，国家又陆续出台了一系列改革举措，如高等教育大规模扩招、高校合并、划分副部级高校等。这些政策促进了高等教育的快速发展，对中国的社会发展产生了深远影响；同时也带来了新问题，需要进一步改革。

一般来说，一项教育政策的效果需要5年、10年，甚至更长时间才能显现，才能对其做出较为客观的评价。以改革开放40周年为契机，对一些重要政策的效果和影响进行认真的回顾、总结、评估，会使我们不断认识规律、发现问题，站上新的高度。40年来，我国研究生教育从小到大，走出了一条中国特色的发展道路，成为世界研究生教育大国。但要发展成为研究生教育强国，还需继续努力，继续摸着石头趟过三条深水河。

一、体制机制深水河：研究生招生规模的调节机制

我国研究生教育的招生规模完全由政府计划，经费数量取决于招生规模，由政府承担。国家发展改革委确定每一年的招生规模计划，教育部给各地和各直属高校分配招生名额，财政部根据各地各校招生人数核拨经费。美国的研究生教育经费完全含在各种国家科研项目经费中，招生规模完全取决于国家的科技投入，科技经费投入成为研究生招生规模的调节机制。我国和美国的两种模式各有优势和不足，我国的模式可以保证研究生培养规模和基本的公平性。问题是不能满足高校的需求，研究生培养规模增量也不能向高水平培养单位集中。美国模式的问题是研究生招生规模仅取决于科技经费，未必能满足全社会对研究生教育的需求。如果把两种模式相结合，就能实现最优化。具体来说，就是将政府刚性计划转变为：政府计划 + 培养单位国家科技项目数量调节。培养单位根据自身国家科技计划项目增量提出增加培养研究生，特别是博士研究生数量的要求，政府部门同意后将其纳入国家招生计划。这部分增加的研究生培养经费由培养单位从自己的科研经费中支出。这样做的难度不大，问题在于有关政府部门必须从机制改革大局出发，形成共识，商定办法，协调职责，这在我国绝非易事。

二、培养模式深水河：专业学位与学术学位的差异化培养

专业学位的设置使我国的三级学位成为三级两类学位。既然是两类学位，其人才就应当实行差异化培养。专业学位与学术学位的差异化培养，包括研究生培养目标差异化、生源与选拔差异化、培养模式差异化和评价差异化。国务院学位委员会和教育部制定的专业学位与学术学位人才培养目标是有明确差异化的，因此培养目标差异化在政策上不存在问题。关键是其他方面的差异化，特别是培养过程和评价的差异化，实际做起来有相当难度，是名副其实的“深水河”。

早期的专业学位研究生面向在职人员，要求具有一定工龄，生源与学术学位完全不同。这部分人员有实践经验，有期望解决的实际问题，一般也不存在

就业问题，他们继续深造主要希望提高和扩大专业知识，因此当时在培养环节方面与学术学位无差异不构成太大问题。现在，大多专业学位生源也是应届本科毕业生，与学术学位生源失去差异，因而必须在培养环节和评价方面具有显著差异化，才能实现培养目标的差异化，这是当前每一个培养单位都面临的重大问题。

另一个重要问题是评价的差异化。这一问题解决好，会带动培养模式差异化。对于学术学位研究生来说，其能力和成果的展示、评价平台都很丰富，比如各种学术会议、学术期刊等。但对专业学位研究生，其动手和创新实践能力与成果的展示、评价平台长期处于欠缺状态，导致绝大多数培养单位对专业学位研究生的评价手段、方法与学术学位研究生无差异，不同的是质量要求普遍降低，导致专业学位研究生的声誉受到影响。政府主管部门、培养单位和有关社会机构应当对此高度重视，要加大探索构建适合于专业学位研究生能力与成果的展示、评价平台。教育部学位中心组织开展研究生创新实践系列大赛是一个良好的开端。希望若干年以后，学术学位研究生发表论文，专业学位研究生参加大赛成为培养单位的基本共识。

三、基础理论深水河：研究生教育学理论体系

由于历史原因，长期以来研究生教育学研究一直是我国高等教育研究中的一个薄弱环节，专门研究人员极少，研究成果不多，存在许多空白，如研究生教育经济学、研究生教育心理学、研究生教育社会学等，尚无人涉足。目前，绝大多数研究都集中在研究生教育教学和管理改革的探索实践方面，这确实应当是我们研究的主要目标，但研究生教育的基础理论问题也需要有专家进行研究，这样才能不断深化研究，并使研究生教育改革逐步建立在更加理性和符合教育规律的基础上。理论体系的形成需要漫长的过程，需要不断培育扩大专门研究队伍，需要坚持挖掘归纳研究生教育规律，需要将改革实践的经验向理论体系的升华。研究生教育学理论体系，是我希望经过多年努力能摸着石头过去的一条深水河。

“雄关漫道真如铁”。我国要从研究生教育大国变为研究生教育强国，还有许多山要攀登，有许多河要渡过，也许还会走弯路，但是，只要我们不忘初心、戮力同心、坚持不懈，不断摸着石头过河，就一定能到达成功的彼岸。

中国学位与研究生教育学会会长　赵沁平

（原载《研究生教育研究》2019 年第 1 期）

目　　录

Contents

文献概述

文献概述反映了2018年度研究生教育研究的总体进展。笔者采用文献计量的方法，从关键词、期刊、作者、发文机构、论文引用等角度，全面系统反映2018年度研究生教育研究文献的分布特点和学者影响力。文献概述以年度统计为主，也兼顾了文献分布的纵向比较，以呈现研究生教育研究的连续性。

第一节　文献范围确定与检索方式

一、数据来源

本报告涉及的研究文献类型为公开发表的期刊论文、学位论文、学术著作和报纸文章，起止时间为2018年1月1日至2018年12月31日。

期刊文献来源于南京大学中国社会科学研究评价中心的《中文社会科学引文索引来源期刊（2017—2018）》中的教育学及其扩展版期刊。同时，为了更好地展现国内研究生教育研究的动态，本报告加入了北京大学《中文核心期刊要目总览（第八版）》中的教育学期刊。期刊文献的全文来自中国知网（CNKI）期刊全文数据库和万方数据平台；学位论文来自CNKI中国博士学位论文全文数据库、中国优秀硕士学位论文全文数据库和万方数据平台，以及清华大学、北京大学（新增加）、中国人民大学、北京理工大学学位论文数据库；学术著作来自读秀学术搜索引擎图书数据库；报纸文章来自中国知网中国重要报纸全文数据库。

二、检索方法

期刊论文的检索继续沿用目录定刊、词语定文、人工鉴别三个步骤。具体如下。

1. 目录定刊

期刊文献来源有两类，一是南京大学中国社会科学研究评价中心的《中文社会科学引文索引来源期刊（2017—2018）》中的教育学期刊及其扩展版，共有 51 个；二是北京大学《中文核心期刊要目总览（第八版）》教育学期刊，共有 48 个。两类数据库合并去除重复项，共确定了 57 个来源期刊（表 0－1）。

表 0－1　2018 年研究生教育研究文献来源期刊

序号	期刊名称	序号	期刊名称	序号	期刊名称
1	北京大学教育评论	20	江苏高教	39	外国中小学教育
2	比较教育研究	21	教师教育研究	40	现代大学教育
3	大学教育科学	22	教育发展研究	41	现代教育管理
4	当代教育科学	23	教育科学	42	现代教育技术
5	当代教育论坛	24	教育科学研究	43	现代远程教育研究
6	当代教育与文化	25	教育理论与实践	44	现代远距离教育
7	电化教育研究	26	教育学报	45	学前教育研究
8	复旦教育论坛	27	教育学术月刊	46	学位与研究生教育
9	高等工程教育研究	28	教育研究	47	学校党建与思想教育
10	高等教育研究	29	教育研究与实验	48	研究生教育研究
11	高教发展与评估	30	教育与经济	49	远程教育杂志
12	高教探索	31	开放教育研究	50	中国大学教学
13	高校教育管理	32	课程·教材·教法	51	中国电化教育
14	国家教育行政学院学报	33	清华大学教育研究	52	中国高等教育
15	河北师范大学学报·教育科学版	34	全球教育展望	53	中国高教研究
16	黑龙江高教研究	35	数学教育学报	54	中国高校科技
17	湖南师范大学教育·科学学报	36	思想教育研究	55	中国教育学刊
18	华东师范大学学报·教育科学版	37	思想政治教育研究	56	中国特殊教育
19	基础教育	38	外国教育研究	57	中国远程教育

2. 词语定文

第一，由专家确定 2018 年度与研究生教育相关的检索关键词，并编制检索式。检索关键词分为核心关键词和辅助关键词两类。核心关键词包括“学位”“研究生”“硕士”“博士”“导师”“学科”以及“双一流”“一流大学”“一流学科”。第二，在CNKI期刊数据库以及万方数据平台中通过“专业检索”方式在57种来源期刊范围内，进行关键词的二次检索。

3. 人工鉴别

第一步，由编写组两名秘书对全部检索文献进行人工鉴别，剔除与研究主题无关的题录信息，完成初步筛选。第二步，将经过初步筛选的有效文献信息汇总发送至报告编写组全体成员，进行二次筛选、甄别，确定2018年度研究生教育研究领域文献。

报纸文章、学位论文、学术著作的检索同样采用期刊文章的检索关键词，分别在CNKI中国重要报纸全文数据库、CNKI中国博士及优秀硕士学位论文全文数据库、万方中国学位论文数据库、清华大学学位论文数据库、中国人民大学学位论文数据库、北京大学博硕士学位论文全文资料库、北京理工大学博硕士学位论文数据库、读秀学术搜索引擎中进行检索，并通过两次人工鉴别的方式确定最终文献。

经过上述检索步骤，得到2018年研究生教育研究文献来源统计表（表0－2）。

表0－2　2018年研究生教育研究文献来源统计

文献类型	数　据　库	数　量	比例/%
期刊论文	CSSCI（2016—2017）来源期刊目录（含扩展版）、中文核心期刊	1200	72.86
学位论文	CNKI、万方中国博士学位论文全文数据库	19	1.15
	CNKI、万方中国优秀硕士学位论文全文数据库	296	17.97
学术著作	读秀学术搜索引擎（图书数据库）	58	3.53
报纸文章	CNKI中国重要报纸全文数据库	74	4.49
总　计		1647	100.00

表0－3呈现了2011—2018年相关研究文献的分布情况。2018年度将“双一流”文献纳入检索范围，因此文献数量上较2017年有显著提升。

表0－3　2011—2018年研究生教育研究文献分布

（单位：篇）

年份	期刊论文	博士论文	硕士论文	学术著作	报纸文章	总　计
2011	648	11	247	17	69	992
2012	676	21	479	31	47	1253
2013	721	38	395	38	111	1303

续表

年份	期刊论文	博士论文	硕士论文	学术著作	报纸文章	总　计
2014	985	13	365	53	211	1627
2015	884	10	344	41	25	1304
2016	707	16	436	60	61	1280
2017	817	18	341	41	73	1290
2018	1200	19	296	58	74	1647

第二节　文献分布

本节主要从关键词、期刊来源、作者、机构、引用率等维度，对 2018 年的研究生教育研究文献进行统计分析，展现文献分布的总体情况。

一、期刊论文

期刊是研究成果最主要的发表阵地和学术影响力传播平台。CSSCI 收录的中文期刊以及中文核心期刊上发表的论文，总体水平较高，涉及的研究领域也比较全面。选取 CSSCI 期刊及中文核心期刊论文进行分析，可以较好地反映年度研究生教育研究的概况。

（一）按关键词统计

论文的关键词反映了文章的理论基础、关键问题、主要方法与核心观点等方面的信息。表 0－4 列出了 2018 年研究生教育研究期刊论文中出现 20 次及以上的关键词，共计 12 个。

表 0－4　2018 年研究生教育研究期刊论文的出现 20 次及以上的关键词统计

排　序	频　次	关　键　词
1	99	双一流建设
2	96	双一流
3	94	研究生教育
4	86	一流学科

续表

排　序	频　次	关　键　词
5	84	世界一流大学
6	69	研究生
7	53	学科建设
8	46	一流大学
9	36	人才培养
10	25	学科
11	23	跨学科
12	20	专业学位

与往年相比，“研究生教育”“研究生”依然是期刊文献的最主要关键词。同时，在2018年度期刊文献中，“一流学科”“世界一流大学”“双一流”“一流大学”“世界一流学科”等“双一流”建设相关关键词的频次显著增加，占比超过了“人才培养”“专业学位”“培养模式”等往年主要高频关键词。

图0－1是2018年度研究生教育期刊论文中出现频次20次及以上的关键词文字云，直观展现了各关键词的热度。

图0－1　2018年研究生教育期刊论文中出现20次及以上的关键词文字云

（二）按期刊发文统计

表0－5列出了2018年研究生教育领域刊文数量10篇及以上的期刊。与往年相同，《学位与研究生教育》和《研究生教育研究》的发文数量继续高居前两位。

载文数量排在前五位的还有《黑龙江高教研究》《江苏高教》《中国高等教育》。2018 年，排序前 10 位的期刊载文量合计达到 712 篇，占到了总数的 59. 33% 。

表 0 – 5　2018 年刊载研究生教育研究论文 10 篇及以上的期刊统计

序　　号	期刊名称	篇　　数
1	学位与研究生教育	167
2	研究生教育研究	102
3	黑龙江高教研究	76
4	江苏高教	71
5	中国高等教育	69
6	中国高教研究	62
7	中国高校科技	49
8	现代教育管理	43
9	高教探索	40
10	高等工程教育研究	33

（三）按作者统计

2018 年，参与研究生教育领域相关主题研究并发表 4 篇及以上文章的作者达到了 51 位，较 2017 年有了显著提高，说明已经有越来越多的学者关注研究生教育问题、开展研究生教育理论与实证研究，研究生教育研究队伍日益壮大。从表 0 – 6 学者发文数量统计表来看，南京农业大学董维春、罗英姿、汪霞，天津大学高耀，武汉理工大学梁传杰，北京航空航天大学马永红，北京理工大学王战军、李明磊，北京大学沈文钦，江西师范大学刘小强，中国教育科学研究院孟照海，东北师范大学杨朔镔等人的发文数量较多，达到了 6 篇及以上。

表 0 – 6　2018 年发表 4 篇以上研究生教育研究论文的作者列表

（不计论文署名顺序）

篇数	作　　者
11	董维春
7	高耀、梁传杰、罗英姿、马永红、汪霞
6	王战军、沈文钦、洪柳、李明磊、刘小强、孟照海、杨朔镔
5	别敦荣、曹志峰、董云川、黄巨臣、李枫、李润洲、宋永华、王顶明、王文礼、吴伟、伍宸、杨佳乐、张海滨、周海涛

续表

篇数	作者
4	白丽新、陈燕、龚放、何海燕、李志峰、林梦泉、刘国瑜、刘强、刘瑞儒、刘志、彭颖晖、田贤鹏、王传毅、王洪才、闫广芬、杨超、张立迁、张茂聪、张淑林、赵世奎、周文辉、朱冰莹、朱金明

（四）按作者机构统计

表0－7是2018年度在研究生教育领域发表论文15篇及以上的作者机构统计。可以看出，清华大学是年度研究生教育研究期刊论文方面的最高产单位。

表0－7　2018年发表15篇以上研究生教育研究论文的机构统计

（不计机构署名顺序）

篇数	机构名称	篇数	机构名称
57	清华大学	36	天津大学
54	北京师范大学	33	厦门大学
53	华东师范大学	31	东北师范大学
50	南京大学	29	北京理工大学
50	北京大学	26	西南大学
44	浙江大学	22	浙江师范大学
42	北京航空航天大学	21	中国科学技术大学
40	南京农业大学	21	华中科技大学

（五）按文章被引频次统计

在中国知网引文数据库中，将发表时间段设置为2011—2018年、被引时间段设置为2011—2019年，学科类别限定为社会科学Ⅱ辑，以教育学CSSCI期刊为期刊来源，以“研究生”“博士”“硕士”“学位”“导师”为被引关键词进行专业检索（检索时间：2019年5月8日），以引用率进行排序，可得到8年间研究生教育研究领域被引频次前10名的期刊文章，如表0－8所示。

从研究主题上看，被引较高的文献研究主要围绕“专业学位”“研究生教育培养”“研究生教育创新能力”等关键词展开，是8年间我国研究生教育研究的热点。同时，《高等教育研究》《学位与研究生教育》是7年间我国研究生教育研究领域高被引文献的主要期刊来源。

表 0－8　2011—2018 年被引频次前 10 名的期刊论文统计

序号	被引题名	被引作者	被引来源	出版年（期）	被引频次	他引频次
1	我国研究生创新能力的现状及其影响机制	朱红、李文利、左祖晶	高等教育研究	2011（2）	193	191
2	研究型大学全日制专业学位研究生培养状况调查研究	张东海、陈曦	高等教育研究	2011（2）	172	171
3	临床医学专业学位研究生教育与住院医师规范化培训“双轨合一”的难点及对策研究	胡伟力、陈地龙、陈怡婷、汪玲、谢鹏	学位与研究生教育	2013（2）	128	119
4	全日制硕士专业学位研究生导师队伍建设现状调查分析	施亚玲、向兴华、李若英、肖远亮	学位与研究生教育	2011（12）	110	110
5	全日制专业学位研究生培养模式运行状况的调查研究——基于全国 14 所重点高校问卷数据	耿有权、彭维娜、彭志越、曹蕾	现代教育管理	2012（1）	95	93
6	临床医学专业学位研究生培养与住院医师规范化培训并轨的探索与思考	刘洁	学位与研究生教育	2014（6）	88	88
7	全日制教育硕士专业学位研究生实践教学模式研究	邵光华	教师教育研究	2012（2）	88	88
8	我国研究生创新能力的调查与分析	董泽芳、何青、张惠	学位与研究生教育	2013（2）	83	83
9	关于专业学位研究生教育改革的若干思考	郑湘晋、王莉	学位与研究生教育	2012（4）	81	81
10	翻译硕士专业学位论文参考模板探讨	穆雷、邹兵、杨冬敏	学位与研究生教育	2012（4）	77	73

二、学位论文

2018年研究生教育相关的学位论文除来自CNKI中国博硕士学位论文全文数据库以及中国万方数据库外，新增清华大学、中国人民大学、北京大学、北京理工大学学位论文全文资料库。经过人工筛选，最终共得到315篇。在315篇学位论文中，博士学位论文19篇，硕士学位论文296篇。较2017年，博士学位论文增加1篇，硕士学位论文数量减少45篇。

（一）关键词统计

学位论文的关键词往往反映了该论文的研究领域、内容、范围、研究的问题、方法及核心观点等。通过对2018年筛选出的315篇学位论文中关键词统计得出，全部论文共出现1064个关键词，篇均标注关键词2.38个。表0－9列出了出现频次5次及以上的关键词，2018年有23个。

由于论文总体篇数有所减少，较2017年，部分关键词的出现频次有所减少，同时又出现了少数关键词出现频次较往年偏高的情况。从表0－9可以看出，从整体上来看，2018年关于“研究生教育”的关键词使用频次前两位的仍然是“研究生”和“硕士研究生”。近几年，围绕这两大核心词，衍生了越来越多的使用频次相对较高的关键词，表明研究生教育的研究人员在明确研究的宏观领域和范围之后，开始逐渐走向深入，更加关注对研究生教育中的中观层面和微观层面内容的研究与探讨。

表0－9　2018年研究研究生教育学位论文的关键词统计

频次	关　键　词
69	研究生
30	硕士研究生
10	英语教育硕士、学科、研究生教育
9	世界一流大学、高校
8	专业学位研究生、专业学位、课程设置
7	培养模式、教育质量
6	硕士学位论文、高校图书馆
5	专业硕士、专业认同、学科建设、人才培养、全日制、培养方案、临床实践、教育硕士、大学

按照关键词的含义及具体指向，大体可以把表 0－9 涉及的关键词划分为三类：①研究群体："研究生""硕士研究生""英语教育硕士""专业学位研究生""专业硕士""教育硕士"；②培养环节："培养模式""培养方案""教育质量""硕士学位论文"；③专题研究："学科""研究生教育""世界一流大学""专业学位""人才培养""高等教育""学科建设"。在这三类关键词中，涉及培养环节和专题研究的关键词最多，在一定程度上反映了国内"研究生教育"对培养环节的重视以及对专题的研究愈加深入具体。

总体而言，2018 年，研究生教育研究学位论文紧紧围绕"研究生"和"硕士研究生"两个核心关键词，对有关研究生教育的课程设置、学位论文、人才培养等内容进行了深入研究。

（二）按学位授予机构统计

2018 年研究"研究生教育"的学位论文共涉及 130 所研究生培养单位。其中，学位论文数量在 5 篇及以上的培养单位共 25 所，占全部培养单位的 19.23%；涉及论文 203 篇，占所有论文总数的 45.31%。华中师范大学以 34 篇位居第一，中国人民大学以 13 篇排名第二位。在学位论文 5 篇及以上的培养单位中，师范类大学共 8 所，综合性大学 14 所，医科类大学 1 所，财经类大学 2 所。

三、著作和报纸文章

除期刊论文和学位论文外，著作也是研究生教育研究文献的重要组成部分，体现着研究生教育研究的综合水平和实力。另外，新闻媒体也时刻关注研究生教育的时事热点，报纸的快速报道也吸引了社会公众的眼球。

（一）著作

2018 年，国内共出版 40 部研究生教育领域的专著和译著。这些著作中，研究对象涉及硕士、博士，也有博士后，其中硕士层次既包括专业学位硕士，也包括学术型硕士。研究内容涉及研究生教育质量、研究生教育研究进展、培养模式、思想政治教育、研究生管理、学科建设、学科发展、就业创业等方面。这些著作既有研究专著，也有研究报告；既有国内学者著作，也有译著；既有宏观政策方面的研究，也有微观人才培养环节方面的探讨。2018 年研究生教育领域著作一览表见附录二。

从研究生教育研究著作的出版地分布看，2018 年的 40 部著作出版于全国

10 个城市。出版数量排名第一的城市仍为北京市，共出版 29 部；第二名为杭州市，出版了 5 部。其中，出版研究生教育研究著作数量最多的出版社是中国科学技术出版社和北京理工大学出版社，均为 5 部。

2018 年，国内出版研究生教育著作的作者有 50 余位个人和 4 个群体。其中，既有研究生教育质量报告编研组课题组等国内从事研究生教育研究的群体，也有王战军、周文辉、张淑林等国内知名学者。其中，北京理工大学出版社于 2018 年集中出版了一批研究生教育译著，如《博士生教育与未来的教师》《研究生院之道》等。

（二）报纸

2018 年，国内各大报纸继续对研究生的相关内容进行了广泛、深入报道。其中，较为突出的是《中国教育报》，共发表了 27 篇文章。作为国家级报纸，该报全面、准确、及时宣传党和国家的教育方针、政策及工作部署，传播教育改革与发展的信息和经验，对我国研究生教育改革发展进行了集中报道。另外，《中国青年报》《中国美术报》《新清华》《中国社会科学报》也对我国研究生教育的重大事件进行了深入报道，刊文数分别为 6 篇、6 篇、4 篇和 3 篇。

第三节　学者学术影响力分析

学者是科学研究的主体，也是学科发展的关键因素。对研究生教育领域的学者进行文献计量研究，了解研究生教育学者研究现状，有助于更系统地开展学术研究。学术影响力是反映学者学术水平、科研实力的重要方面，很大程度上能体现其在学术共同体中的地位。尽管学者学术影响力受到多种因素的影响，但是基于代表性学术成果的评价是其中应用较为广泛、认可度较高的一种方式。本节主要基于学者的学术成果，从发文数量和发文被引情况两个方面来分析研究生教育领域研究者的学术影响力。

一、发文数量

发文量是文献计量学中量化评价指标之一，代表了学者的科研活跃度及学术产出水平。为了解研究生教育领域作者发文量情况，本节统计了 2011—2018 年中国知网数据库收录的相关期刊文献。以“研究生”“博士”“硕士”“导师”“学位”为关键词进行精准检索，期刊来源类别限定为 CSSCI（检索时间：2019 年 4 月 1 日），得到中国知网收录的文献总数 5291 篇。经过人工鉴别，去除无作者文献、非学术研究类文献及非教育学类研究文献，共得到 2011—2018 年研究生教育领域有效期刊论文 3060 篇。将 3060 篇有效文献运用 Note Express 软件进行分析，可得学者的发文数量。表 0 - 10 统计了 2011—2018 年总发文量超过 10 篇的学者，共有 19 位。

表 0 - 10　2011—2018 年高发文量学者一览

（论文署名不计先后）

学者	总计	占比/%	年份							
			2011	2012	2013	2014	2015	2016	2017	2018
马永红	34	1.11	3	1	1	6	3	6	7	7
罗英姿	34	1.11	0	3	3	3	5	7	6	7
王战军	33	1.08	3	6	2	2	4	3	7	6
王传毅	33	1.08	0	0	10	4	6	5	4	4
沈文钦	32	1.05	6	1	2	5	0	5	7	6
赵世奎	29	0.95	8	1	2	5	3	2	4	4
梁传杰	28	0.91	2	4	1	4	4	5	2	6
张淑林	25	0.82	4	3	5	3	2	2	4	2
王顶明	21	0.67	0	2	1	3	1	2	7	5
高耀	21	0.67	0	0	1	0	0	4	9	5
周文辉	20	0.65	1	2	4	3	1	2	3	4
包水梅	20	0.65	1	4	4	1	5	4	0	1
古继宝	18	0.59	2	3	5	2	3	1	1	1
裴旭	14	0.46	2	1	3	2	3	1	2	0
陈洪捷	14	0.46	1	0	1	0	0	4	7	1
李云鹏	14	0.46	2	2	4	1	1	1	1	2
陈玥	13	0.42	0	0	2	1	3	2	5	0
耿有权	12	0.39	1	2	4	1	1	1	1	1
总计	453	14.8	39	38	61	48	50	60	81	77

从发文总量上看，北京航空航天大学的马永红发文量最高，达到了 34 篇。

罗英姿、王战军、王传毅、沈文钦、赵世奎、梁传杰、张淑林的个人发文总量超过了25篇，是研究生教育研究领域活跃度非常高的研究者。

从各年度的发文数量来看，这些高产作者中既有持续关注研究生教育问题的学者，如王战军、马永红、赵世奎、张淑林、梁传杰等，也有近几年开始致力于研究生教育研究并取得突出成果的学者，如王传毅、陈玥、高耀等。这些持续追踪研究生教育问题的高产出学者和新进入研究生教育研究学者的集中出现，说明我国研究生教育研究领域已经形成了较为稳定的研究队伍，未来的研究成果将更加可期。

从各年度的发文总量来看，核心作者们的发文总量已经从2011年、2012年的39篇、38篇扩展到了2018年的77篇，虽然2018年的发文总量相较2017年略有下降，但总体趋势在上涨。这一方面反映了我国研究生教育核心研究群体人数的扩张，另一方面也反映了我国研究生教育核心研究群体研究力度的深入。这也符合前文所述的我国研究生教育领域文献总量逐年递增的发展趋势。

从2011—2018年的发文总量来看，总发文量超过10篇的高产作者发文总量达到了453篇，占8年发文总量的14.8%，已经构成了我国研究生教育研究领域的重要组成部分。

二、发文被引情况

如果说发文量衡量了学者的科研产出量及科研活跃度，那么文章被引情况则很大程度上反映了学者研究成果的质量和价值。一般而言，学者发表论文的被引频次越高，说明其受关注度和受重视程度越高。加菲尔德（Carfield）利用1961年SCI的引文数据进行分析发现，诺贝尔奖获得者人均被引用次数和被引用论文数分别是所有被引作者人均的30倍和17倍。这一研究结果从一个侧面说明，被引率越高，论文质量越高。同发文量相比，文献的被引用情况更能够反映其学术影响力，它表明了该学者的研究成果受关注的程度及其对学科研究的影响程度，被引率作为考量文献水平的一个重要标准是毋庸置疑的。

为了解近年来研究生教育研究者的学术影响力，在中国知网引文数据库中的期刊库内，就作者被引情况进行检索，将发表时间段设置为2011—2018年、被引时间段设置为2011—2019年，学科类别限定为社会科学Ⅱ辑，数据来源限定为CSSCI，以“研究生”“博士”“硕士”“学位”“导师”为被引关键词进行专业检索（检索时间：2019年5月6日），共得到中国知网引文数据库收录的文献4868篇。在此基础上，利用引文数据库中的被引文献分析工具对已检索的4868篇文献进行作者分析。表0－11是按作者被引频次排序并选择总被引频

表 0－11　2011—2018 年被引频次超 200 的研究者统计

序号	被引作者	被引作者单位	总被引频次	总被引文献数	被引代表文章/被引频次
1	王战军	北京理工大学、清华大学、中国教育部高等教育司	455	37	1. 构建研究生教育质量保障体系——理念、框架、内容、研究生教育研究．2015/36； 2. 2013 年我国研究生满意度调查．学位与研究生教育，2013/33
2	周文辉	北京理工大学、学位与研究生教育杂志社	436	20	1. 基于高校调查的研究生培养质量保障机制研究．教育研究，2013/76； 2. 专业学位硕士研究生课程教学现状及改革建议——基于研究生教育满意度调查的分析．研究生教育研究，2014/26
3	赵世奎	北京航空航天大学	304	26	1. 研究生参与科研现状及其对培养质量的影响——基于部分高校和科研单位的调查分析．学位与研究生教育，2014/35； 2. 博士生导师制度的比较分析，学位与研究生教育，2011/16
4	沈文钦	北京大学	277	30	1. 中国博士培养质量：成就、问题与对策．学位与研究生教育，2011/37； 2. 研究生参与科研现状及其对培养质量的影响——基于部分高校和科研单位的调查分析．学位与研究生教育，2014/35
5	张乐平	华南理工大学	261	11	1. 全日制工程硕士研究生培养状况的调查与分析——以 Z 大学为例．学位与研究生教育，2012/57； 2. 研究型大学全日制专业学位硕士研究生培养特性及矛盾分析．学位与研究生教育，2013/29

续表

序号	被引作者	被引作者单位	总被引频次	总被引文献数	被引代表文章/被引频次
6	王应密	华南理工大学	255	11	1. 全日制工程硕士研究生培养状况的调查与分析——以 Z 大学为例．学位与研究生教育，2012/57； 2. 全日制工程硕士案例教学资源库建设探析．高等工程教育研究，2013/53
7	别敦荣	厦门大学	246	8	1. 普及化高等教育的基本逻辑．中国高教研究．2016/55； 2. 论我国专业学位研究生教育人才培养模式改革，研究生教育研究，2011/52
8	李明磊	清华大学	234	14	1. 研究生质量评估：模型与框架，高等教育研究．2012/38； 2. 基于高校调查的研究生培养质量保障机制研究．教育研究，2013/76
9	耿有权	东南大学	214	12	1. 全日制专业学位研究生培养模式运行状况的调查研究——基于全国 14 所重点高校问卷数据．现代教育管理，2012/95； 2. 我国学术型研究生培养模式运行状况的调查研究——基于全国 14 所重点高校问卷数据．研究生教育研究．2011/32

注：①总被引频次、总被引文献数不区分论文署名顺序；②被引代表文章是被引作者以第一作者身份发表的、被引频次排第一、第二名的两篇

次排名前 10 的研究者得到的。

从 2011—2018 年的总被引频次来看，总被引频次超过 100 的共有 31 位。其中，总被引频次最高的研究者是王战军，达到了 455 次，显著领先于其他研究者。同时，周文辉、赵世奎、沈文钦、张乐平、王应密六位研究者 8 年的总被引频次均在 250 以上，是研究生教育领域影响力的学者群。

表 0－11 罗列了作者的代表被引文献，从高被引作者的研究领域来看，这些文献主要集中于研究生教育质量保障、专业学位研究生教育、研究生综合改革三方面，说明 2011—2018 年，研究生教育的广大研究者对这三个领域的关注度较高。这也反映了近 10 年我国研究生教育研究的重点领域，符合近 10 年我国研究生教育改革与发展的实践情况。

本报告将文献研究的内容分为 10 个专题，包括研究生教育基本理论问题、研究生教育质量问题、研究生培养、研究生导师队伍、研究生招生与就业、研究生学科建设、研究生管理问题、研究生教育国际比较、“双一流”建设。各专题将主要采用内容分析法，对研究文献进行提炼和总结。围绕这些主题，研究者采用文献分析、历史分析、案例分析、问卷调查、国际比较等方法开展了研究。研究内容涉及个体、课程、专业、学科各个对象以及院校、区域、国家和国际各个层次，提出了一些新观点、新方法、新思路和新建议，对解决我国研究生教育改革中的具体问题、促进中国特色研究生教育理论积淀、引导我国研究生教育高质量发展具有重要参考价值。

专题一 研究生教育基本理论问题研究

本专题聚焦研究生教育领域的基本理论问题，主要包括就研究生教育，研究生教育学、学科、学位等问题开展的基本概念、范畴、理论、推理等相关研究。2018 年，研究生教育基本理论问题研究专题共收录了 66 篇（部）相关研究文献。根据文献研究主题分布，2018 年度研究生教育基本理论问题研究专题主要由四部分组成，分别是研究生教育学理论体系、研究生教育规模与结构、学科建设基本问题、学位制度。

第一节　研究生教育学理论体系

伴随研究生教育自身规模的扩大和社会对研究生教育重视程度的提升，学者对研究生教育本身问题关注度也有所增加。与往年相比，学者们对研究生教育本身的认识进一步深化，对研究生教育学学科建构的研究更为成熟。

一、研究生教育学研究概述

2018 年度学者从我国研究生教育研究的热点、前沿、未来研究趋势，以及国外研究生教育研究历程等方面进行了研究。

北京理工大学王战军等人运用文献计量法对新世纪以来 CNKI 中 7484 篇关于研究生教育研究的 CSSCI 来源期刊论文进行了分析。发现，2000 年以来，持续受关注的研究热点有研究生教育基本问题、研究生教育质量研究、研究生人才培养、研究生招生与就业、研究生教育管理，高频关注的研究热点有导师队伍建设研究、研究生德育研究、学科建设研究、研究生教育国际比较。①

天津科技大学邹志强通过对高等教育类核心期刊 2007—2017 年刊载的研究生教育研究相关文献进行知识图谱可视化分析发现，我国研究生教育的主要研究议题包括专业学位研究生教育、研究生培养、军队研究生教育、国际化和自我评估，研究热点主要包括专业学位、培养模式、培养质量、工程硕士、创新能力、国际化。专业学位研究生教育、研究生教育综合改革和研究生教育学成为近年来的研究前沿。②

山西大学侯怀银等人聚焦研究生教育学学科相关研究，指出研究者对研究生教育学学科的研究重点主要包括学科研究对象、学科构建逻辑起点、学科内容与结构、学科性质、学科特征、学科构建理念、学科构建原则与学科构建方法等。未来研究生教育学学科的研究将朝着研究机构与研究队伍建设趋于完善、理论研究与教育实践结合更为紧密、学科元研究及分支学科建设不断加强、多元研究范式及方法的建立广受重视的趋势推进。③

北京大学沈文钦等人探索了国际研究生教育研究的起源与演变，从组织层面和认知层面分析了 20 世纪 20—80 年代主要欧美国家研究生教育的学术发展状况。发现，研究生教育研究开始于 20 世纪 20 年代左右，伴随兴起于 60 年代各国研究生教育规模的扩张出现了专业化研究。70 年代扩招的危机显现，研究生教育的结构与质量等受到热议。80 年代研究生教育规模较为稳定，欧洲研究呈现沉寂状态，但美国对研究生教育的定量研究深入推进。④

二、研究生教育学理论研究

2018 年度关于研究生教育学学科理论体系的研究在往年研究基础上进一步深入。学者们就研究生教育的本质、规律，研究生教育学的理论体系、研究生教育学与教育学的关系、方法论，以及研究生教育学学科建设路径等方面进行了深入研究。

研究生教育学是聚焦研究生教育的学问，要探讨研究生教育学学科理论，

---

① 王战军，蓝文婷，胡德鑫，李明磊．新世纪以来我国研究生教育研究的热点与主题——基于 2000—2016 年 CSSCI 源刊文献的可视化分析［J］．研究生教育研究，2018（4）：1—8.

② 邹志强．我国研究生教育研究的现状、热点和前沿分析［J］．黑龙江高教研究，2018，36（9）：86—90.

③ 侯怀银，王耀伟．研究生教育学学科的研究：历程、进展和趋势［J］．研究生教育研究，2018（6）：23—29.

④ 沈文钦，王东芳．20 世纪 90 年代之前的欧美研究生教育研究——一个学术领域的起源与演变［J］．教育学术月刊，2018（8）：26—37.

有必要分析研究生教育本身的普遍性与特殊性。武汉大学姚金雨运用横向、纵向两个视角探讨了研究生教育的本质。研究生教育本质是研究生教育固有的、稳定的、深层的特性，具体包括三个方面。首先，为开展科学研究的“探究性”；其次，为教育过程的“专业性”“创新性”“学术性”；最后，为教育层次的“精英性”“高层次性”“自由性”等。① 云南大学董云川等人探讨了研究生教育的基本规律。指出，研究生教育规律有别于本科教育规律，也不等同于研究生教育现象，且具有学科差异性；研究生教育不可或缺的特质包括理性批判意识的养成、探索能力的训练以及研究性学习的展开。相应教育目标的达成路径及质量保障，取决于专业认同、师生关系和淘汰机制三个层面的品质内涵。② 北京航空航天大学林莉萍分析了我国研究生教育的价值博弈问题，认为，伴随着经济社会的快速发展，我国研究生教育面临着全面发展与重点提高、规模扩张与内涵提升、人才培养与科学研究、注重边界与资源整合的多重价值博弈，需要强化制度建设，构建学科动态调整机制，在实践中增强研究生教育的人本性、开放性与交互性。③

部分学者从不同理论视角分析了研究生教育学学科的建构。东南大学耿有权基于亚里士多德的“四因学说”探讨了研究生教育学理论体系的构建问题，从本体论、构成论、动变论和至善论四个维度阐释和构建研究生教育学体系。④ 天津大学王梅等人通过对研究生教育学学科属性不同角度的比较发现，研究生教育学是其教育学母系学科下的二级学科，是一门实践性极强的软学科，是正在走向成熟的前学科。研究生教育学应保持学科自信与学科信仰，深化基本理论研究，以正确范式引导学科建设。⑤ 南京理工大学季卫兵等人从研究生主体视角出发，指出研究生教育学的研究对象是研究生的创新性学习、探索性创造以及自主性发展。应坚持研究生的主体地位，通过锚定目标与破解问题并重、统筹需求与优化供给并抓、本土探索与异域借鉴并行，着力建构主体地位突出、诸要素相互联动与耦合的研究生教育学科体系。⑥ 江西师范大学刘小强从学科建构的方法论视角指出，研究生教育学在建设理路上应坚持学理逻辑和社会逻辑的统一；在学科理论范式上应坚持努力形成范式和鼓励多范式共存的并重；

---

① 姚金雨．多视角下研究生教育本质探析［J］．黑龙江高教研究，2018（2）：13—16.

② 董云川，李敏．研究生教育规律初探［J］．研究生教育研究，2018（5）：1—6.

③ 林莉萍．当前我国研究生教育价值博弈与优化策略［J］．现代教育管理，2018（6）：124—128.

④ 耿有权．论研究生教育学理论体系的新构建［J］．研究生教育研究，2018（4）：56—59.

⑤ 王梅，马韶君．研究生教育学的独立、借鉴与改造：学科属性的视角［J］．研究生教育研究，2018（2）：6—11.

⑥ 季卫兵，夏欢．我国研究生教育学的建构逻辑及其呈现——基于研究生主体的视角［J］．研究生教育研究，2018（3）：59—64.

在学科理论体系上应坚持宏观理论和微观理论的共生；在学科建设力量上应坚持研究者和行动者的合作。①

一些学者从研究生教育学学科发展的历程论述了学科建构方向与路径。清华大学袁本涛论述了研究生教育学的合法性、合理性及其挑战，指出，研究生教育学是随着我国研究生教育事业的发展需要而产生的，其合法性来源于我国研究生教育实践、服务于研究生教育实践，合理性在于我国研究生教育客观实践对于研究生教育研究的需求以及研究生教育学科外在建制方面的成熟和内在建制的丰富积累。研究生教育学建构的主要挑战包括理论体系的建构、理论研究与实践需求的紧密结合、学科建设等。② 清华大学张立迁等人结合国内外研究生教育理论和实践研究现状，从“是不是”“是怎样”“如何发展”“未来走向”四个方面，梳理研究生教育学的基本发展理路，探究基于新时代研究生教育发展与改革趋势及未来走向的若干研究领域和重点主题。③ 大连理工大学王续琨等人认为，在从研究生教育研究走向研究生教育学的过程中，研究生教育学应系统梳理研究生教育的研究成果、积极创设研究生教育学的外显环境、持续促生研究生教育学的分支学科、不断强化研究生教育学学科元研究，以推进研究生教育学可持续发展。④

第二节　研究生教育规模与结构

研究生教育规模发展的合理性与结构布局的科学性不仅关系研究生教育的内涵式发展，也影响着所在国家、地区的经济社会发展和产业转型。学者们围绕研究生教育规模与结构与外部经济社会发展的适应性等方面开展了相关研究。

与劳动力市场、产业结构、人口规模相适合是研究生教育规模与结构调整的重要方向，一些学者重点分析了研究生教育与外部发展的适应性、对接性问题。天津大学丁楠等人指出，当前研究生教育与劳动力市场需求的衔接机制存

① 刘小强．方法与路径：研究生教育学学科建设的方法论思考［J］．研究生教育研究，2018（2）：1—5.

② 袁本涛．研究生教育学的合法性、合理性及其挑战［J］．学位与研究生教育，2018（7）：43—49.

③ 张立迁，袁本涛．研究生教育学之发展理路及未来省思［J］．研究生教育研究，2018（4）：60—65.

④ 王续琨，李丽，张崴．从研究生教育研究走向研究生教育学［J］．研究生教育研究，2018（3）：65—69.

在研究生供给结构与需求结构脱节的问题。要从调整研究生供给结构以满足需求结构，完善劳动力市场的运行制度规则，探索建立衔接机制效果评价体系三个维度优化研究生教育与劳动力市场需求的衔接机制，促进研究生教育质量的持续提升和产业、经济的持续发展。[①] 上海交通大学刘俭等人运用扎根理论法，分析了博士生培养目标在学术界与工业界之间的理解差异，研究发现，两大群体对工科博士培养目标的理解有基本共识，特别是对"知识掌握的能力"的目标诉求一致；但对培养目标素质构成的重要性方面，两大群体的认识差异明显。因此，高校在设置博士生培养目标时，应当重视企业界观点，完善高校工科博士生的培养目标。[②] 华中科技大学徐志平等人运用国际比较和需求预测的方法综合评判了我国博士规模适切性。研究发现，我国博士培养规模虽然与国内生产总值（GDP）规模较为适当，但远低于人口规模需求，并且存在博士学位获得者存量过低，博士学位授予人数占总学位授予人数比例过低的问题。同时，我国现有的博士培养规模无法满足学术性岗位中持续存在的扩张性需求、逐步增长的替换性需求和大量存在的提升性需求。因此，应适度扩大高校博士生培养规模，保证专任教师的在职提升需求，扩大中西部地区博士培养比例。[③]

南京财经大学方超等人利用我国1996—2014年省级面板数据，借鉴并改造双对数模型，探讨了研究生教育扩展、人力资本积累与劳动力收入差距的关系。研究发现，研究生教育扩展、人力资本积累对缩小收入差距有着积极影响，研究生教育的静态减贫效应明显；教育扩展、教育分配与区域经济差异的趋同导致了人力资本积累的辐射效应扩大了邻近地区的收入差距，但空间效应显示出研究生教育规模扩张1%，对邻近地区收入差距缩小的辐射效应可达2.6%。[④]

华中科技大学彭湃等人基于中美研究型大学的数据对比分析研究我国一流大学研究生规模问题。对比发现，我国一流研究型大学研究生培养总体规模偏大，生师比偏高，但博士生培养规模偏小。师资和研发经费是影响大学研究生规模的关键资源。相对于美国一流研究型大学，我国大学在两种资源的支持力度上均有较大改进空间。我国大学需要找准自身研究生培养的世界方位，科学

---

① 丁楠，杨院．研究生教育与劳动力市场需求有效衔接机制探究［J］．研究生教育研究，2018（1）：11—15.

② 刘俭，刘少雪．博士生培养目标在学术界与工业界之间的理解差异——以工科博士生培养目标为例［J］．高等工程教育研究，2018（4）：113.

③ 徐志平，沈红．过剩还是不足？我国博士生培养规模适切性分析［J］．研究生教育研究，2018（6）：1—6.

④ 方超，罗英姿，黄斌．研究生教育扩展、人力资本积累与劳动力的收入差距——兼论收入差距的空间分布机制［J］．中国高教研究，2018（3）：9.

确定培养规模。①

华南师范大学管弦等人介绍了台湾地区产学研发菁英培育计划在促进人才培养“学用”结合方面的经验。该计划突破传统教学框架，整合官产学3种资源，跨领域培养博士生，毕业条件轻论文重研发，每一培养阶段都有严格的质量考核与淘汰程序，有助于高等教育系统良性循环。大陆高校要降低博士生学用落差，需要改进官产学耦合机制，提升联合培养的协同效应；整合校院系所资源，培养跨学科领域的综合素质；完善全程考核制度，重点考察学与用的一致性。②

第三节　学科建设基本问题

学科是大学的基本组织单元，伴随着国家“双一流”战略的进一步推进，学科建设在2018年度的研究关注度有所提高。学者们主要围绕学科建设理念、学科制度、学科生态系统，以及跨学科研究、跨学科学术组织建设、国外跨学科发展等问题展开研究。

一、学科基本理念与内涵研究

学科是一个具有多重内涵的复杂概念，学者从不同视角对学科的内涵、概念进行了新的解释。扬州大学李海龙指出，在知识环境变化背景下的学科应该被重新定义。学科呈现出制度、声誉和网络结构的不同存在状态。作为制度的学科满足人追求的“秩序化”的本能，让权力与知识的结合更有效率，制度化的学科产生了学科制度。作为声誉的学科意味着社会感召力，也建立起了一套筛选一流学科的仪式，但是却排斥了知识的理性需求。作为网络结构的学科是现在和未来的趋势，以问题为中心，用大数据、众包的知识生产方式形成“大科学”体系。③ 南京师范大学王建华运用创业思维诠释学科建设，指出在创新驱动发展的新时代，为避免学科制度失灵，学术研究和学科建设需要引入创业

① 彭湃，龚雪．一流研究型大学应培养多少研究生——基于中美数据的比较研究［J］．高等工程教育研究，2018（4）：126—131.

② 管弦，卢勃．消弭博士生学用落差：台湾地区产学研发菁英培育计划的启示［J］．现代大学教育，2018（1）：100—107.

③ 李海龙．重新定义学科［J］．江苏高教，2018（8）：9—15.

思维。大学的学科建设要转向学术创业，学术研究的逻辑要从开放科学转向知识市场，科学的范式则要从学院科学转向创业科学。① 陕西师范大学龙宝新基于生命体视角阐述了一流学科建设，指出，学科生命体包括知识体系、学科建制与学术圈层3个核心构成。内向发育、外向发育与集群发育是学科生命体发育的机理。在一流学科培育中，环境、文化、资源、生态只是外因，必须经由生命体自我生产实践的环节来实现。学科本位、科际协同与管评服务是一流学科建设的三大工作原则。②

天津商业大学李宁等人论述了共同体创新与学科内涵式建设的互动，学科共同体的组织形式创新能够促进高校学科建设与人才培养与实体经济产生对接，形成融合、互动和促进的链接效果。为实现创新共同体与学科内涵式建设互动发展目标，需要政府、高校（科研机构）、企业等多方主体协同合作，构建一个科学体系，从环境建设、制度资源提供、人才培养、成果研发、企业提供需求与成果转化、试点与评估机制等几个方面进行系统化梳理与建设。③

陕西师范大学龙宝新基于学科存在的形态阐述了学科建设的路径。学科是大学存在的标志，学科存在有实然形态和观念形态两种形态，学问科类化、学问科目化与学术科层化是学科的核心内涵，学科的内核是核心知识，学科发展的实质是学术、学者、文化间的三体联动。学科建设应从以下几个方面展开，用学科结构调整促成学科力量间的动态均衡，用学科政策设计催生学科高峰的来临，用学科团队建设构建学科生命的链接点，用学科实力评估来加速学术知识生长。④

二、跨学科研究

2018年度关于跨学科的研究在数量上有所上升。学者们针对国内外跨学科研究生教育的理论与实践、跨学科学术组织的建构与完善、“双一流”建设背景下跨学科建设等问题开展了深入探讨。

北京航空航天大学杨小丽等人剖析了跨学科的产生背景及其发展脉络，认为跨学科大致经历了隐性自发与显性自觉两个阶段。在此基础上分析了跨学科与大学、跨学科与社会、跨学科与思维的关系，认为大学要大力发展跨学科教

---

① 王建华．以创业思维重新理解学科建设［J］．清华大学教育研究，2018，39（4）：40—48.

② 龙宝新．学科作为生命体：一流学科建设的新视角［J］．高校教育管理，2018，12（5）：15—22.

③ 李宁，王玉婧，陈星．创新共同体与学科内涵式建设互动研究［J］．中国高校科技，2018（9）：44—46.

④ 龙宝新．论学科的存在与建设［J］．高等教育研究，2018，39（5）：52—59.

育，同时创新跨学科组织以提升科研生产力，通过跨学科人才及科研成果的产出促进大学的实力提升，进而为社会的创新发展服务；应从更高层次上进行学科间的深度整合，在更大范围内实现学科内外要素的协同创新；在跨学科实践中，首先要关注对跨学科思维能力的培养。①

以跨学科形式开展研究生教育是提高研究生创新能力和科研水平的重要手段，一些学者着重分析了学科交叉、跨学科研究生教育相关问题。清华大学刘燕等人从理论和政策方面分析了交叉学科方向研究生培养存在的优势及其转化为科研能力优势的可能，并运用方差分析、多元回归等实证分析方法对交叉学科方向研究生与传统单一学科研究生科研能力进行比较，发现交叉学科方向研究生在科研能力上具有显著优势。学术志趣、导师指导、跨界交流构成交叉学科方向研究生科研能力优势的主要原因。② 浙江大学吴伟等人分析了多学科培养研究生的困境与出路，多学科交叉培养面临顶层动力设计偏差、院系阻断优质资源流动、培养过程与出入口不符、考核评价背离实际等现实问题。为有效化解多学科交叉培养研究生的功利性困境，应在统筹管理、学生出入口设计、培养过程管理、支撑保障等方面进行系统设计。③

一些学者对国外高校研究生培养的跨学科理论与实践问题进行了分析。中国地质大学陈翠荣等人分析了密歇根大学跨学科培养研究生的理念基础与实现路径。其跨学科培养的理念包括“广泛而丰富”的文化教育观、“多样性、公平、包容性”的治校纲领以及“不合作就死亡”的办学思想。其实现途径主要有强调研究生生源多样化、跨学院聘任教师、设置跨学科研究生课程专业及项目，建立多种交流平台、吸纳研究生参与跨学科研究计划。④ 厦门大学徐岚等人基于美国研究生教育与科研训练一体化项目的分析发现，该项目主要以研究生为中心、围绕有潜力的跨学科研究生组织师资和其他资源，通过多样化的培养途径，建立导师和研究生的跨学科身份认同。这为我国高校在强调“双一流”学科群建设的背景下开展跨学科研究生培养提供了有益启示。⑤ 中国刑事警察学院袁广林分析了麻省理工学院媒体实验室跨学科研究的经验与启示。水

---

① 杨小丽，雷庆．跨学科发展及演变探讨［J］．学位与研究生教育，2018（4）：54—59.

② 刘燕，房雯，邓宇．交叉学科方向研究生科研能力优势研究［J］．中国高教研究，2018（9）：69—73.

③ 吴伟，何秀，姜天悦，严晓莹．多学科交叉培养研究生的困境与出路［J］．教育发展研究，2018，38（21）：12—17.

④ 陈翠荣，李冰倩．密歇根大学跨学科培养研究生的理念基础、实现途径及面临的挑战［J］．外国教育研究，2018，45（8）：3—14.

⑤ 徐岚，陶涛，周笑南．跨学科研究生核心能力及其培养途径——基于美国 IGERT 项目的分析［J］．学位与研究生教育，2018（5）：61—68.

乳交融般的跨学科研究是麻省理工学院媒体实验室取得创新成绩的核心因素。它倡导跨学科乃至反学科研究，鼓励研究人员在学科空白处大胆探索，在多学科交叉融合中不仅碰撞出意想不到的“大思想”，产生了许多颠覆性的创新成果，还培养了众多具有跨界思维的未来科学家，是跨学科研究的典范，我国研究型大学在创建世界一流综合交叉学科进程中应高度重视、借鉴它们的经验。[①]兰州大学包水梅等人以普林斯顿大学为例，分析了美国研究型大学博士生跨学科培养的基本路径与支撑机制。普林斯顿大学博士生跨学科培养以拓宽学生视野、促进学科间交流；以跨学科授予学位、跨学科设置研究项目和方向为基本路径；以专门的跨学科组织机构和制度建设、跨学科师资配备及跨学科提供课程为支撑机制。借鉴普林斯顿大学的上述特征，我国高校博士生跨学科培养中应以尊重学生学习自由为理念，以复杂议题为依托，通过自主开发跨学科学位和跨学科项目、专门的跨学科组织机制建设、“多学科”与“大跨度”的师资与课程资源整合、“高标准”和“全渗透”的跨学科科研训练切实推进博士生的跨学科学习和研究。[②] 华南理工大学焦磊研究了国外知名大学跨学科建制趋势。国外知名大学学科发展不再局限于传统单一的学科发展模式，而是通过跨学科建制另辟蹊径。其跨学科建制主要举措包括：组织层面，通过组织形式创新突破传统学科组织壁垒；制度层面，制定跨学科学术制度消解传统学科主宰的学术制度障碍。这些学科发展动向及经验为我国大学“双一流”建设提供了镜鉴。[③] 华南理工大学朱永东在对美国科学技术中心的管理模式进行系统分析后发现，其整体呈现出组织结构扁平化、资源配置稳定化、考核评估周期化和交流共享制度化等特征，这对于我国“双一流”建设高校创新学科组织形式，加强跨学科学术组织建设和管理，促进跨学科研究和教育具有重要的借鉴意义。[④]

组织交叉是学科交叉的主要表现形式和重要实践依托，围绕跨学科中的学术组织交叉问题，学者们展开了一系列研究。中国刑事警察学院袁广林认为，以学科分化为基础建立的大学组织结构、资源配置方式、考核评价体系以及缺乏多学科背景的学术人才等因素，严重制约了综合交叉学科的发展。为提高我国大学综合交叉学科建设水平，必须采取有力措施进行组织建构和制度设计，

---

① 袁广林．麻省理工学院媒体实验室跨学科研究的经验与启示［J］．国家教育行政学院学报，2018（8）：81—85．

② 包水梅，谢心怡．美国研究型大学博士生跨学科培养的基本路径与支撑机制研究——以普林斯顿大学为例［J］．江苏高教，2018（3）：95—100．

③ 焦磊．国外知名大学跨学科建制趋势探析［J］．高等工程教育研究，2018（3）：124—129．

④ 朱永东．“双一流”高校要重视跨学科学术组织建设——基于美国研究型大学跨学科学术组织管理模式的分析［J］．研究生教育研究，2018（6）：64—69．

激发综合交叉学科发展的活力，增强原始性创新能力，建设世界一流综合交叉学科。[①] 嘉兴学院陈艾华等人以高校跨学科组织为研究对象，剖析了跨学科组织、跨学科研究管理体制与运行机制及评价机制、跨学科研究绩效之间的关系。通过实证研究发现，在开展跨学科研究提升科研生产力的过程中，高校跨学科组织不仅需要释放活力与异质性组织构建合作网络，而且需要优化与创新跨学科研究管理体制、运行机制和评价机制。[②] 华中科技大学张洋磊运用扎根理论，分析了大学跨学科学术组织冲突的特征及其成因。研究发现，大学跨学科学术组织冲突呈现“多重逻辑制约”的特征，它是由国家、院校、跨学科研究从业者等行动者共同建构的，其根本成因是大学对外部力量的“依附式自主”。大学跨学科学术组织亟须进行“内生性制度创新”。[③]

跨学科也是世界一流大学建设的可靠路径选择。辽宁石油化工大学王娜等人认为，不同学科间的深度交叉、融合与创新是提升学科竞争力的源泉，也是我国建设世界一流大学的必然选择。我国跨学科建设在取得一定成就的同时，仍存在中国特殊情境的“资源依附式发展”和“行动滞后性发展”困境与问题。实现具有“中国特色，世界一流”的目标，需要在跨学科建设中做好四个核心任务：优化配置组织内外部资源，推进跨学科人才培养，改革创新制度机制设计以及协调两种文化对立冲突。[④]

第四节　学位制度

学位制度是学位与研究生教育的基本制度。其中，学位授权审核制度是中国特色学位制度的重要内容，学位授权审核制度改革如何更好地适应经济和社会发展需求，是我国研究生教育研究的一项紧迫课题。同时，随着长期以来学者对学位条例、学位管理体制的研究积累，2018 年度对学位法相关问题研究的关注度也有所上升。

---

① 袁广林．综合交叉学科发展的组织建构和制度设计——基于我国大学创建世界一流学科的思考［J］．学位与研究生教育，2018（7）：1—8.

② 陈艾华，吴伟，王卫彬．跨学科研究的协同创新机理：基于高校跨学科组织的实证分析［J］．教育研究，2018，39（6）：70—79.

③ 张洋磊．大学跨学科学术组织冲突的特征及其成因［J］．高等教育研究，2018，39（7）：24—30 + 45.

④ 王娜，黄巨臣．推进跨学科建设：我国世界一流大学形成的路径选择［J］．现代教育管理，2018（5）：24—29.

一、学位授权审核及学位点动态调整机制

学位授权审核、学位点动态调整依然是研究者关注的重点问题。2018 年度相关研究主要围绕学位授权审核政策、学位点动态调整的影响因素及完善路径、学位点建设等方面展开。

南京师范大学郭书剑基于对 2016—2018 年高校博士、硕士学位授权学科和专业学位授权类别动态调整相关数据的统计分析发现，影响中国高校学位点动态调整的因素可分为宏观因素与微观因素。在宏观层面，学位点动态调整深受学科发展历史与学科政策的影响；在微观层面，学位点动态调整则与高校师资力量、人才培养质量、办学特色以及调整策略等密切相关。①

北京师范大学曹昭乐基于 12 所高校访谈资料探索了多重制度逻辑下研究生学位授权审核基准选择的倾向。高校对研究生学位授权审核基准选择倾向于“质”或“量”的认识，主要有研究生教育发展、高校发展和市场发展 3 种制度逻辑作用其中。通过政策制定者厘清显性作用逻辑；高校充分发挥自主性和能动性，积极参与研究生教育和市场之间的互动；市场在科学、合理的制度导向下有效调节利益争端；缓解研究生教育发展和高校发展逻辑之间的矛盾等措施，可在一定张力关系中寻求制度逻辑上的平衡点，最终确立科学、合理的研究生学位授权审核基准。②

北京大学刘一玮分析了自主审核高校新增学位授权点的困境与对策。指出，在实践中，自主审核高校面临法定依据立法位阶较低、新增学位授权点实体标准模糊、自主审核高校制度规定粗疏、信息公开不到位等现实困境。提高学位授权审核规范的立法位阶、明确新增学位授权点的实体标准、自主审核高校细化制度规则、加强信息公开与透明是自主审核工作完善的必由之路。③

北京航空航天大学范丽丽等人基于专项评估和动态调整结果数据，分析了“双一流”背景下高校学位授权点申报和建设质量问题。提出，政府应进一步下放高校学位授权点增列自主权、高校应提高学位授权点申报的精准度、高校学位授权点质量建设应兼顾弱势学科，扶持新增学科，重点加强专业型学位授

---

① 郭书剑．我国高校学位点调整的意义及其影响因素——基于近两年研究生学位授权点调整的数据分析［J］．江苏高教，2018（8）：35—40.

② 曹昭乐．多重制度逻辑下研究生学位授权审核基准选择倾向——基于 12 所高校访谈资料［J］．研究生教育研究，2018（3）：8—12 +76.

③ 刘一玮．自主审核高校新增学位授权点的困境与对策［J］．黑龙江高教研究，2018，36（12）：36—39.

权点的建设与评估，完善学位授权点内外部质量保障机制建设。①

东南大学孟鸿志等人分析了学位授权自主审核的制度架构与风险防范问题。指出，我国高等教育改革一直在国家行政与高校自主之间纠葛拉扯，主要表现为实然运行层面与应然规范层面的矛盾，不断在规范层面扩大高校自主权是改革的方向。学位授权审核制度改革存在改革方式法治化程度较低、改革对高校平等的侵犯等一系列制度风险，需要塑造改革方式法治化；重置自主审核资格审批标准、审批程序和退出机制；实施高校自主审核后的备案制，以及引入学位授予纠纷被告资格公共职能判断标准。②

北京大学何爱芬分析了美国学位授权审核第三方参与机制。从美国学位授权审核体系演变历程来看，成熟的学位授权审核体系离不开州政府、院校、第三方的共同参与，特别是第三方的审核与监督；从参与路径方法来看，第三方已以立法形式确立其审核、认证、监督的权利地位；从参与运行实施来看，实行分类定级审核，审核结果梯度呈现，审核内容突出学生利益。③

二、学位法相关问题

随着我国研究生教育事业的迅猛发展，学位管理实践中出现了一些新情况和新问题。很多学者聚焦于学位条例修订、学位授予权制度、学位撤销等问题开展了一系列研究。

教育部学位与研究生教育发展中心王顶明分析了《学位条例》修订过程中需明确的几个问题。《学位条例》以立法形式构建了中国特色的学位制度，《学位条例》的修订需要考虑学位的本质属性，以及类型与层级的多样性和复杂性。需处理好学位管理相关主体间关系、中央和地方政府与学位授予单位的关系等。④

中国政法大学林华分析了学位授予程序的法律效力。指出，法院对学位授予程序进行司法审查的主要依据有两个：一是《中华人民共和国行政诉讼法》第七十条的“违反法定程序”；二是作为行政法基本原则的正当程序。根据程序内容的不同，学位授予单位制定的内部学位授予程序可以分为三种：作为法

---

① 范丽丽，吴瑞林．“双一流”背景下高校学位授权点申报和建设质量问题——基于专项评估和动态调整结果数据的分析［J］．研究生教育研究，2018（5）：70—76.

② 孟鸿志，张运昊．学位授权自主审核的制度架构与风险防范［J］．学位与研究生教育，2018（11）：10—20.

③ 何爱芬，赵世奎．美国学位授权审核第三方参与机制：历程、路径与实施［J］．研究生教育研究，2018（4）：77—83.

④ 王顶明．《学位条例》修订过程中需明确的几个问题［J］．中国高等教育，2018（22）：30—32.

定程序的内部程序，作为正当程序的内部程序，其他内部程序。不同的内部程序具有不同的法律效力。①

湖南师范大学罗建国提出应实施学校学位制度以避免学位授权政策价值失真。国家学位授权制度存在“学位产权”模糊、“学术价值”偏离、“道德风险”高启等问题。学校学位制度具有学校本位、学术本位、多元主体审核的特点，有利于明晰“学位产权”，导向以质量求生存的学位教育市场竞争。从国家学位到学校学位的转变需要政府转变观念，实现职能转换；清晰界定“学位产权”，引入市场竞争；培育“第三方评估组织”市场，多方共同治理。②

一些学者提出应进一步完善学位撤销制度，以提高学位授予质量。中国政法大学宋烁分析了设定学位撤销条件的原则与要求。我国撤销学位条件的规定存在不统一、不明确，撤销标准宽严不一的问题。认为设定学位撤销条件，在立法形式上应当在《学位条例》中以列举的方式明确规定撤销学位的情形，限制学位授予单位设定学位撤销的条件；在立法内容上应当以三种情形为限：严重违反政治原则、法律规定和道德标准的行为，必修课考试和学位论文中的舞弊作伪行为，在取得入学资格和学籍中的舞弊作伪行为等。③ 东南大学李川认为，学位撤销制度必须在规制范围上明确学位撤销法律规定与学位授予单位内部规定之界分；在内涵上明确学位撤销制度相对于学位授予制度的负面限权特质，设置比学位授予制度更严格的独立规定；在分类上，根据学术性与非学术性学位撤销的不同要求进行分类规定。在具体内容上，学位撤销法律制度不仅需要注重实体性原则与标准的明确规定，更应全面规定保障被撤销人利益的正当程序。④

也有学者结合近期高校学位纠纷事件，探讨了学位授予的标准、程序等问题。东南大学周佑勇指出，我国现行立法使学位授予权兼具行政权力和学术权利的双重属性。面对不断增多的学位授予诉讼和认识争议，应针对学位授予过程的不同环节作出是否纳入司法审查范围的区分且以程序审查为限度。亟待以学位授予权性质界定为基础，加快修订《学位条例》，进一步构建和完善我国学位制度。⑤ 北京科技大学王霁霞等人指出，设定学位授予条件既属于学术自

① 林华. 内部学位授予程序的法律效力［J］. 学位与研究生教育，2018（3）：37—41.

② 罗建国. 我国学位授权政策价值取向的偏颇及其调整［J］. 湖南师范大学教育科学学报，2018，17（5）：97—102.

③ 宋烁. 设定学位撤销条件的原则与要求［J］. 学位与研究生教育，2018（1）：61—66.

④ 李川. 学位撤销法律规定的现存问题与厘清完善——以《学位条例》的相关修订为例［J］. 学位与研究生教育，2018（11）：21—27.

⑤ 周佑勇. 法治视野下学位授予权的性质界定及其制度完善——兼述《学位条例》修订［J］. 学位与研究生教育，2018（11）：1—9.

治，又涉及学生的基本权利。近期学位授予的案件，在一定程度反映出学位授予单位设定学位授予条件存在事项界定不清、不授予学位或撤销学位程序违法等问题。设定学位授予条件行为兼具法律授权性与学术自治的双重属性，设定学位授予条件应当同时符合实体标准与程序标准。① 复旦大学秦昀等人研究了高校学位纠纷处理中的正当程序。指出，正当程序原则作为行政法治的重要原则之一，既是依法治校的题中应有之义也是依法治校的重要保障。现实中正当程序原则在高校学位纠纷处理中的规定不明、不具体甚至缺失导致了一系列“学生母校对簿公堂”案件的发生。有必要在宏观层面确定正当程序原则，并在学位授予、学位撤销、事后救济三方面设置具体严格的程序性规定。②

陕西大学王莉分析了俄罗斯学位授予制度改革主要举措。在研究生入学人数、学位申请比例逐年下降及社会各界对研究生培养质量严重关切的背景下，俄罗斯教育与科学部针对研究生教育提出了包括调整最高学位委员会职能、优化论文答辩委员会网络、扩大培养单位学位授予权、竞争式指标分配等一系列措施，对我国的研究生学位授予制度改革有一定的启示意义。③

第五节　文献分布及特点分析

一、文献总量及分布

从文献来源分布来看，2018 年研究生教育基本理论研究文献共检索出了 66 篇。其中，期刊论文 59 篇，占 89.39%；硕士研究生学位论文 2 篇，占 3.03%；报纸文章 5 篇，占 7.58%。期刊论文依然是本专题的主要文献来源。

二、文献主题分布

从研究主题分布来看，2018 年度研究生教育基本理论问题研究主要集中在

---

① 王霁霞，张颖．设定学位授予条件的边界与标准——基于近三年 34 起学位授予案件的分析［J］．学位与研究生教育，2018（11）：28—34.

② 秦昀，高恒山．高校学位纠纷处理中的正当程序研究［J］．中国高教研究，2018（9）：53—57＋103.

③ 王莉．当代俄罗斯学位授予制度改革及启示［J］．学位与研究生教育，2018（3）：72—77.

学位制度（22 篇，占比 33.33%）和学科建设基本问题（19 篇，占比 28.29%）两个方面，相关文献数量占到了本专题文献总量的一半以上，如图 1－1所示。与去年相比，学位制度相关文献增长了 8 篇、研究生教育学基本理论研究文献增长了 6 篇，文献数量上升明显。

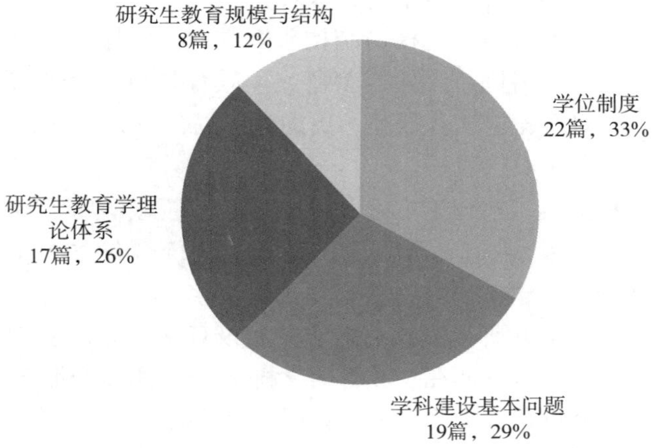

图 1－1 研究生教育基本理论问题研究的主题分布

三、研究人员数量与分布

2018 年，共有 101 名学者围绕研究生教育基本理论问题进行研究并发表了期刊论文。在发文数量上，北京理工大学王战军、中国刑事警察学院袁广林、陕西师范大学龙宝新、浙江大学吴伟发文数为两篇，发文数相对较多，是本专题的核心研究人员。

同时，从本专题文献作者所在机构上看，在期刊论文方面，清华大学发文数量最多（5 篇），其次为北京航空航天大学（4 篇）、天津大学（4 篇）、北京大学（3 篇）、东南大学（3 篇）、华中科技大学（3 篇）。

四、2018 年度研究特点

与往年相比，2018 年度关于研究生教育基本理论问题的研究在数量上稳步增长，在研究的深度与广度上进一步扩展，呈现出以下研究特征。

第一，在研究生教育学理论体系方面的研究进一步深入。从 2017 年相关研究来看，学者的研究主要围绕“新的发展背景下建立研究生教育学的必要性”

展开，探讨研究生教育学作为一门学科存在的意义、学科内涵、学科逻辑起点、研究范式以及学科构建理念等内容。2018 年，学者们对研究生教育学的认识进一步深入，开始探索研究生教育的规律、本质、价值，分析研究生教育学与教育学的关系，并运用多元视角、多种理论对研究生教育学学科建构进行了分析。研究生教育学科理论体系进一步丰富、深入。

第二，在研究生教育发展规模与结构研究方面，更加注重研究生教育与社会发展的密切联系。学者围绕不同类型研究生教育如何适应国家、区域经济社会发展进行了一系列理论与实践研究，更加强调以合理优化的研究生教育规模、结构来服务、支撑外部社会发展。

第三，在学科建设基本理论方面，研究生教育领域的跨学科研究得到更多关注。2018 年，跨学科相关研究共有 13 篇，比 2017 年增加了 4 篇。在研究关注内容上，如何开展跨学科研究生教育得到了更多关注。学者们基于跨学科对于拓宽研究生视野、提升研究生核心素质的积极意义，分析了跨学科研究生教育的困境与问题，以及国外研究生教育跨学科培养的理念与机制。

第四，在学位制度研究方面，从法律层面分析我国学位授权制度成为亮点。2018 年是我国设立学位制度的第 40 年，学者们围绕《学位条例》修订，基于我国学位授予实践中的问题，从法治视野探讨了学位授予权的性质、学位授予的标准、学位纠纷处理程序、学位撤销条件等问题进行了法理辨析，成为 2018 年度学位制度研究的典型特征。

五、未来研究展望

通过对 2018 年度研究生教育基本理论问题研究的特征分析，结合研究生教育现实发展情况，未来的研究生教育基本理论问题研究可能出现以下两个研究趋势。

第一，研究生教育学学科理论体系研究更加深入。正如赵沁平院士所言，研究生教育的基础理论问题应当是我们研究的主要目标，是我国研究生教育领域仍需摸着石头过的一条河。从 2018 年度研究来看，我国研究生教育学科相关研究正在从讨论“是不是学科”向挖掘“是什么学科”“如何建构学科”的方向演变。在这个过程中，围绕研究生教育、研究生教育学的研究也会出现相应变化，在研究问题选取上将进一步细化，以开展更为深入的研究；在研究视角与方法选择上将进一步丰富，多维展现研究生教育本质；在研究人员与群体上将进一步多元，跨学科研究者将成为重要构成。

第二，研究生教育与社会发展相关研究更加丰富。随着研究生教育事业的发展，研究生教育在提供高层次人才、产出高科技成果、解决关键技术难题等方面的作用日益凸显，研究生教育与社会之间的紧密联系将更多地被学者发现并开展相关研究。探讨社会变革背景下研究生教育的新发展，分析适应经济社会需求的研究生教育等将成为未来我国研究生教育研究的重要内容。

专题二

研究生教育质量研究

研究生教育质量一直是研究学者关注的重点领域：2018 年，研究生质量研究、评估与保障依然保持研究和关注热度，但主题内容丰富，研究方法多样。2018 年度，共检索出 46 篇期刊论文、29 篇学位论文、17 篇报刊文章、6 学术著作，总计 97 篇文献。在 97 篇文献中，有 33 篇期刊论文、24 篇学位论文、3 部著作、1 篇报刊文章，共计 61 篇文献被纳入专题文献综述。本专题围绕研究生教育质量现状、质量评析、质量保障 3 个主题展开。

第一节　研究生教育质量现状

根据文献情况，将文献分为"研究生教育质量探索"和"研究生满意度调查"。学者们从不同方面对 2018 年国内研究生教育质量热点现状，例如就业质量、培养质量、专业实践等，进行了剖析。

一、研究生教育质量探索

研究生教育质量一直是研究者的探索热点。研究者分别从宏观现状与具体案例等角度入手探索研究生教育质量。

武汉理工大学梁传杰等人认为现代治理体系下高校研究生教育由行政、学术、市场三类主体共治，责任共担，高校研究生教育外适、内适和个适性三维质量，应由不同主体分别制定质量标准并进行质量问题判定，在三维质量细化基础上进行责任主体界定并进行质量问责。①

教育部学位与研究生教育发展中心黄宝印等人认为深入学习贯彻落实习近平新时代中国特色社会主义思想，充分认识中国特色社会主义新时代背景下的学位与研究生教育战略地位、系统功能和使命任务，积极发挥教育部学位与研究生教育发展中心的职能和作用可以更好地服务于中国学位与研究生教育高质量、内涵式发展。②

河南大学的徐晓飒认为我国研究生教育质量提升是政府、社会、高校、教师与学生等多元主体治理的共同责任，不仅需要协同合作，更需要权责明确；研究生教育出现大量主体权责背离现象，是研究生教育质量下滑的根本原因；抓住研究生教育质量提升过程中的机遇和有利要素，对研究生教育质量提升进行多元主体综合治理是研究生教育质量提升的保证。③

北京大学的熊慧等人在介绍自我主导理论的基础上，提出了促进自我主导力发展的学习伙伴模型；认为研究生教育应促进研究生个体的自我主导力发展，指出自我主导力将成为研究生个体发展质量观的新取向。通过分析自我主导理论引入研究生教育领域的必要性和可行性，阐述了引入的前提条件。④

天津大学的邓小华认为研究生教育质量治理是提升我国研究生质量，建设高层次人力资源强国的根本途径。从纵向的垂直管理到横向的网络治理，从单一中心到多中心的主体定位，体现了研究生教育质量管理的理念和范式转换。在国家资格框架的规约下，研究生学历资格的质量保障成为推动研究生教育质量治理的基本动因，以学习结果为导向的自主多元共治是研究生教育质量治理的本质，而治理价值的人本性、治理对象的自主性、治理过程的协同性与治理视野的国际性构成了研究生教育质量治理的主要特征。⑤

教育科学研究院的秦琳针对2015年全国博士学位论文抽检中社会科学门类不合格论文检出率较高的现象，对管理学、经济学、法学和教育学四个学科门类108篇不合格论文的233份专家评阅意见文本进行分析，讨论了社会科学博士论文在学术性、学科性和规范性三个维度应当满足的基本质量要求。并指出

① 梁传杰，邓宸．高校研究生教育质量问责：理念、标准与主体［J］．研究生教育究，2018（1）：6—10.

② 黄宝印，王顶明．充分发挥学位中心职能助力研究生教育高质量发展［J］．学位与研究生教育，2018（3）：1—6.

③ 徐晓飒．研究生教育质量提升的多元治理视域［J］．高等工程教育研究，2018（1）：131—135.

④ 熊慧，杨钋．自我主导：研究生个体发展质量观新取向［J］．学位与研究生教育，2018（12）：21—26.

⑤ 邓小华．面向国家资格框架的研究生教育质量治理初探［J］．研究生教育研究，2018（3）：13—18.

一篇合格的博士论文应当以全面和深入的文献综述为基础，在学科知识的脉络和理论关照中提出研究问题；体现出对于符合学科范式和研究目标的研究策略和方法的掌握和运用，并对研究结果进行具有理论关照的、逻辑自洽的深入探讨，论证研究结果的合理性及其适用范围。①

中国科学技术大学李政从宏观教学制度和微观导学关系两个方面探讨如何改进专业研究生培养质量；调查了某“985工程”大学专业研究生的指导体验、导学关系质量、自恋水平。结果发现，研究生的正面指导体验与导学关系质量呈显著的正相关关系，且自恋水平在二者之间起调节作用；研究生的负面指导体验与导学关系质量呈显著的负相关关系，但自恋水平在二者之间调节作用不显著。②

西北农林科技大学兰丽松以温州大学教学点MPA培养质量管理为研究对象，介绍了非全日制专业学位硕士研究生教育在温州大学教学点的培养情况，总结了现有教学点非全日制研究生教育存在的问题，分析了其产生的原因，提出了对非全日制研究生培养质量管理的一些建议，即探索新的管理模式来充分发挥教学点的主导作用、整合并优化教学资源、加强实践教学基地建设、增强研究生的自我管理、完善论文管理、搭建交流互动反馈平台等。③

华中农业大学的陈新忠等人基于文献计量学相关定律和文献可视化分析软件Cite Space V，对中国知网1986—2016年研究生教育质量的期刊论文从文献增长、期刊分布、机构分布、地域分布、作者群体、研究主题进行文献计量与内容分析，发现我国研究教育质量研究经历了萌芽阶段、积累阶段和快速发展阶段，研究规模不断扩大，研究成果逐渐丰富；研究生教育质量研究广受学者关注，形成了一批核心区期刊、高产研究机构和地区研究中心；研究者的群体不断扩大，但是还没有形成核心作者群，缺少对研究生质量领域进行持续、稳定、系统研究的作者及成果；质量保障体系、导师队伍、质量影响因素及对策等是研究生教育质量研究领域的研究热点。④

江苏省教育厅洪流认为高水平大学建设是推进高质量发展的引领，加强学科建设是推进高质量发展的关键，提升研究生培养质量是推进高质量发展的核心，并介绍了江苏省学位与研究生教育工作秉承“服务需求，提高质量”的发展主线，抢抓机遇、深化改革，稳中求进、内涵发展，以推进高水平大学建设

---

① 秦琳．社会科学博士论文的质量底线——基于抽检不合格论文评阅意见的分析［J］．北京大学教育评论，2018，16（1）：39—54＋187—188．

② 李政．导学关系质量与专业研究生教育［D］．合肥：中国科学技术大学，2018．

③ 兰丽松．非全日制研究生培养质量管理研究［D］．杨凌：西北农林科技大学，2018．

④ 陈新忠，张亮．我国研究生教育质量研究的轨迹、现状及热点——基于1986—2016年CNKI期刊的文献计量与内容分析［J］．现代教育管理，2018（6）：118—123．

为引领，以加强学科建设为关键，以提升研究生培养质量为核心，使学位与研究生教育质量不断提升的做法与经验。①

南京大学马曦在对江苏省 9 所高校的问卷调查的基础上，借助美国高等教育评估专家 Astin 提出的学生学习质量评估 I – E – O 模型，对研究生思想政治理论课程的学习质量进行实证分析。研究表明，当前研究生思想政治理论课在总体上达到了预期目标，有效提升了研究生的马克思主义理论水平和政治素养。大部分研究生对思想政治理论课表现出较高的满意度和认可度，对课程教材、教学水平、教学内容、考核方式以及教学经历整体评价较好。②

首都师范大学的荣利颖等人基于 2017 年全国研究生教育满意度调查数据，使用包含课程教学、科学研究、导师指导、管理服务指标的研究生满意度评价体系，利用多层线性模型从个体层面、院系层面和学校层面综合考察研究生创新能力的影响因素。结果表明，四个一级指标对研究生创新能力的培养都具有显著作用，科学研究和导师指导的影响作用更大。交互作用的结果表明，科学研究和导师指导指标中真正有显著作用的都是质量指标，而学生参与科研项目的数量以及导师指导频率的净效应都为负。由此可见，各研究生培养单位都要以质量为生命线，切实建立研究生质量保障体系，营造鼓励拔尖创新人才成长的制度环境。③

华南理工大学单飞翔选取了华南地区某所研究大学中的 17 名应届全日制专业硕士生，从顾客性的质量管理、预防性的质量管理和全员性的质量管理三个角度出发对专业实践进行实证调查，发现当前专业实践活动中存在的诸多问题。结合当前全日制专业硕士生专业实践中存在的实际问题，从顾客性的质量管理、预防性的质量管理和全员性的质量管理三个方面提出了相应的对策和建议。④

北京航空航天大学的张绍丽等人认为全面质量管理对学科交叉研究生培养机制的构建原则、方法以及形成原理均有重要启示，基于此，构建起全过程育人、全方位协同、全员参与以及“PDCA”循环四个彼此内容不同又相互交叉联系的机制体系，而且在机制运行过程中，应采取“整体”与“局部”相兼顾、“变”与“不变”相依存、“一”与“多”相循环的执行策略，以期达到

---

① 洪流．树立一流目标强化内涵建设推动江苏学位与研究生教育高质量发展［J］．学位与研究生教育，2018（5）：1—6.

② 马曦．硕士生思想政治理论课学习质量：现状判析与提升策略——基于江苏省九所高校的问卷调查［J］．学位与研究生教育，2018（6）：51—56.

③ 荣利颖，邓峰．研究生教育质量保障与创新能力培养的实证分析——基于 2017 年全国研究生教育满意度调查［J］．教育研究，2018，39（9）：95—102.

④ 单飞翔．全日制硕士专业学位研究生专业实践的全面质量管理研究［D］．广州：华南理工大学，2018.

提高研究生培养质量的目的。①

“提高质量”是当前研究生教育的迫切任务，而学位论文质量是研究生教育质量的直接衡量指标，如何提高研究生学位论文质量是当前学位与研究生教育改革的重要课题。江西农业大学黎佳佳对J大学2015、2016和2017届415位学术型硕士毕业生展开调查，得出以下结论：地方农业院校学术型硕士学位论文质量存在显著的性别差异和学科差异，其中男硕士研究生的学位论文质量高于女硕士研究生，农科和理工科的学术型硕士学位论文质量高于社科类。② 北京大学的赵世奎等人以165篇存在问题的博士学位论文为研究对象，对学位论文的作者在读期间发表论文的数量、质量、时间以及发表论文与学位论文质量的关系进行统计分析。结果表明：博士生的学术论文发表和他们的学位论文质量存在一定的相关性，在读期间与学位论文主题相关的论文发表数量和质量较低、发表时间相对滞后是这些“问题论文”作者普遍存在的现象。③

生源质量对博士生培养质量起着关键性作用，是培养质量保障体系的基础。北京师范大学刘春荣等人利用五年博士学位论文匿名评审结果，运用统计方法，按学科大类分析了前置学校对博士学位论文质量的影响。研究结果表明，对于理工科来说，不同硕士前置学校类型博士生的博士学位论文质量有高度显著差异，“985高校”优于“211高校”，“211高校”又优于普通高校，其中，“985高校”与普通高校之间的差异显著性最大；在硕士前置学校为“985高校”的前提下，本科前置学校为“211高校”的博士生优于“985高校”，“985高校”又优于普通高校，特别在创新性指标方面，差异高度显著。人文学科、社会学科无论本科还是硕士前置学校类型对博士学位论文质量均无显著影响。④

博士生教育阶段的学习和研究不再是单纯的知识接受和积累过程，而是通过探索和研究进行知识的创新。华中师范大学的廉阳从毕业年份、评议指标、培养单位三个方面入手，运用描述统计分析该高校博士学位论文质量的现状；从生源特征和培养方式两个方面的九个因素入手，探究影响博士学位论文质量的相关因素，另外分析问卷调查的数据来完善博士学位论文质量的影响因素；运用支持向量机（SVM）、随机森林（RF）算法进行建模，并在此基础上提出

---

① 张绍丽，郑晓齐．全面质量管理在学科交叉研究生培养机制中的创新应用［J］．现代教育管理，2018（5）：123—128.

② 黎佳佳．地方农业院校学术型硕士学位论文质量影响因素分析及提升对策［D］．南昌：江西农业大学，2018.

③ 赵世奎，宋晓欣，沈文钦．博士学位论文质量与学术论文发表有关系吗？——基于165篇问题博士学位论文的分析［J］．学位与研究生教育，2018（8）：41—45.

④ 刘春荣，郭海燕，张志斌．前置学校与博士学位论文质量关系的实证研究——基于北京师范大学博士学位论文匿名评审结果的分析［J］．学位与研究生教育，2018（5）：45—49.

加权的随机森林算法，最后比较预测结果获取最优模型；并根据研究结果，从博士自身、导师、学校三方面提出相应的博士生培养建议。①

二、研究生满意度调查

在校学生满意度是衡量教育教学质量、教育政策实施效果等的重要尺度，为深入研究研究生教育质量及各类教育政策实施效果，不少学者运用问卷调查法、访谈法、个案分析法、回归分析法、层次分析法等多种方式开展了有关研究生教育不同方面的满意度调查。

学位与研究生教育杂志社周文辉等人持续追踪研究生对研究生教育的满意度，对全国 109 个研究生培养单位的 63166 位研究生进行了问卷调查。调查结果显示：不同研究生群体对研究生教育的满意度呈现均衡化趋势；专业学位研究生满意率连续五年高于学术学位研究生；研究生对课程教学、科研训练、管理与服务的部分方面满意率相对较低。对调查结果作出了初步解释，并根据调查反映的问题，提出了提高研究生满意度的相应对策。②

学生对课程教学的满意度是衡量高校课程教学质量的重要指标。中国地质大学的胡成玉等人采用自编问卷，对湖北省七所部属高校全日制学术型硕士研究生教学质量进行了满意度调查。结果显示研究生对教师在学习方法传授、研究能力培养、根据学习状况灵活调整教学进度、课程成绩评定方式等方面满意度不高，研究生教学在内容的前沿性与衔接性、提高学生的创新思维、促使学生掌握专业最新发展动态以及专业技能学习方面不足，研究生对专业教学改革、教学实践（实习）管理以及专业教材改革方面满意度偏低。③

西南大学的高静等人从非正式组织视域出发，利用 66 个师门 656 份全日制研究生数据来检验导师资本对研究生培养质量的影响，并分析师门组织特征、关系氛围的调节作用。研究发现：①研究生自评的培养质量中等，与社会期望有较大差距；②社会服务型、学术声望型导师资本对研究生培养质量具有显著正向影响，而人格魅力型资本影响不显著；③积极型师门组织、包容性师门氛围正向调节导师资本对研究生培养质量的作用，且包容性师门氛围调节效用略高。建议导师学术资本与市场资本形成良性互动，并重点建设师德师风，提升

---

① 廉阳．博士学位论文质量的影响因素及预测研究［D］．武汉：华中师范大学，2018.

② 周文辉，黄欢，付鸿飞，刘俊起．2018 年我国研究生满意度调查［J］．学位与研究生教育，2018（8）：33—41.

③ 胡成玉，陈翠荣，王艳银．研究生教学质量满意度调查研究［J］．黑龙江高教研究，2018，36（11）：105—108.

导师资本对研究生培养质量的指导效率；建立容错机制，营造包容性师门氛围，提高研究生的培养质量。①

西北师范大学安心等人针对八省市高校530名硕士研究生学业拖延问题进行实证研究，发现大部分硕士研究生存在不同程度的学业拖延行为；硕士研究生在性别、学科、自我调节学习效能感、成就目标定向与培养方式等方面存在结构性差异；硕士研究生自我调节学习效能感整体处于中等偏上水平；并指出及时发现和减轻学业拖延是促进研究生提升学业品质，形成学业内生动力的重要环节。②

学术型硕士生由于其培养目标、职业定位的模糊性和学术训练的预备性，在研究生教育领域中是一个相对特殊且在相关研究中容易被忽视的群体。天津大学的高耀等人基于2016年全国研究生离校调查数据，从“以学生为中心”的内部视角，对学术型硕士生就读体验满意度的实证研究发现：学硕对国际学术交流机会、导师求职指导和课程教学的满意度相对较低。通过进一步的学科差异分析发现：总体而言，农学硕士的培养单位满意度显著高于其他学科，但人文硕士和医学硕士分别对属于研究基础支撑的文献资料与实验设施的满意度评价较低；人文社科硕士的导师指导和课程教学满意度显著高于自科类和管理类学科；管理学硕士的科研参与满意度则显著低于其他学科。这些发现对提升学术型硕士就读体验满意度，促进研究生教育向“增质提效”的内涵式发展转变具有重要的政策性启示。③

沈阳师范大学焦晶全面而系统地对辽宁省全日制教育硕士实践教学能力培养过程中本专业实践课程比例、实践教学目标定位、实践教学内容、实践教学形式、实践教学基地、实践教学考核评价制度等九个因素影响程度及满意程度的相关性差异性进行了分析。④ 沈阳师范大学的于跃分析了教师和学生自身因素对满意度的影响，得到影响学生及教师满意度的因素和“高重要性——低满意度”的若干指标，提出了从培养单位层面加强实践教学、提高教育硕士教学能力和建立多元化教师队伍；从教师层面加强教师间的沟通、改革单一教学方式和提升自身综合素质；从学生层面培养职业情操和教育观的形成、增加与教

① 高静，罗敏，胡月．导师资本何以影响研究生培育质量：6城市15所高校的数据［J］．教育学报，2018，14（6）：97—105.

② 安心，贾思蕾．研究生学业质量研究——成就目标定向对研究生学业拖延的影响［J］．现代大学教育，2018（3）：73—78+113.

③ 高耀，王立，杨佳乐．学术型硕士生就读体验满意度的学科差异——基于2016年全国研究生离校调查数据的实证研究［J］．高教探索，2018（12）：40—48.

④ 焦晶．辽宁省全日制教育硕士实践能力培养质量认知现状研究［D］．沈阳：沈阳师范大学，2018.

师间的沟通交流和提高自身实践能力和创新意识等建议。①

南京大学的汪雅霜等人选取 N 大学 658 名全日制专业学位硕士研究生为调查对象，基于院校影响因素模型对数据进行分析发现：本专业读研、本科来自研究型大学以及两年学制的学生群体满意度较低；校外导师指导和实践性学习投入对专业学位硕士研究生满意度产生负向影响；学院对专业学位研究生培养的重视程度显著影响学生满意度；校内导师指导与成长收获满意度之间存在一定的中介机制。②

博士生教育作为高等教育的最高层次，是培养高层次人才的主要途径，是国家人才竞争和科技竞争的重要支柱。大连理工大学迟景明等人通过实证研究发现：可靠性质量对博士生满意度的影响效应最大，保证性质量的影响次之，有形性和移情性质量的影响强度几乎相同，响应性质量只对学生满意的情感因素存在正向影响。为进一步提高学生满意度，应充分考虑博士生教育服务质量五维度对学生满意度的影响关系强弱及其内在机理，优先改进可靠性质量。③大连理工大学邵宏润基于学生对博士生教育服务各环节的感知，以博士生教育服务质量为研究对象，综合运用服务管理理论和 ISO9000 标准，建立了学生感知博士生教育服务质量的分析框架。构建出博士生教育服务质量五维度模型和基于学生感知博士生教育服务质量与学生满意度的关系模型。得出博士生教育服务质量的现状，深入分析当前博士生教育服务质量中存在的问题及其产生的原因，提出了改进我国高校博士生教育服务质量的策略建议。④

清华大学的吴莎等人面向非英语专业硕士研究生、研究生英语教师、专业学科教师等群体，围绕研究生教育阶段对英语能力的目标需求，学生能力现状，英语教、学、测中存在的问题及困难，研究生满意度等方面，在 14 个省份进行了问卷调查及访谈。调查发现：研究生对英语能力提升的需求迫切，对学术英语能力、听说技能的提升有较强诉求；研究生现有英语运用能力弱，尚不能满足高校培养国际性人才的目标期待；招生考试考查不全面、课程设置不灵活、教学内容与实际结合不紧等问题使高目标与低能力之间的差距更为凸显。针对

---

① 于跃．辽宁省全日制教育硕士研究生培养质量认知现状研究［D］．沈阳：沈阳师范大学，2018.

② 汪雅霜，付玉媛，汪霞．从院校服务转向成长收获：专业学位硕士研究生满意度实证研究［J］．中国高教研究，2018（11）：57—62.

③ 迟景明，邵宏润．博士生教育服务质量对满意度的影响机理：一项实证的研究［J］．现代教育管理，2018（5）：111—117.

④ 邵宏润．基于学生感知的博士生教育服务质量研究［D］．大连：大连理工大学，2018.

调查中发现的问题提出了对策建议。[①]

研究生全面收费政策和资助体系满意度能够直观反映研究生全面收费政策和资助体系政策存在的现实问题，对于完善研究生教育投入机制改革，提升研究生人才培养质量，促进研究生教育持续健康发展，发挥着重要作用。北京师范大学洪柳对全国 882 位硕士研究生开展调研，实证分析研究生对全面收费政策及资助体系满意度及其差异情况。研究发现：研究生对全面收费政策和资助体系的满意度一般；其中，“985 高校”研究生对研究生全面收费政策和资助体系的满意度较高，“211 高校”一般，普通高校较低；研究生从分项满意度上看，研究生满意度最高的前三项是资助价值理念、收费公平性、资助目标；满意度最低的后三项是收费政策的学业影响、科研成果和创新能力。性别差异对满意度各维度无显著性影响。不同高校层次、不同年级、不同专业类别、不同家庭经济状况研究生对研究生全面收费政策和资助体系的满意度具有显著性差异。就高校层次、年级、学科门类、家庭经济状况的满意度总体均值而言，“985 高校” > “211 高校” > 普通高校，研三 > 研二 > 研一，理工 > 人文 > 其他，良好 > 中等收入 > 贫困。[②]

西北大学的杨佳乐调查了西部四校 2743 名学术型硕士毕业生，采用混合研究分析了地域流动和专业流动对其就业满意度的影响，得出向后流动和继续流动与就业满意度显著正相关，就业流动会提升男性的就业满意度；就学流动会提升女性的就业满意度等结论。[③] 华中师范大学王新娇以湖北省 A、B、C 3 所高校为调查研究单位，对 MPA 研究生的课程满意度进行了实证调查研究。结果表明，MPA 研究生的课程满意度总体上较好，MPA 研究生对教师教学满意度最高，对实习实践方面的安排满意度最低等结论。[④] 重庆师范大学的陈霞对重庆市四所高校的 450 名教育类硕士生开展专业满意度调查。结果显示，教育类硕士生专业满意度整体较低，而影响教育类硕士生专业满意度的因素主要包括课程体系设置不合理、课程教学内容滞后、科研管理体制短板等。[⑤] 江苏师范大学刘云对 XZ 地区 3 所高校（JS、KD、XY）的学术型硕士研究生，进行教育服

---

① 吴莎，张文霞，郭茜．高校研究生英语能力需求及满意度调查研究［J］．学位与研究生教育，2018（3）：47—53.

② 洪柳．研究生全面收费政策和资助体系能让研究生满意吗？——基于全国 882 位学术型硕士研究生的实证研究［J］．高教探索，2018（11）：23—32.

③ 杨佳乐．地域流动和专业流动对学术型硕士毕业生就业满意度的影响研究［D］．西安：西北大学，2018.

④ 王新娇．公共管理硕士（MPA）专业学位研究生课程满意度问题研究［D］．武汉：华中师范大学，2018.

⑤ 陈霞．教育类硕士研究生专业满意度调查研究［D］．重庆：重庆师范大学，2018.

务消费及满意度现状的具体调研，得出了学术型硕士生学习主体意识较差，高等教育服务消费不合理；学术型硕士生教育服务满意度普遍较低；高校各培养环节教育服务质量有待提高的结论。①

第二节　研究生教育质量评析

在评析研究生教育质量的研究中，2018 年共有 10.96% 的文献与质量现状相关。根据文献情况，本节分为评价理念与方法、质量评价体系两部分内容。

一、评价理念与方法

近年来，各类教育评价体系层出不穷，专家学者基于对理论的分析、概念的界定、实践调研、历史研究等方式对如何科学、有效地评价教育质量展开了系列研究。

东北师范大学的齐阿娜尔等人认为加强校外实践基地建设是高校教育改革的重要内容，它有利于培养全面型人才，引导大学生由单一学术型逐步转变为“实践—学术”的综合型人才。校外实践基地的成果能够有效地反映出高校在实践基地范畴下的教学质量，同时也能够有效地引导高校开展教学质量评估工作和高校教学内容、方针的适时调节。②

哈尔滨工程大学刘冰从校地企院（所）四方协同育人的角度出发，通过对培养质量和协同育人内涵的深刻研究，了解各主体在研究生培养过程中所扮演的角色，针对各主体的特点找出协同育人对高校研究生培养的影响因素并设计出评价指标。利用因子分析的方法对初选指标进行因子旋转找到主因子，结合指标设计原则筛选出最终的评价指标，从而构建出协同育人下的高校研究生培养质量评价指标体系，最后选择 DEA - Malmquist 评价法对研究生培养质量进行评价研究。通过对 H 大学 2010—2017 年数据的实证研究证明评价模型的有效性并提出提高 H 大学协同育人下研究生培养质量的对策建议。③

---

① 刘云．学术型硕士生教育服务消费及满意度研究［D］．徐州：江苏师范大学，2018.

② 齐阿娜尔，洪俊．依托校外实践基地的教育质量评价方法［J］．中国高校科技，2018（9）：65—67.

③ 刘冰．基于协同育人的高校研究生培养质量评价研究［D］．哈尔滨：哈尔滨工程大学，2018.

二、质量评价体系

2018 年涌现了许多新的教育质量评价体系，这些质量评价体系由学者们更为客观地从不同角度针对动态监测、科研竞争力、培养质量、就业质量、学科竞争力等方面进行构建，在经过实践检验后，根据评价结果提出提高研究生教育质量的建议。

清华大学王传毅等人在总结各类质量测度方法的基础上，构建出包含条件支撑力、国际竞争力、社会贡献力和大师培养力四个分指数的研究生教育质量指数。该指数具有较高的稳定性，能实现质量水平共时性的国际对比和历时性的趋势分析。与此同时，对中国、美国、英国、德国、澳大利亚、日本 6 国 2013—2015 年研究生教育质量指数进行测算，结果显示：虽然中国研究生教育质量总体水平显著低于世界其他国家，但具有明显的上升趋势，同时社会贡献力分指数也显示我国当前的经济发展对研究生教育有着旺盛的需求，而我国研究生教育也确实对本国经济社会的发展贡献显著。①

国务院教育督导委员会的何秀超认为研究生教育是我国国民教育的顶端和国家创新体系的生力军，承担着高端人才供给和科学技术创新的双重使命；创新研究生教育评估体系是当前急需的工作，具体包括加快谋划动态监测体系建设；扎实推进定期评估工作制度；突出底线监督和创新指标体系；确保评估工作取得实效。②

山西财经大学的李茜修改 SERVQUAL 模型，从而构建了包括有形性、保证性、可靠性、培养性、就业性和效果性 6 个维度的研究生教育服务质量评价模型；对研究生教育服务质量的差距问题进行诊断，借鉴 IPA 分析方法对各项问题进行象限分析，判断需要改进的服务项目。在对以上结论进行分析的基础上，为提高高等教育服务质量提出了几点对策建议：扩充学生学习空间，更新图书馆馆藏与设备；注重教职工素质，定期进行在职培训；建立学生意见反馈渠道，针对学生需求提供服务；加强产学研合作，提高研究生科研能力；完善培养方案，强调研究生创新意识和实践能力的培养，加强校企合作，主动适应社会对人才类型的需求。③

---

① 王传毅，徐冶琼，程哲．研究生教育质量指数：构建与应用［J］．学位与研究生教育，2018（12）：56—62.

② 何秀超．努力创建研究生教育评估体系全面提升研究生人才培养质量［J］．学位与研究生教育，2018（11）：35—38.

③ 李茜．硕士研究生教育服务质量评价模型构建及应用研究［D］．太原：山西财经大学，2018.

学术型研究生创新能力强弱是影响我国科研水平及创新型国家目标实现的重要因素。辽宁科技大学侯锡林等人考虑到个体优势差异及与专业型研究生培养的区别，围绕创新意识、知识基础、创新技能和创新成果四个方面构建学术型研究生创新能力评价指标体系，从最有利于每位被评价对象的角度设计基于直觉模糊数的个体优势特征识别及评析方法，能够客观、有效评价每位学术型研究生创新能力水平和特征。①

硕士学位论文是培养硕士研究生的科研能力、创新精神和实践能力的重要环节，硕士学位论文质量是衡量教学水平、学生毕业与学位资格的重要依据。大连理工大学薛涛明确了硕士学位论文质量评价的内涵与本质、建立评价体系的原则以及评价体系的结构及各部分之间关系；建立了评价指标的关系拓扑图，得到了硕士学位论文质量评价指标系统的模型。②

博士生科研和创新能力的培养是在素质教育基础上开展的重要能力培养环节，以扎实深入的基础知识为前提，是高校科研创新能力的重要体现。南京农业大学罗英姿等人以博士生个体发展为主线，确立了包括博士生教育质量输入、过程、输出和发展四个阶段的博士生教育质量评价指标体系，并运用层次分析法和聚类分析法确定了各指标权重，构建了博士生教育质量 IPOD 评价模型。IPOD 评价模型体现的是学术成果、学术训练及职业发展导向相结合的博士生教育质量观，既有一定的普适性，又具有学科的特殊性。③

第三节 研究生教育质量保障

2018 年，与研究生教育质量保障有关的文献占教育质量文献的 24.66%。根据文献内容，本节分为质量保障理论研究和质量保障体系的构建与实践探索两部分内容。

一、质量保障理论研究

建立教育质量保障体系的一个基本前提是全面地理解教育质量的深刻内涵，

① 侯锡林，柳森，赵希男．基于个体优势识别的学术型研究生创新能力评价［J］．现代教育管理，2018（9）：99—105.

② 薛涛．硕士学位论文质量评价体系研究［D］．大连：大连理工大学，2018.

③ 罗英姿，刘泽文，陈小满，顾剑秀．博士生教育质量 IPOD 评价模型构建与实证分析——基于六所高校 1107 名毕业博士的数据［J］．教育科学，2018，34（3）：67—74.

树立科学的教育质量观。不少学者通过对各类保障机制的分析、引用其他学科理论、比较国外质量保障体系等方式，针对质量保障开展了理论研究。

武汉理工大学的梁传杰认为研究生教育质量保障涉及政府、市场、学术三类主体，三类主体的价值取向分别指向公平、效益、自由，差异明显。政府与市场主体间存在公平与效益抉择的矛盾，市场和学术主体间有市场标准抑或学术标准的矛盾；学术和政府主体间存在自主和控制的矛盾。政府、市场、学术三者之间既有向心力也有离心力，达成了充满张力的三角制衡形态。①

硕士研究生教育上承本科教育下启博士研究生教育，是高素质人才培养的基础和关键，在人才培养体系中具有不可替代的作用。江西师范大学仇雪萍以N大学为例，通过制度文本分析、问卷调查总结了其存在的选题审核未完全落实、开题把关不够严格、中期检查和预答辩制度缺失或有制度落实不够、学术规范审查人力不足、论文评审及答辩要求不严、专家意见未落实到位等问题。分析了制度存在问题的主要原因：培养单位层面的重学位点申报、轻质量建设，重结果审核、轻过程管理，重制度制定、轻落实监管；导师层面的重结果审查、轻过程指导，重制度形式、轻指导质量；研究生层面的重学位获得、轻过程投入，重制度推进、轻要求落实。②

湖南大学丁凤珠认为研究生参与高校内部质量保障是指研究生作为参与的主体，积极主动地参与教育质量评价和教育质量监控。他们的参与具有多方面的意义价值，一方面有助于维护研究生在教育活动中的主体地位，保证其合法权益；另一方面可以推动学校及时解决教育问题，达成管理目标，还可以培养研究生的综合素质和管理能力，助学生成长成才。③

学位与教育质量保障政策是研究生教育治理体系和治理能力的重要内容，是新时代研究生教育内涵发展的核心问题。清华大学的唐广军全面梳理了1978—2018年我国学位与研究生教育质量保障的政策经验和演进过程，认为质量保障政策的根本价值是促进教育公平和提升教育效率，政策过程公开和民主是政策合法性的源泉，自律和自主是政策的终极价值。质量保障政策应调整政策工具图谱，从权威工具使用为主向系统变革工具和激励工具使用为主转变。④

也有不少学者着眼境外，对他国有效的质量保障机制进行分析解读，从境外研究生教育质量中汲取经验为我国的发展提供参考。广州大学的李家新认为，

① 梁传杰．研究生教育质量保障：价值取向、矛盾冲突与协调力量［J］．高等教育研究，2018，39（8）：77—85.

② 仇雪萍．基于过程管理的硕士学位论文质量保障制度研究［D］．南昌：江西师范大学，2018.

③ 丁凤珠．研究生参与高校内部质量保障研究［D］．长沙：湖南大学，2018.

④ 唐广军．学位与研究生教育质量保障政策研究［D］．北京：清华大学，2018.

中国台湾地区研究生教育质量保障体系在结构上包括构成主体之维的自我评鉴、构成专业之维的系所评鉴、构成过程之维的教学评鉴和构成社会之维的专业认证，并以“政策推动，有规可依”“单位主体，多元参与”“学生中心，兼顾发展”“内外融通，多维整合”为特点，提出应借鉴我国台湾地区相关经验，优化研究生教育质量观，完善质量保障理念；促进多元主体共同参与，丰富质量保障架构；强化高校内部质量保障，营造质量保障文化。①

沈阳师范大学李楠楠对英国杜伦大学教育硕士教育质量内外部保障进行研究，阐述了杜伦大学教育硕士教育质量外部保障机构，从杜伦大学教育硕士质量内部保障与外部保障谈到了对我国的启示，进一步完善我国教育硕士质量保障机制；改革招生标准，制定灵活的招生政策；创新教育硕士培养模式，提高师资队伍专业化，调整课程结构，减少课程门数，以促进我国教育硕士教育质量的保障与提升。②

二、质量保障体系的构建与实践探索

除对质量保障的理论研究外，不少学者基于所发现的教育质量问题，着手构建质量保障体系，并积极开展实践探索。

厦门大学的田恩舜等人提出政府应加强对专业学位研究生教育质量保障的统筹协调，首先要加强立法建设，完善研究生教育法规政策体系；其次要从资格准入、过程监控、结果评估与反馈等对专业学位研究生教育进行全程监管；最后，政府应鼓励社会第三方力量积极参与专业学位研究生教育的质量评估，同时加强对评估市场的监管。③

江苏大学的钟勇为等人认为高校的研究生培养质量内部保障当下存在三大误区：一是将导师负责制视为“老板制”“无限责任制”；二是认为保障主体是作为实体机构的研究生管理部门和学院而非那些具有生命冲动的师生；三是以为构建了相关管理制度便搭建了质量保证的运作机制与保障机制。为此，提出跳离误区的出路在于有关人员树立共同治理、师生为本等理念，在技术、权益层面构建系列运作机制，注重行动研究和重视利益相关者的文化心理、利益关

① 李家新，汤俊雅．台湾地区研究生教育质量保障体系的结构与特点［J］．学位与研究生教育，2018（9）：73—77.

② 李楠楠．英国杜伦大学教育硕士教育质量保障研究［D］．沈阳：沈阳师范大学，2018.

③ 田恩舜，朱金明，别敦荣．专业学位研究生教育质量监管体系建设策略［J］．学位与研究生教育，2018（7）：38—42.

系研究。①

西南大学崔延强等人介绍了“互联网 + 主文献制度”的概念，指出研究生培养质量可以依托互联网技术，将主文献研读贯穿研究生培养全过程，通过创建研究生院、学科负责人、导师组、图书馆等多方联动的主文献资源建设协作机制，将主文献研读纳入研究生培养必修环节，有机融合了主文献研读与传统课程；构建学、研、评一体化的主文献资源共享平台；创新线上线下、课内课外相结合的课程教学模式；完善研究生培养过程管理与考评机制，有效地促进研究生培养质量的提高。②

青岛大学的孙百才等人通过借鉴我国香港质量保障措施的实施经验认为我国内地需要完善高校自我评估体系，建立相对独立的第三方拨款和评估机构，设立捐赠配比专项资金，实现高等教育国际化和本土化的和谐发展。③ 广西民族大学姚璐璐梳理了教育硕士专业学位发展历史及现状，着力分析教育硕士专业学位的实务性、开放性、复合性、多样性四个基本特征；将教育质量内部保障的各部分按照计划、执行、检查和处理四大环节进行划分归纳，集中探讨影响教育硕士专业研究生教育质量内部保障的四个维度；针对广西教育硕士专业学位研究生教育中存在的问题，分别从理念机制、选拔机制、实践机制、双导师制、审核机制、反馈机制、监督机制等方面探讨提升教育质量的策略，切实提升广西教育硕士专业学位研究生教育的质量与层次。④

伴随着教育规模的不断扩大，全日制专业学位研究生教育质量保障问题成为人们的关注焦点，如何加强其内部质量保障体系建设成为关键所在。沈阳师范大学许林以辽宁省两所高校为研究对象，采用访谈和问卷调查的方法，通过学生满意度调查，从学生的视角出发，找寻全日制专业学位研究生教育质量内部保障中的不足之处，并以全面质量管理理论为基础，从培养过程中学生满意度低的方面着手，分别从“输入—过程—输出”的角度揭示了全日制专业学位研究生教育的管理流程中存在的经验与不足，并提出对策和建议。⑤

研究生思想政治教育作为研究生教育的重要环节，对落实国家“立德树

---

① 钟勇为，梁琼．研究生培养质量内部保障体系构建的误区与出路［J］．研究生教育研究，2018（2）：42—47.

② 崔延强，曾鸣鸣，段有德，张学敏．基于“互联网 + 主文献制度”的研究生培养质量保障体系研究［J］．学位与研究生教育，2018（12）：39—44.

③ 孙百才，徐宁．香港建设“世界一流大学”的质量保障措施与政策经验［J］．清华大学教育研究，2018，39（1）：75—83.

④ 姚璐璐．广西教育硕士专业学位研究生教育质量内部保障机制研究［D］．南宁：广西民族大学，2018.

⑤ 许林．全日制专业学位研究生教育质量内部保障体系建设研究［D］．沈阳：沈阳师范大学，2018.

人”根本任务、全面提升研究生培养质量有着至关重要的地位和作用。东北师范大学刘雨婷从“导师立德树人质量提升、辅导员队伍职业化专业化建设质量提升、研究生思想政治教育体制机制建设质量提升、研究生党建工作质量提升”四个方面，提出研究生思想政治教育质量提升的策略，旨在为其相关研究提供理论参考与实践借鉴。①

同时，也有一些学者从国外研究生教育质量保障体系借鉴经验。武汉理工大学的梁传杰通过借鉴美国经验，提出我国研究生教育质量保障体系建设应建立多元化参与的研究生教育质量保障体制、以高校自我评估为核心和基础的研究生教育质量保障体系、多样化和特色化的质量保障标准体系、学位授权单位和学位授权点动态调整机制。② 大连理工的邵宏润介绍了英国研究生教育质量保障体系中的科研体验调查，调查以为大学内部进行研究生教育质量改进提供数据参考为目标，以开展调查自评为监督改进机制，构筑了一套完整共赢的研究生教育质量评价体系。并指出在“三位一体”的调查实施过程中，数据分析结果的使用和院校间案例分享，对提升研究生科研体验质量起到积极作用。③

第四节 文献分布及特点分析

一、搜索文献数量

2018 年研究生教育质量的研究文献数量有所回落，但在 2011—2018 年研究生教育质量研究文献总体数量呈上升趋势，如图 2－1 所示。期刊论文数量依旧占据最大比例，学位论文有所减少，报纸文章和学术著作数量均显著增加，尤其是学术著作数量翻了 1 倍，这说明研究生教育质量研究继续保持研究热点地位，并在分散研究的基础上进行了整体性研究，出版了学术专著。

① 刘雨婷. 研究生思想政治教育质量提升策略研究 [D]. 长春：东北师范大学，2018.

② 梁传杰. 借鉴美国经验构建我国研究生教育质量保障体系 [J]. 研究生教育研究，2018 (4)：84—90.

③ 邵宏润. 科研体验调查：英国研究生教育质量保障新路径 [J]. 黑龙江高教研究，2018 (1)：15—18.

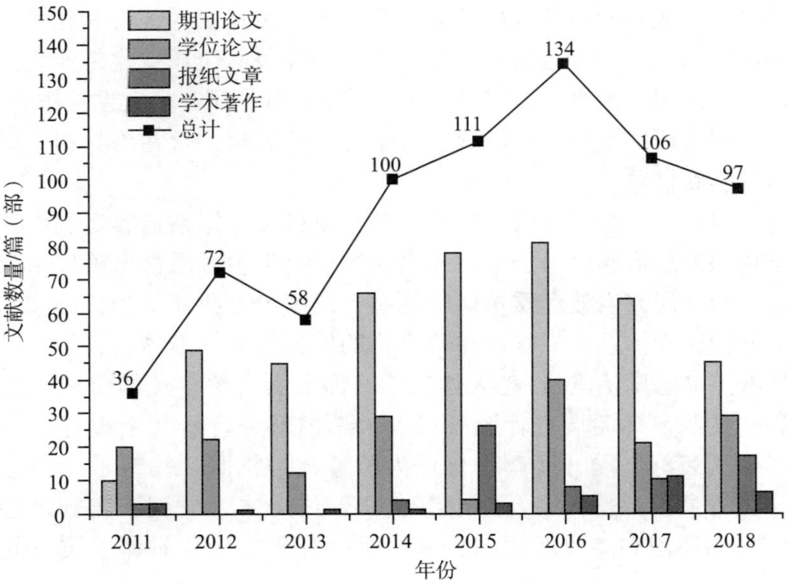

图 2－1　2011—2018 年文献检索情况

二、采纳文献的数量与类型

文献搜索后，经过人工关键词和摘要筛选得出与专题有关的研究文献。对文献进行综述，将反映专题研究现状、脉络、成果、方向，水平较高的研究成果纳入专题之中。图 2－2 反映了纳入本专题的文献类型的比例。2018 年度报

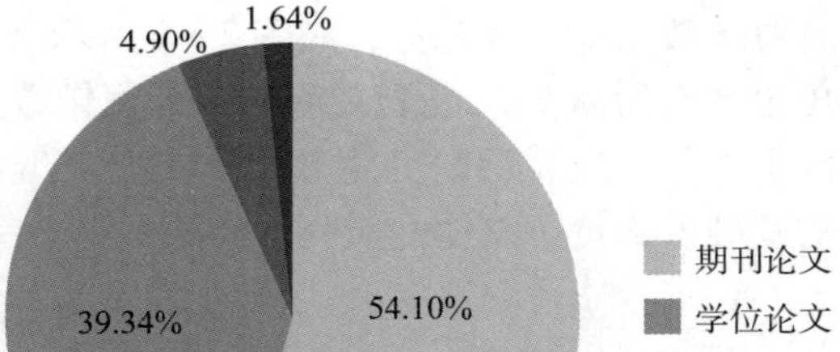

图 2－2　2018 年度本专题采纳文献类型

告引用文献达到61篇。本专题使用文献以期刊论文为主33篇，达到54.1%；其次是学位论文24篇达39.34%；著作为3部为4.9%；最后是报刊文章1篇为1.64%。

三、专题结构

2018年，研究生教育质量的质量现状、质量评析、质量保障3个主题文献数量有些差异。在研究生教育质量研究领域，2018年与质量现状相关的文献占54.10%，本专题收纳分析33篇文献；与研究生教育质量评析有关的文献占13.10%，本专题收纳分析8篇；与研究生教育质量保障有关的文献占32.80%，本专题收纳分析有20篇。

本章各专题文献选取比例与总体各主题文献占比相似，现状部分，宏观的教育质量现状研究与具体案例研究平分秋色，通过对文献内容的梳理发现，较多文献中宏观把控与具体案例分析并存；评析部分，质量评价体系构建比例增多；保障部分，质量保障体系构建的文献明显多于理论研究的（表2－1）。

表2－1　2018年研究生教育质量文献分类统计

主　题	方　向	篇　数
质量现状	质量探索	18
	满意度调查	15
质量评析	理论方法	2
	评价体系	6
质量保障	理论研究	7
	体系构建	13

四、研究方法

2018年本专题研究所使用方法更加丰富，问卷调查法得到广泛应用，大部分研究采用问卷调查与访谈相结合的混合研究方法。尤其是部分学位论文均采用案例研究的方法通过调查固定的群体，从某一高校、某一专业学位或某一问题入手，对研究生教育质量展开深入探索，其中也有不少学者针对具体案例提出提高研究生教育质量的建议。

定量模型使用和运算统计更加高深，结构方程模型、定序Probit模型、多元线性回归模型、优先行动矩阵等都被用到满意度调查研究中。总体上，有关研究生教育质量研究逐渐向规范的社会科学研究范式方向发展。

五、年度文献研究特点总结与未来展望

经过分析，2018 年度研究生教育质量研究文献呈现出以下特点：第一，关于质量研究的问题逐渐深入，既有宏观的把控与理论分析，也有结合具体实例进行的研究，此外基于某一具体案例构建评价指标体系的文献占比较多；第二，研究方法方面，使用各种数理方法做统计分析的文献数量增加，制度构建的文献数量减少；第三，专题二文献整体理论化水平更高。文献行文流畅，条理清晰，形成有关研究生教育质量的话语体系；第四，从研究内容比例来看，有关质量概念和质量保障理论这类偏重基础核心概念和基础理论的研究所占比例增多，但基于案例做质量分析研究的依然占主流，未来还需要增加本质的、基础的核心概念和理论探究；第五，随着近年来中国研究生教育质量提升，来华留学生数量增多，留学研究生教育质量也逐渐受到学者关注。

通过对 2018 年度学科建设领域文献分析，本专题认为未来关于研究生教育质量研究将会更加深入，基于宏观层面的把控和具体实例的研究文献均会增多，两者并行发展。会有越来越多的学者基于国际研究生教育质量研究而对我国的研究生教育质量进行分析和提供建议，关注国外研究生教育质量的文献会逐渐增多。研究方法会更加多元，不仅限于调查问卷、访谈等传统方法，模型建构等方法会逐渐成为主流。

专题三

研究生培养研究

2018年，研究生培养研究专题主要由四部分构成：研究生培养模式、研究生能力与素质培养、研究生课程与教学和研究生学位论文与质量管理。2018年的研究文献共有228篇，收录66篇。综观全年关于研究生培养的文献，主要有以下四个特点：①研究生培养模式研究特别是专业学位研究生培养模式研究更加精细、精准，案例研究具有推广、借鉴价值；②研究生能力与素质培养研究与时俱进，集中表现在创新、实践、创业能力研究三大模块；③研究生课程与教学研究不仅从宏观和微观层面阐述了研究生课程体系建设，教学模式变革等核心内容，还增加了关于信息化建设与教学改革方面的研究；④研究生学位论文研究侧重于学位论文质量管理及学位论文规范研究方面。

第一节　研究生培养模式

深化研究生培养模式改革，全面提升研究生培养质量，是推进研究生教育内涵式发展的重要动力。2018年，关于“研究生培养模式”研究的代表作有21篇，主要内容包括三个方面：一是研究生培养模式改革的理论探索与实践研究，具体包括以理论思辨和实证调查为主要研究手段的研究生培养模式理论研究，以及以经验总结为主要研究手段的研究生培养模式综合改革实践探索；二是协同创新背景下，产教融合、校企合作、政产学研联合等培养研究生模式的改革探索；三是基于不同学科、不同专业的研究生培养模式的改革与实践。

一、研究生培养模式改革的理论探索与实践研究

当前，我国研究生教育进入内涵式发展阶段，研究生培养模式也正在发生

积极的转变，加强对研究生培养模式改革的理论与实践研究，不断满足社会对不同类型人才的需求，是我国研究生教育改革与发展的必然趋势。

1. 在研究生培养模式改革的理论研究方面

天津大学刘宁等基于知识生产模式Ⅱ理论，以服务经济社会发展需求、坚持对外开放为导向，突出科教结合和产学结合，构建学术学位研究生教育与专业学位研究生教育协调发展的“3I［创新（Innovation）能力、国际化（Internationalization）、多学科交叉（Interdisciplinarity）］·4C［能力（Capability）、协同（Collaboration）、分类（Classification）、内涵（Connotation）］”研究生分类培养体系，培养具有家国情怀、全球视野、创新精神和实践能力的卓越人才，以适应知识生产模式转型对研究生教育提出的要求和挑战。①

哈尔滨工程大学杨栩等人结合“双一流”建设背景，在分析概括国内外典型研究生创新型人才培养模式的前提下，构建了基于 CDIO 理念的研究生创新型人才培养模式，重点从课程体系、教学模式、环境建设三个方面详细阐述培养模式的具体运行机制，最后提出实施保障策略，以期实现新型研究生创新型人才培养模式的科学性、系统性、完整性和可行性。②

苏州大学黄建洪等人认为当前我国研究生人才培养过程中普遍存在的“重科研、轻教学”倾向，抑制了研究生人才培养质量的提升。为此，提出研究生人才培养的“教学—科研”一体化模式。该模式通过强化科研作用机制、教学促进机制、“专业学习—科学研究—社会实践”联动机制的叠加效应，有序带动科研资源向教学资源的转移，以教学方法的改革适应科研深度发展的需求。从而建立起教学、科研双维度的人才评价标准，并以人才培养过程中培养主体、资源和机制多要素的匹配性优化整合，实现教学与科研环节的互嵌与融合，以持续促进研究生培养质量的提高，突破“教学低质量”与“科研低创新度”的关联困局。③

中国石油大学（华东）庄娟娟认为在非全日制研究生培养上，通过解读新政策和对比变革前后新旧政策，通过调研分析得出新政策出台的背景有三点：一是社会上对于在职研究生培养质量存在疑问；二是培养单位对于在职研究生的管理不规范；三是用人单位对于在职研究生的待遇存在不同。通过分析非全日制研究生项目实际培养过程中的情况与存在的问题，可以看出“传统＋互联

---

① 刘宁，沈妍，赵红星，陈金龙，赵美蓉，朱金明．知识生产模式Ⅱ视角下“3I·4C”研究生分类培养体系的构建与实践［J］．学位与研究生教育，2018（11）：45—50.

② 杨栩，冯诗瑶．“双一流”建设背景下基于 CDIO 理念的研究生创新型人才培养模式研究［J］．黑龙江高教研究，2018（8）：6—10.

③ 黄建洪，张洋阳．研究生人才培养的“教学—科研”一体化模式研究［J］．研究生教育研究，2018（6）：30—34.

网"的培养模式，可以有效解决在职人员学习过程中一直存在的"工学矛盾"问题。具体模式为"线上与线下相结合，课堂授课与实践实训相结合，高校教师与企业专家相结合"的培养模式。①

东北师范大学曹雷等人认为在专业学位研究生教育中，将现有的培养模式从"分阶段、离散化"向"全过程、系统化"转变，对于推动专业学位研究生培养质量提高具有重要意义。基于系统性理论，对专业学位研究生的教育教学理念、过程与方式等方面相关问题进行探讨，提出设计学校系统性联动机制、坚持科学化和职业化培养理念、建立开放性教学机制、构建多元化的教师队伍建设机制等专业学位研究生培养路径，旨在为提升专业学位研究生培养质量提供新的思路。②

南京财经大学程永波等人介绍了专业学位硕士研究生双元化培养的缘起与发展，认为社会发展需求、高校社会责任、专业学位属性决定了专业学位硕士研究生全程双元化培养的路径选择。通过目标导向、过程监控、结果保障，将双元化贯穿于研究生招生、培养、学位授予、毕业与就业的各个环节，构建专业学位硕士研究生的全程双元化培养体系。③

扬州大学孙怀林等人认为专业学位硕士研究生在我国高级应用型、复合型人才培养中具有重要意义。由于发展历史较短，培养经验不足，从而产生一系列问题，其中实践能力培养不足是问题的核心。应该以专业学位硕士研究生实践能力的构成要素为基础，基于能力本位教育理论，从课程设置、教学方法、专业实践、导师辅导、评价体系五个方面构建以提升实践能力为核心的"五位一体"的专业学位硕士研究生培养模式。④

江苏大学罗晓庆等人基于螺旋动态演化的视野，提出了专业学位研究生培养的产业教授模式，他们认为产业教授与专业学位研究生培养具有较高的耦合度，二者融合作用的人才培养模式呈现出双重螺旋动态演化的组织特点：宏观上政府、高校、企业形成资源的横向循环，微观上产业发展、人才培养、科学研究达到效益的纵向优化。这一创新模式对于提升专业学位研究生培养质量，促进社会科技创新、推动产业结构转型升级具有重要价值。实施这一模式的关

---

① 庄娟娟. 基于新政策背景下非全日制研究生培养研究［J］. 现代教育技术，2018，28（S1）：71—75.

② 曹雷，才德昊，张泰居. 基于全过程与系统化思想的专业学位研究生培养研究［J］. 黑龙江高教研究，2018（1）：99—102.

③ 程永波，欧亚. 全程双元化：专业学位硕士研究生培养的路径选择［J］. 学位与研究生教育，2018（8）：46—52.

④ 孙怀林，肖鹏. 基于实践能力提升的专业学位硕士研究生培养模式研究［J］. 黑龙江高教研究，2018（8）：95—98.

键在于“产、学、研”协同创新系统的多维度柔性融合。①

西安电子科技大学魏峻等人认为产教融合背景下的高等工程教育要以服务行业企业发展需求为导向，探索以提高工程应用能力为核心的人才培养新模式，积极构建政府、企业、社会协同参与的良性发展格局。只有真正以职业发展潜力为引导，科学构建职业适应力、职业胜任力和职业发展潜力三者融为一体的培养体系，才能使工程类硕士的培养满足并不断适应技术领域交叉和产业边界融合带来的新的社会需求变化，全面提高培养质量。②

河海大学李枫等人指出创新能力培养融入工程硕士人才培养的全过程，是提升工程硕士教育质量的根本要求。以适应产业需求为牵引，构建双层次螺旋协同工程硕士创新能力提升模式，通过政府、企业、高校外层次协同，高校与企业内层次协同，发挥企业重要主体作用，促进人才培养供给侧和产业需求侧结构要素全方位融合，培养更多符合国家战略和行业重大需求的高层次创新型应用人才。③

2. 在研究生培养模式改革的具体实践方面

针对我国专业学位研究生培养模式高等学校与国家经济社会发展不相适应的现状，淮阴工学院孙全平等人以淮阴工学院全日制工程硕士培养为例，对高校、政府、企业和科研院所“四维协同”专业学位研究生培养模式的协同机理进行了分析，构建了模式运行的三个机制，即价值认同的愿景植入协同机制、培养过程的能力提升协同机制和质量保障的培养评价协同机制。④

东北师范大学高夯等人分析了东北师范大学 2013 年启动的全日制教育硕士生培养综合改革。改革以“创造的教育”理念为引领，以教师成长规律和教师教育规律为遵循，以提升理论素养、发展关键能力为重点，以“三个贯通与一体化”为基础，通过创新培养模式、改革课程与教学、优化教育实践方式、构建协同培养机制等举措的实施，优化了培养过程与环节，提升了培养质量，探索了大学与优质中学协同培养教育硕士生的新模式与新机制。⑤

湖南农业大学郭时印等人认为一些培养单位在专业学位研究生教育方面存

① 罗晓庆，全力，王蕾．专业学位研究生培养的产业教授模式研究——基于螺旋动态演化的视野［J］．研究生教育研究，2018（1）：71—75.

② 魏峻，姬红兵，高晓莉．关于工程类硕士专业学位研究生培养方案改革的思考和建议［J］．研究生教育研究，2018（3）：30—35.

③ 李枫，于洪军．产教融合培养高层次创新型应用人才——以“双层次螺旋协同工程硕士创新能力培养模式”为例［J］．中国高校科技，2018（7）：44—47.

④ 孙全平，韩同友，陆中会．专业学位研究生培养协同机制构建研究——以淮阴工学院全日制工程硕士培养为例［J］．国家教育行政学院学报，2018（6）：36—42.

⑤ 高夯，魏民，李广平，秦春生．在职业环境中培养教育硕士生——东北师范大学全日制教育硕士生培养综合改革的实践与思考［J］．学位与研究生教育，2018（1）：7—12.

在目标定位不准、各方职责不够明晰、实践环节弱化和双导师制虚化等问题。针对这些问题，以湖南农业大学为例，提出以研究生教育综合改革为契机，建立以职业需求（Occupational-Demand）为导向，以“政府、培养单位、行业企业、导师、专业学位研究生”五方协同（Fiveparty-coordination）为依托，以“知识能力构建（0.5 年校内培养）+实践教学与课题研究（1 年基地培养）+理论总结与论文答辩（0.5 年校内培养）”三段融合（Three-sectionfusion）为关键，以跨域培养（Cross-domaintraining）为途径的 OFTC 培养模式。①

二、以联合培养为代表的研究生培养机制创新研究

随着知识生产模式的转变，大学与企业、政府、科研院所等单位的互动日益频繁，国内外高校、行业协会、地方政府和企业积极开展各种形式的联合培养，不断将人才培养与企业需求、市场需求、国家战略需求有机融合。

南京审计大学张杰等人认为适应新时代社会发展对人才的新需求，开展校企联合培养应用型研究生，是研究生教育的发展趋势。目前，国内有不少高校开展校企联合培养专业硕士，但普遍存在体制机制保障缺乏、师资力量和企业实践导师队伍欠缺、恰当的校企合作模式和制度缺失等问题。高校和企业要在联合培养专业硕士过程中实现合作共赢，需要改革传统的研究生培养模式，从建立校企联合培养专业硕士的“双主体”机制、完善联合培养方案和课程体系、建立师资队伍的联合培养机制、探索校企联合的政府扶持机制等方面入手，建立校企联合培养专业硕士的良性运行机制，以提升人才培养质量，满足社会对高层次人才的需求。②

北京工业大学初旭新等人指出产学研基地的建设，不仅能为企业解决技术难题，更能促进新形势下专业学位研究生培养模式的创新。在分析产学研联合培养研究生基地建设需求牵引基础上，介绍了北京工业大学与企业联合建立的污水处理优化运行控制产学研联合培养研究生基地在合作模式、平台建设和人才培养等方面的特点，并对该基地建设过程中取得的成效进行了总结。③

---

① 郭时印，朱育锋，李尚群．专业学位研究生实施 OFTC 培养模式的实践探索［J］．学位与研究生教育，2018（8）：52—57.

② 张杰，江世银，吴雪华．校企联合培养专业硕士的模式与运行机制——基于南京 S 大学金融专业硕士培养的案例分析［J］．大学教育科学，2018（6）：81—85.

③ 初旭新，黄玉容，杨庆．产学研联合培养研究生基地建设模式研究——基于北京工业大学污水处理研究生联合培养实践基地的分析［J］．学位与研究生教育，2018（10）：31—35.

三、基于不同学科、不同专业的研究生培养模式的改革与实践

研究生培养模式存在学科差异，不同学科、不同专业的研究生培养具有不同要求。2018 年度，学者对跨学科、交叉学科以及教育学、工程学、法学等不同学科与专业的研究生培养模式进行了探讨。

在交叉学科研究生培养方面，浙江大学吴伟等认为多学科交叉培养已经成为高校提高人才培养质量、带动跨学科研究、应对未来社会挑战的重要手段。从实践来看，多学科交叉培养可分为项目依托、机构依附和学科依赖三种模式，但都不同程度面临顶层动力设计偏差、院系阻断优质资源流动、培养过程与出入口不符、考核评价背离实际等现实问题。为有效化解多学科交叉培养研究生的功利性困境，应重构培养机制的主要思路，包括在统筹管理、学生出入口设计、培养过程管理、支撑保障等方面进行系统设计①

在跨学科研究生培养方面，武汉大学张莉认为随着新兴科学技术的发展，创新型人才越来越倚重跨学科学习和研究的生长模式及学术环境。研究生作为创新型人才的主要输出群体，进行跨学科培养的必要性和优势尽管已形成共识，但在实际操作中，跨学科人才培养在和传统模式冲突与并行的同时，往往会出现目标设定失于精准，政策扶持流于形式，团队合作偏于松散，绩效评价过于僵化等误区，导致事倍而功半。提出跨学科研究生培养"跨出"误区的对策建议：充分利用跨学科科研平台的实体性以彰显"真跨"；充分调动相关院系和主导师的积极性防止"乱跨"；充分尊重研究生的自主性达到"实跨"；充分依靠主管部门的协调性保证"长跨"。②

在法学学科研究生培养方面，中山大学郭天武等人认为我国法学一流学科建设既是依法治国的要求，也是国家治理方式转变的体现。我国现阶段法学院校发展存在着同质化、大学理念行政化色彩浓厚、法学人才培养模式定位模糊、法学课程体系不足、核心竞争力缺失、国际性视野不足等问题。法学一流学科的构建，应当以完善法学人才培养模式为重心，以具备核心竞争力为目标，以国际化的视野为导向，为法学学科发展贡献中国方案。具体到学科建设，应当致力于差异化定位，着力培养新型复合型法学人才，设计科学合理的法学核心课程授课体系，扩大教师队伍规模、优化教师队伍结构，重视案例教学法，拓

---

① 吴伟，何秀，姜天悦，严晓莹．多学科交叉培养研究生的困境与出路［J］．教育发展研究，2018，38（21）：12—17.

② 张莉．跨学科研究生培养的误区分析及对策研究［J］．研究生教育研究，2018（5）：18—22.

展研究资源，树立跨学科、国际化的研究视角，为法学一流人才的培养打下基础。①

在书法艺术硕士人才培养方面，中南大学罗红胜等人认为书法艺术硕士培养通过现代课程体系的课程模块教学体现，是一种“在场”的教育方式。这种教育方式是科学系统的，但培养出来的学生在知识技能方面还存在一定的缺陷。中国传统书法教学是师徒相授的教育方式，这种方式可以弥补现代课程教学的不足，成为“在场”课程的补充。它在人才培养方案之外，是“不在场”的教育。书法艺术硕士培养目标为高层次应用型的专业人才，仅靠“在场”的教育尚不能达到理想目标，因此采用“在场与不在场结合”的人才培养模式，把学科系统化教学与传统师徒相授相结合，将课程设置的在场与人才培养的不在场相融合，在学校培养与社会培养中寻求新的结合点，探索中国书法艺术硕士具有高校自身特色的培养模式，这是书法艺术硕士人才培养的一种更为合理的路径，同时也为人文社会学科教育与人才培养提供了新思路。②

在历史学专业人才培养方面，厦门大学刁培俊等人指出在当今浅表式阅读盛行、学术风气浮躁的背景下，历史学科等传统人文学科人才培养质量堪忧。在历史学研究生培养中，通过典范论文的缩写、精读一部专业书籍、撰写学术书评、与学术名家面对面交流等方式加强对研究生的学术训练，取得了较好的成效。这不仅是历史学科，其他需经验型、规律型教学奠定学术基础，以学术经典引导学术素养提升的人文学科和社会科学学科，也可以采用这种培养模式。③

在军队应用型研究生培养模式研究方面，陆军工程大学李希亮认为军队研究生任职能力不足的本质是“学位标准”与“军官标准”不一致，因此，军队应用型研究生培养的重点是强化研究生的军官职业能力。应兼顾国家学位授予标准和部队现实需求，在现有“课程学习＋课题研究”培养模式的基础上，增加旨在培养军官职业能力的“综合培训”模块，按照“课程学习＋课题研究＋综合培训”的“三模块”研究生培养模式，构建具有军队特色的应用型研究生培养体系。④

---

① 郭天武，严林雅．法学一流学科建设及其人才培养模式探析［J］．高教探索，2018（12）：17—24.

② 罗红胜，蔡惠萌．人文社会学科教育的在场与不在场——以书法艺术硕士人才培养为例［J］．现代大学教育，2018（2）：103—111.

③ 刁培俊．典范牵引、实践模拟与学术入门——历史学专业人才培养模式改革新尝试［J］．学位与研究生教育，2018（3）：24—26.

④ 李希亮．军队应用型研究生“三模块”培养模式研究［J］．学位与研究生教育，2018（4）：50—53.

第二节　研究生能力与素质培养

研究生能力与素质是衡量研究生培养质量的重要因素。2018 年，关于“研究生能力与素质培养”研究的代表作有 19 篇，主要内容包括三个方面：一是研究生能力与素质影响因素研究；二是研究生创业教育研究；三是研究生学术科研能力、实践创新能力培养研究。

一、研究生能力与素质影响因素研究

在博士生科研能力方面，华东师范大学王海迪基于我国 38 所研究生院高校 1729 名学术型博士生的调查数据，探讨了学术型博士生抱负与科研能力之间的关系。结果发现，在博士生教育规模扩张及就业多元化的背景下，博士生的抱负呈现多元化、异质化的特征。自我承认和人际归属抱负、社群贡献抱负、社会认可抱负对三类科研能力均有显著的正影响，财务自足抱负对三类科研能力并无显著影响。自我承认和人际归属抱负、社群贡献抱负对三类科研能力的促进作用较大；社会认可抱负对构想与实践能力、专业表达与管理能力的提升促进作用较大，对前期准备能力的促进作用有限。①

北京工业大学刘贤伟指出培养高层次工程拔尖创新人才是我国高校与工程院所联合培养博士生试点项目的重要目标。为探索试点项目取得的成效及相应的影响因素，对 175 名联培博士生进行了问卷调查，分析了联合培养环境中，博士生的两类主要社会资本，即高校和院所社会资本、校所组织邻近与科研创新能力之间的关系。层级回归分析发现，高校和院所两类社会资本皆对博士生科研创新能力存在显著的正向影响，而校所组织邻近的三个维度对该关系起到显著的调节作用。②

中国石油大学（北京）石卫林等人指出，在分析双导师制提升全日制专硕生职业能力效应机制发现：相对单导师，校企双导师指导更有助提升学生的实践能力，而在专业知识与综合素养上无显著差异。双导师制之所以有助提升学

① 王海迪．学术型博士生抱负与科研能力关系的实证研究——基于我国研究生院高校的分析［J］．高等教育研究，2018，39（1）：56—63.

② 刘贤伟．社会资本、组织邻近对校所联培博士生创新能力的影响［J］．高教探索，2018（10）：35—42＋109.

生实践能力，原因在于双导师提供了被学生认同的情境，学生在情境认同中默化提升实践能力。双导师指导存在共生型、竞争型和形式化三种类型，在共生型的双导师指导下，学生最易认同所处情境。进一步提高专业学位硕士研究生教育质量，需强化共生型双导师指导制度，促进学生的情境认同。①

华东师范大学刘宁宁利用《中国研究生教育年度报告（2016）》子报告数据库中的相关数据，对不同招考方式博士生的科研创新能力的差异进行分析。结果表明，读博期间硕—博连读生的科研创新能力显著高于本科直博生和公开招考生，这种差异主要表现在博士生一二年级，到博士生三四年级这种差异逐渐消失。具体到各个学科，人文社科的本科直博生的科研创新能力优于硕—博连读生和公开招考生，工学类的硕—博连读生的科研创新能力强于本科直博生和公开招考生，但这种优势随着年级的升高而逐渐减弱至消失；理学类三种招考方式博士生的科研创新能力无显著差异。②

北京航空航天大学刘扬等人指出，在高等教育国际化和我国“一带一路”倡议背景下，国际能力是研究生须具备的核心能力之一。研究发现：研究生国际能力呈现三维度九因子结构；研究生在这三个维度上的平均水平存在显著差异，其中跨文化技能维度是“短板”；研究生的个人特征和参与国际化活动的经验等因素显著影响其国际能力。③

二、研究生创新创业教育研究

在研究生创新创业方面，四川大学梁辰等人调查并分析了创新科技的研究生创业特点，定义了研究生接力创新的概念，辨析了导师、资本以及高校三个方面的因素对研究生在将创新探索转化为创业实践过程中的影响，提出高校应把接力创新的关联因素和必要资源统筹于“双创”联动当中，促进研究生创业接力创新、“双创”协同发展的工作策略。④

湖南大学李树涛等人认为新时代创新型国家建设要求高校培养更多创新创业人才。在分析研究生创新创业教育模式设计理念的基础上，湖南大学近年来

---

① 石卫林，惠文婕．校企双导师制更有助提高全日制专硕生职业能力吗［J］．中国高教研究，2018（10）：68—74．

② 刘宁宁．不同招考方式博士生的科研创新能力存在差异吗？——基于33所研究生院高校的调查［J］．学位与研究生教育，2018（4）：60—66．

③ 刘扬，马荧，李名义．“一带一路”倡议下研究生国际能力的评价与提升对策研究［J］．高校教育管理，2018，12（2）：10—16．

④ 梁辰，陈谦明．基于接力创新的研究生创业调查研究［J］．学位与研究生教育，2018（4）：66—72．

积极探索研究生创新创业教育的模式和教学实践：将创新创业教育融入研究生培养全过程；打造研究生创新创业在线课程学习平台；加强课程线上协作和辅导；注重课程线下拓展和实践；推进双创型师资建设等，取得了一定的实效。①

浙江师范大学李润洲阐述了研究生创新思维的意识，即从结果上看，研究生的创新思维表现为概念、命题与理论的创新；从过程上看，研究生的创新思维则意味着发现问题的批判思维、求解问题的发散思维与论证答案的聚合思维的有机统一。指出了当下研究生创新思维的阻隔，即研究生的创新思维主要遭遇着“无问”的尴尬、“无解”的煎熬与“无路”的迷茫等阻隔。认为研究生创新思维的培育需通晓学科历史，学会学术提问；锁定研究问题，发挥人的想象力；绘制概念导图，澄清论证思路。②

三、研究生学术科研能力、实践创新能力培养研究

中国矿业大学曹惠民等人对理工科高校文科研究生科研能力进行了分析，认为理工科大学与其他综合大学相比，具有自己特殊的学科体系。由于人文社会学科在理工科高校内的地位和“话语权”处于一个比较尴尬的情景，因此，理工科高校文科研究生培养有着自己特殊的困境，文科研究生自身的科研能力也成为一个不容忽视的现实，它是诸多要素耦合的一个结果。我们必须对理工科高校的人文社科类研究生的科研能力给予足够的重视，否则它必将影响人文社科类研究生的培养质量。③

对于博士研究生教学学术能力的培养，湖南师范大学杨柳群认为，我国近半数以上的博士研究生在取得学位后进入高校教师岗位，但其专业学术能力同教学学术能力之间的不对等日趋显现，高校对于新入职教师的满意度在逐渐降低。从教学学术思想的起源和发展对教学学术能力的内涵进行阐释，针对当前我国高校教师培养面临的挑战，分析博士研究生培养阶段对其教学学术能力进行培养的必要性，认为博士生导师应在培养学生教学学术能力中发挥作用：①学术活动的组织：开展教学研究与反思；②教学过程的实施：加强对博士研究生教学技能的培养；③和谐导学关系的构建：塑造博士研究生的教师品质。④

① 李树涛，李建，刘韬．研究生创新创业教育的模式与教学实践——以湖南大学为例［J］．学位与研究生教育，2018（9）：22—26.

② 李润洲．论研究生创新思维的培育——一种教育学的视角［J］．学位与研究生教育，2018（10）：26—31.

③ 曹惠民，邵慧文．理工科高校文科研究生科研能力研究——基于某理工科高校的个案分析［J］．中国高校科技，2018（5）：17—19.

④ 杨柳群．博士研究生教学学术能力的培养［J］．研究生教育研究，2018（6）：40—45.

中国地质大学（武汉）王焰新认为，当前创新驱动发展已经成为经济新常态最为显著的特征。“创新驱动的本质是人才驱动”，是人才为核心的创新要素的重新配置和生产关系的重新构建。科教协同、产学结合，促进科研优势资源、行业优质资源与研究生培养深度融合，鼓励跨学科、跨机构、跨部门协同培养，支持高校与行业企业建设联合培养基地，构建合作培养新机制，是新时期高校研究生教育的改革方向，也是培养创新型人才的战略选择。①

南京财经大学魏红亮等人认为创新能力和创新思维的培养被公认为是研究生人才培养过程中最关键、最重要的一环。针对现行经管类专业硕士创新能力培养模式中存在的问题及成因，基于建构主义理论，从重实践教学，提高学生实践能力；重启发式教学，培养学生问题意识；重合作交流，创造开放学习氛围；重能力培养，提高创新研究能力四个方面提出改革构想，从而将建构主义理论更好地融入经管类专业硕士研究生创新能力培养中，以改善并提升经管类专业硕士创新能力的质量和效率。②

上海交通大学宋斌等人认为思想政治教育专业硕士研究生培养中存在部分学生理想信念坚定但思想引领力不强、基础理论扎实但现实回应力不优、思政方法论娴熟但教育感召力不高等问题。加强思想政治教育专业硕士研究生应用能力培养具有重要的理论、实践和社会价值，可以从增强培养目标的针对性、提升课程体系的实践性和拓展师资队伍的多元性等方面着力推进。③

沈阳师范大学杜宁认为专业学位研究生实践能力的创新与提升符合培养高层次应用型人才的时代需求，是实现行业对职业性和实践性人才发展需要的有效途径。专业学位研究生实践能力培养应包含确立新型培养理念、优化课程体系、建设双师型师资队伍、建立实践培养基地等多层面的内容，需要不断丰富与提升高校高层次创新型应用人才的培养途径，实现校、企、政府多方共赢效果。④

杭州电子科技大学罗志增等人分析了中国研究生创新实践系列大赛对培养研究生创新实践能力的意义以及研究生参加创新实践竞赛面临的问题与困难，可从实施创新实践活动的项目化管理；将创新实践竞赛纳入培养环节；健全创

---

① 王焰新．完善科教融合校企融合机制提升研究生创新实践能力［J］．中国高等教育，2018（Z3）：56—58.

② 魏红亮，毛泽盛，张小荣，程世伟．基于建构主义的经管类专业硕士创新能力培养研究［J］．现代大学教育，2018（5）：98—105.

③ 宋斌，黄伟力．思想政治教育专业硕士研究生应用能力培养路径探析［J］．国家教育行政学院学报，2018（12）：59—64.

④ 杜宁．校企联盟背景下的专业学位研究生实践能力培养研究［J］．现代教育管理，2018（3）：111—115.

新实践竞赛奖励体系；健全导师指导竞赛活动的工作等效机制；构建多部门协同工作机制方面进行改革。①

东北师范大学曹雷等人指出专业学位研究生教育的根本目的在于培养研究生的专业实践能力。提出基于课程学习、导师指导、实践活动和学位论文四大因素的专业学位研究生实践能力影响因素模型。②

北京师范大学应中正等人认为实践能力是研究生培养的核心素质，国家高度重视研究生实践能力的培养。改进和加强研究生实践育人，要完善培养目标明确、考核机制健全的研究生培养模式；要不断拓展专业实习实践、寒暑假社会实践、日常志愿服务和国际交流等实践渠道；要形成重视实践育人的社会共识、凝聚实践育人的合力、打造有效的资金筹措渠道，构建强有力的研究生社会实践支持系统；要注重提升社会实践效果，既让研究生在实践中受教育、长才干、做贡献、促就业，又让提供实践机会的企事业单位得实惠，构建共赢机制。③

中国地质大学（武汉）张梅珍等人指出，在融媒体时代，信息传播的内容、主体、方式等均呈现新的特征。研究生群体作为新兴网络媒体的核心受众，拥有无可取代的有效整合科技传播力量和高效配置科技信息资源的能力。研究生科技传播能力各要素间构成一个完整的体系，包含以“知识”为核心要素的科技养成能力、以“融合”为核心理念的学术交流能力、以“技能”为核心导向的科学普及能力和以“创新”为核心途径的技术传播能力。④

辽宁科技大学侯锡林等人指出，学术型研究生创新能力强弱是影响我国科研水平及创新型国家目标实现的重要因素，因而如何科学评价学术型研究生创新能力就成为一个重要的研究问题。考虑到个体优势差异，区别于专业型研究生培养，围绕创新意识、知识基础、创新技能和创新成果四个方面构建学术型研究生创新能力评价指标体系，从最有利于每位被评价对象的角度设计基于直觉模糊数的个体优势特征识别及评析方法，能够客观、有效评价每位学术型研究生创新能力水平和特征，也有助于因材施教，避免千人一面。⑤

---

① 罗志增，王胡英，贺武华，徐红．推进研究生创新实践竞赛的探索与成效——以杭州电子科技大学为例［J］．学位与研究生教育，2018（1）：31—34.

② 曹雷，才德昊．全过程与系统化：专业学位研究生实践能力提升的有效路径探析［J］．中国高教研究，2018（1）：87—91＋97.

③ 应中正，刘梦然．研究生实践育人长效机制探索［J］．国家教育行政学院学报，2018（3）：63—68.

④ 张梅珍，曹欣怡．融媒体时代研究生科技传播能力的要素解析与模式建构［J］．学位与研究生教育，2018（3）：33—36.

⑤ 侯锡林，柳森，赵希男．基于个体优势识别的学术型研究生创新能力评价［J］．现代教育管理，2018（9）：99—105.

第三节 研究生课程与教学

课程与教学作为研究生培养过程中的重要环节，是提高研究生培养质量、提升研究生创新能力和发展能力的关键因素。2018 年，入选“研究生课程与教学”研究的代表作有 16 篇，主要内容包括三个方面：一是研究生课程与教学模式改革研究；二是不同学科、不同专业的研究生课程与教学研究；三是基于信息化的研究生课程与教学改革研究。

一、研究生课程与教学模式改革研究

研究生课程与教学模式的改革是提高研究生教育教学质量、保障研究生培养质量的重要举措，2018 年度学者在研究生教学改革和课程改革两大方面展开研究。

1. 在教学改革方面

中国科学技术大学汪铭等人在神经科学专业研究生培养中，将研究型教学理念引入每个具体教学环节，在专业理论课教学中，聘请国内知名专家介绍领域研究现状与前沿热点问题；在实验课程教学中，重视新技术和新方法的应用。教学模式以学生为中心，撰写文献综述、研究方案，PPT 讲解和课堂提问等多种形式灵活运用。实践表明，研究型教学方法有助于培养学生的科研思维，提升学生的实验技能和语言表达能力，促进了高水平创新人才培养。①

鲁东大学张夫伟等人指出，叙事应用于非全日制教育硕士教学，可以搭建起教育理论与教育实践沟通与对话的桥梁，从而避免教学的理论化或技术化。基于叙事的模式具有故事性、对话性、反思性、生成性等特点。其教学流程为：课前阶段为学生撰写故事，教师布置和遴选故事；课堂阶段为学生对话故事，教师精讲引领；课后阶段为学生重叙故事，教师指导评价。具体实施还需要注意重构教育理论和教育实践的关系、明确叙事的价值定位、切实转变大学教师角色、控制班级规模、完善过程考核等问题。实践证明基于叙事的模式具有良

---

① 汪铭，陈聚涛，杨昱鹏，陈林，张智，宋晓元，周江宁．研究型教学在研究生课程教学中的应用［J］．研究生教育研究，2018（1）：33—37.

好的教育效果。①

南京财经大学姚文韵认为随着互联网的发展，宏观经济环境以及研究生的人才培养目标不断变化，研究生教学改革面临着新的机遇与挑战。作为授课的对象，当代研究生接受新事物能力强，对教学具有个性化、多样化的学习需求。传统的教学方式已经难以满足当代研究生的学习需求，基于互联网的教学改革势在必行。②

2. 在课程改革方面

南京大学仇鹏飞等人认为“双一流”建设需要打造一流的研究生教育。研究生课程作为研究生教育的基础，长期以来一直处于弱化或边缘化的地位。南京大学从 2015 年开始开展硕士研究生教育改革，学术学位硕士研究生课程以现有课程中存在的问题为导向，以点带面，满足需求，对课程体系加以提升和完善，形成了“重视课程学习，加强课程建设，提高课程质量”的改革氛围，初步构建了具有南京大学特色的学术学位硕士研究生课程体系。③

东北师范大学郑燕林等人认为课程学习对研究生成长成才有着基础性支撑作用。优化研究生课程教学方式、提升研究生课程教学质量是深化研究生教育改革的重要内容。探究是研究生学习的路径，学会探究是研究生学习的目的。信息技术的介入为研究生课程教学改革提供了新途径。“探究型—混合式”教学模式在信息技术支持的混合式教学情境下促进研究生课程学习的深度探究。该模式内含 4 个探究要素——探究主体、探究客体、探究环境与探究方式，3 个混合维度——不同教学方式的融合、不同教学活动的整合、学习研究实践的统合。④

北京师范大学廖英认为通过构建研究方法类课程群，强化研究生研究方法的教学和训练的思考与实践。学校通过规定研究方法课程的必修学分、开发校级研究方法类课程群、强化全校研究方法课程群间的衔接关系，形成了覆盖全校所有一级学科的研究方法课程体系，实现了跨学科教学对跨学科科研的反哺，推进了教学方式改革，构建了一系列较为完善的教学管理制度，满足了研究生

---

① 张夫伟，张香兰．基于叙事的模式：非全日制教育硕士教学的实践探索——以《教育学原理》课程为例［J］．研究生教育研究，2018（6）：51—55.

② 姚文韵，沈永建，沈亦丹．互联网发展与研究生教学改革［J］．江苏高教，2018（11）：73—76.

③ 仇鹏飞，吴俊，卞清，邹冬云．“双一流”背景下的研究生课程体系建设——南京大学学术学位硕士研究生课程改革的探索与实践［J］．学位与研究生教育，2018（9）：16—22.

④ 郑燕林，秦春生．研究生课程“探究型—混合式”教学模式的构成与教学设计［J］．现代远距离教育，2018（4）：69—75.

对研究方法课程的需求。①

昆明理工大学高利等人分析课程教学在研究生教育中的地位和作用，提出利用辐射网状模型布局核心课程，以核心课程为引领推进研究生课程改革方案；方案将课程划分为公共基础课层、学科基础课层、学科专业课层 3 个功能层，学校重点挖掘各层中的关键核心课程进行集中靶向建设，针对课程内容、教学方法、教学手段进行改革引导，发挥核心课程辐射作用，推动学院进行其他课程改革，同步进行培养方案的修订，实现研究生课程改革的全面推进。②

北京理工大学范春萍等人对北京理工大学研究生“科学道德和学术诚信”课程的教学目标、教学内容、教学策略等进行了分析和论证。认为科学道德与学术诚信不宜狭隘地理解为科研行为中的学风与诚信，而应扩展到选题、立项、决策、运行等过程的诚信，扩展到预防伦理和负责任创新；作为一门科技与工程伦理类课程，该课程的目标是经由建构世界图景和学术图景进行伦理意识启蒙，唤起文化自觉和责任意识，达致对可持续发展理念下的负责任创新等伦理观念、科学精神和人文精神，提升道德判断和伦理选择能力。③

二、不同学科、不同专业的研究生课程与教学研究

2018 年，我国学者对不同学科、不同专业的研究生课程与教学给予了充分关注，成为研究生课程与教学研究的重点。

南京大学陈谦等人认为建设新型工科研究生课程体系意义重大，需要针对知识结构、授课方式、师资队伍和课程系统性等制约新型工科研究生培养的主要问题，结合国家要求、社会需求和国际经验确立建设目标，通过优化研究生培养方案、借鉴名校课程建设经验、打造国际水准教师团队、重视实践型课程教学、出版一流研究生教材等手段，构建体现学科特色、学科交叉、本硕博贯通、国际一流水准的新型工科研究生课程体系。④

井冈山大学仰和芝等人在分析服务项目教学模式内涵的基础上，认为服务项目教学模式具有教学目标明确、教学情景真实生动、教师与学生角色多元、

---

① 廖英．构建研究方法类课程群强化研究方法的教学和训练——北京师范大学研究生研究方法类课程建设的实践与思考［J］．学位与研究生教育，2018（4）：16—20.

② 高利，宋晶，束洪春．基于辐射网状布局核心课程的研究生课程改革实践——以昆明理工大学为例［J］．学位与研究生教育，2018（2）：22—26.

③ 范春萍，江洋，张君．研究生“科技与工程伦理”类课程实践探索——以北京理工大学“科学道德和学术诚信”课程为例［J］．学位与研究生教育，2018（4）：26—30.

④ 陈谦，李爱东，叶鹏飞．新型工科研究生课程体系建设探索——以南京大学现代应用与工程学院为例［J］．中国大学教学，2018（12）：56—60.

教学方式灵活多样、教学效果直观、学习效果评价全面等特征。指出服务项目教学模式能切实提升社会工作硕士研究生的创新创业能力，确保学位论文的实务取向和应用导向，培养扎根基层的社会工作专业人才，取得良好的社会效益。①

华北水利水电大学杨建坡等人指出，马克思主义理论学科的整体性要求思想政治理论课在教学中保持整体性、发挥整体教育功能。确保课程教学整体性，就要求在教学实践中不但要整体安排课程，更要注重四门课程之间的联动融合。建立联动融合机制的突破点应放在课堂实践教学环节这个薄弱点上。每门课程通过开展不同形式的课堂实践教学活动，并加强四课之间各教学要素间的互相联动沟通，是一种有益探索。而这一教学模式改革是系统工程，需要学校层面、相关管理方面、各参与主体重新定位，形成合力，共同推进。②

齐齐哈尔大学李虹等人认为实践教学是提高教育硕士专业学位研究生实践能力的重要环节，但在实践教学实施层面存在针对性不强、缺乏统筹管理与完善评价等问题，采取确立生成实践性知识为基础的实践教学目标、构建融通理论与实践的教学内容体系、强化基于共同体的实践教学形式、完善全面多元的实践教学评价体系等策略，切实提高教育硕士专业学位研究生的实践能力。③

华中农业大学胡瑞等人认为课程建设是研究生教育过程中的重要环节，对于提高研究生培养质量意义重大。研究提出，园艺研究生课程建设应从调整人才培养目标，科学合理设置课程和优化教学内容，改革课程教学模式，加强师资队伍教学能力建设，完善课程教学质量监控体系等方面入手。④

大连理工大学宋金波介绍了大连理工大学管理与经济学部构建的以“管理案例分析”“企业诊断咨询”和“创新创业实作”三大实践课程为核心的3C实践创新课程体系，说明了该体系的作用与取得的实际效果，即为研究生提供了理论与实践紧密结合的现代管理教育，为教师创造了管理教学与研究相长的实践载体，为企业提供了切实可行的管理问题解决方案；在实现学生、学校、社会三方共赢的同时，为不同层次人才培养与实践教学提供了新思路。⑤

---

① 仰和芝，张德乾．服务项目教学模式在社会工作硕士专业学位研究生培养中的运用——基于井冈山大学的实践［J］．学位与研究生教育，2018（1）：12—17.

② 杨建坡，张梅．高校思想政治理论课“四课联动”教学改革回顾与展望［J］．学校党建与思想教育，2018（15）：64—66.

③ 李虹，德纯．教育硕士专业学位研究生实践教学策略研究［J］．黑龙江高教研究，2018，36（9）：100—103.

④ 胡瑞，朱黎，范金凤．园艺学科研究生课程建设研究——基于对我国29所高校的实证分析［J］．研究生教育研究，2018（4）：35—40+51.

⑤ 宋金波，吕一博，孙力，何彬源．管经专业学位研究生3C实践创新课程体系构建［J］．学位与研究生教育，2018（6）：38—43.

西北师范大学李华等人认为，现代教育技术专业硕士研究生社会市场需求侧与人才供给侧的矛盾，使现代教育技术专业的发展面临严峻挑战。针对目前现代教育技术专业存在的课程结构失调、学生能力不专等方面的问题，以能力需求为导向，进行知识需求与课程设置的探索，提出了能力与知识并重的现代教育技术专业知能课程体系，以增强现代教育技术专业硕士研究生未来就业的竞争力，满足社会市场需求，解决人才供给的矛盾。①

三、基于信息化的研究生课程与教学改革

随着教育信息化的快速发展，研究生教学模式正在发生重大变革：以“灌输式”为主的传统教学模式正在让步于基于互联网信息技术的“少教多学”为主的新型教学模式。

南京大学汪雅霜等人认为，在“互联网＋”时代，研究生课程需要新的设计思路：课程目标凸显创新能力，课程设置强调意义建构，课程实施关注学习情境；研究生课程资源需要进行重组：课程资源从专有走向共享，资源获取突破时间和空间界限；研究生课堂教学模式需要发生根本性转变：教学方式实现教学流程的重构，学习方式强调自组织学习，评价方式从单一走向多维。在“互联网＋”时代，我国研究生课程要树立“互联网＋课程”深度融合的理念，打造泛在学习资源共享平台、建立多路径师生学习共同体以及推行 MOOC 课程的认可机制等。②

第四节 研究生学位论文与质量管理

学位论文是研究生培养的最后关口，集中反映出研究生的科研能力与学术水平，是研究生培养质量的重要体现。2018 年，关于“研究生学位论文与质量管理”研究的代表作有 10 篇，主要内容包括两个方面：一是学位论文的规范性研究，主要涉及学位论文的选题与写作；二是学位论文质量评价与管理，包括学位论文评价体系、质量调查、规范管理等内容。

---

① 李华，张立勇，石夏榕，魏一通，刘勐媛．现代教育技术专业硕士知能课程体系构建研究［J］．电化教育研究，2018，39（4）：80—85.

② 汪雅霜，汪霞，付玉媛．“互联网＋”时代研究生课程的发展趋势与改革策略［J］．研究生教育研究，2018（4）：28—34.

一、学位论文的规范性研究

中国科学技术大学罗勇通过开展文献计量学研究发现：在我国的硕士学位论文中，有不少论文的题目完全相同或者极其相似。出现这种大量相同题名的学位论文，从一个侧面揭示了目前我国研究生培养各个环节所存在的诸如学生学术训练不足、学术诚信失范，导师在对学生的学位论文指导过程中失职以及部分论文评审专家、答辩委员会成员和学位授予单位管理部门等失责的问题。“同题名”现象的出现既不正常也不应该，值得引起相关机构的重视。①

浙江师范大学李润洲认为研究生学位论文写作的论证意识蕴含着三重内涵：一是对事实、理论的有效运用；二是与他者、自己的自觉对话；三是对概念、命题的结构序化。指出有些研究生在学位论文写作中存在论证意识迷失现象，具体表现为“证而不论”的事理分离，“论而不辩”的独白专断，“论证而无逻辑”的观点堆积。提出增强研究生论文写作的论证意识，应该习得分析思维，洞见事理关系；增强对话意识，学会辩证思考；把握言说逻辑，细化谋篇布局。②

广州大学温小军认为研究问题对学位论文至关重要。能否提出一个真实的研究问题，更是学位论文的基本前提和关键所在。然而，当前一些教育硕士专业学位论文在选题方面却有违真实性原则。应在人与研究问题的关系这一基本框架之下，从理论、现实、历史、研究者和读者五个方面提炼出教育硕士专业学位论文选题真实性的五个特征：逻辑性、实践性、创新性、量力性、公共性，并分别联系其相关现状提出相应的实现策略。③

三峡大学赵军等人指出学位论文在源初意义上是学生能力评价和测量的工具，这在今天的专业学位研究生教育领域表现尤为明显。研究揭示了当前我国专业学位论文多元的形式分布特征，同时说明了专业学位论文的标准和规范建设存在着理想与现实的冲突，并提出了多元化与小一统互融、标准化与精细化共生、他律性与自律性整合的管理理念，以推动专业学位论文多元和规范的和

---

① 罗勇．学位论文“同题名”现象的原因分析——以法学专业的硕士学位论文为例［J］．学位与研究生教育，2018（1）：56—61.

② 李润洲．研究生学位论文写作的论证意识——一种教育学的视角［J］．学位与研究生教育，2018（3）：19—23.

③ 温小军．教育硕士专业学位论文选题的真实之维及其实现［J］．研究生教育研究，2018（5）：48—52.

谐统一。[①]

二、论文质量评价与管理

中国教育科学研究院秦琳针对2015年全国博士学位论文抽检中社会科学门类不合格论文检出率较高的现象，对管理学、经济学、法学和教育学四个学科门类108篇不合格论文的233份专家评阅意见文本进行分析，讨论了社会科学博士论文在学术性、学科性和规范性三个维度应当满足的基本质量要求。学术性是对博士学位论文最核心的要求，学科性构成了论文评价的结构框架和参照系，规范性则是论文质量最基本的保证。[②]

华东师范大学岳英等人认为原创性知识贡献是评判论文质量的首要标准，这种以博士论文为主要评价标准的博士生教育却面临众多质疑。首先，博士生教育的目的已经由培养学术精英转而培养知识工人，博士论文由原创性知识贡献的载体转向一种研究能力或职业技能训练的工具。其次，由于原创性概念自身的模糊性，具体指标呈现泛化的趋势，对于博士论文的评价已由过往对于知识发现的推崇转为更看重知识的应用和拓展；而理想的定义与现实的评价存在较大偏差，导师和同行评审专家也不再将原创性作为评判论文质量的主要标准；同时，不同学科对原创性的理解也存在不可通约性。最后，博士论文形式的多样性迎合了大学文化、学科传统和学位类型多元化的趋势，但可能也损害了博士学位代表最高学术水平的文凭信号功能。这些实践或技术层面变革的背后是博士生教育理念及其知识价值的嬗变，更进一步说是高校、国家和市场等力量的相互博弈[③]

北京师范大学心刘春荣等人利用五年博士学位论文匿名评审结果，运用统计方法，按学科大类分析了前置学校对博士学位论文质量的影响。研究结果表明，对于理工科来说，不同硕士前置学校类型博士生的博士学位论文质量有高度显著差异，“985高校”优于“211高校”，“211高校”又优于普通高校，其中，“985高校”与普通高校之间的差异显著性最大；在硕士前置学校为“985高校”的前提下，本科前置学校为“211高校”的博士生优于“985高校”，“985高校”又优于普通高校，特别在创新性指标方面，差异高度显著。人文学

---

① 赵军，朱梦，王子琦，方子帆．多元·标准·和谐——论专业学位论文的形式与规范［J］．学位与研究生教育，2018（1）：25—30.

② 秦琳．社会科学博士论文的质量底线——基于抽检不合格论文评阅意见的分析［J］．北京大学教育评论，2018，16（1）：39—54+187—188.

③ 岳英．重识博士论文的价值危机：知识、技术与权力［J］．北京大学教育评论，2018，16（1）：2—14+186.

科、社会学科无论本科还是硕士前置学校类型对博士学位论文质量均无显著影响。研究结果可以为制定博士招生政策和策略提供相关参考。①

在学位论文的规范管理方面，华南理工大学胡彦涛认为，作为承载知识和科研创新的载体，学位论文需要“公开发表”是由其公共属性决定的。但必须明确的是：《中华人民共和国学位条例暂行实施办法》规定的“公开发表”仅仅指纸质版学位论文在学位授予单位的图书馆等特定场所公开，并不包括学位论文在公开网络上传播。进入数字化时代后，《信息网络传播权保护条例》允许学位授予单位以数字化形式将学位论文保存在图书馆，但仅对本馆内的读者开放，图书馆以外的人群无权在开放网络中获得数字化的学位论文。学位授予单位与学位论文作者之间不是平等主体之间的法律关系，学位论文不是委托作品和职务作品，因此，学位授予单位不享有学位论文的知识产权。②

苏州大学叶继红认为，研究生论文发表规定作为高校自创制度发展至今，已成为研究生培养制度的一部分。实证研究发现，高校研究生学术不端与论文发表制度之间存在一定的关联性，后者是研究生学术不端的诱因之一。据此，需要反思目前高校研究生论文发表制度。在承认高校目前实行/不实行论文发表规定的双向合理性的前提下，一方面要对研究生论文发表硬性规定进行修改完善；另一方面取消硬性规定后要对制度“真空”进行填补，以保持研究生发表论文的必要张力。③

北京航空航天大学赵世奎等人以 165 篇存在问题的博士学位论文为研究对象，对学位论文的作者在读期间发表论文的数量、质量、时间以及发表论文与学位论文质量的关系进行统计分析。结果表明：博士生的学术论文发表和他们的学位论文质量存在一定的相关性，在读期间与学位论文主题相关的论文发表数量和质量较低、发表时间相对滞后是这些“问题论文”作者普遍存在的现象。④

---

① 刘春荣，郭海燕，张志斌．前置学校与博士学位论文质量关系的实证研究——基于北京师范大学博士学位论文匿名评审结果的分析［J］．学位与研究生教育，2018（5）：45—49.

② 胡彦涛，蒋悟真．数字化时代学位论文的知识产权归属［J］．学位与研究生教育，2018（10）：58—64.

③ 叶继红．高校研究生学术不端行为及与论文发表制度关联性思考［J］．研究生教育研究，2018（5）：7—12.

④ 赵世奎，宋晓欣，沈文钦．博士学位论文质量与学术论文发表有关系吗？——基于 165 篇问题博士学位论文的分析［J］．学位与研究生教育，2018（8）：41—45.

第五节　文献分布及其特点分析

2018 年，研究生培养专题涉及 4 个议题：研究生培养模式、研究生能力与素质培养、研究生课程与教学和研究生学位论文与质量管理。在文献分布、专题结构、研究热点、研究方法等方面呈现如下特点。

一、文献分布与专题结构

2011—2018 年，研究生培养研究文献总体数量呈现起伏的态势，见图 3－1。2018 年文献总量较 2017 年减少了 194 篇，主要原因在于 2018 年在文献检索中只用了期刊论文这一类文献。若只参考期刊论文类型文献，2017 年文献总量为 261 篇，2018 年降幅达 13.8%。

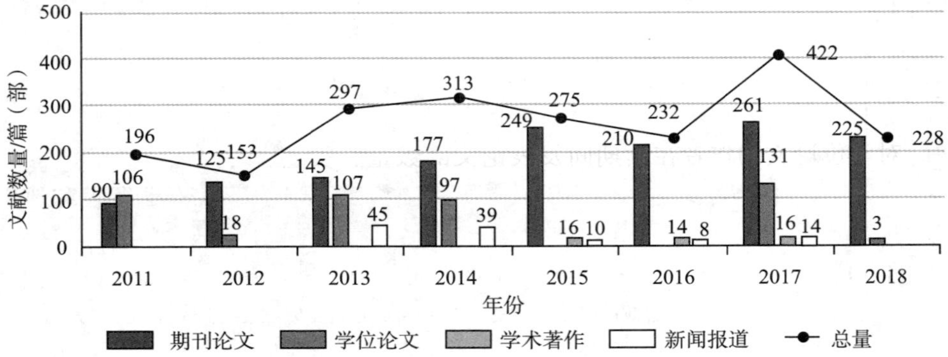

图 3－1　2011—2018 年文献检索情况

通过对检索文献进行人工甄别，将能够反映研究生培养研究现状，并将研究水平较高的研究成果纳入本专题。2011—2018 年，纳入本专题综述的文献总量总体呈现起伏态势（图 3－2）。2018 年，纳入综述的文献共计 66 篇，全部为期刊论文。可以看到，2018 年纳入综述的文献总量较 2017 年减少了 46 篇，降幅达 41.1%。原因在于 2018 年的研究生培养研究文献检索数量有明显减少，且 2018 年度纳入的文献类型只有期刊论文。

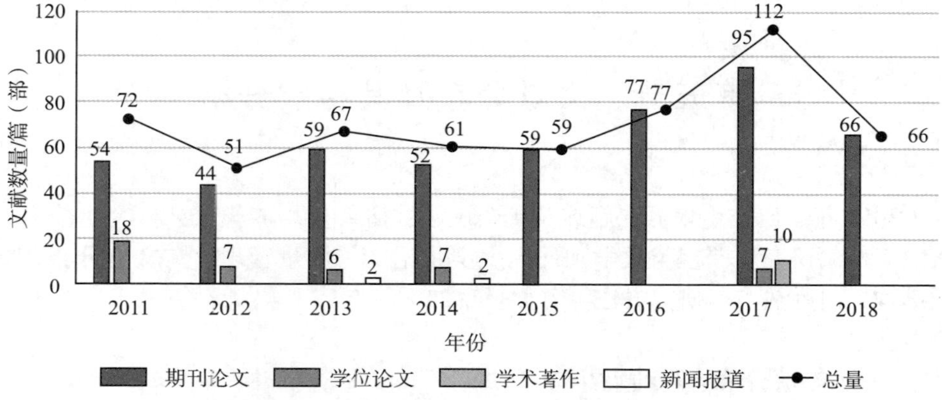

图 3－2　2011—2018 年采纳文献的类型分布

从纳入综述的主题分布来看，38. 8% 为研究生培养模式研究，25% 为研究生能力与素质研究，23. 7% 为研究生课程与教学研究，12. 5% 为研究生学位论文与质量管理（图 3－3）。整体看来，研究生培养研究文献主要集中在“研究生培养模式研究”领域。

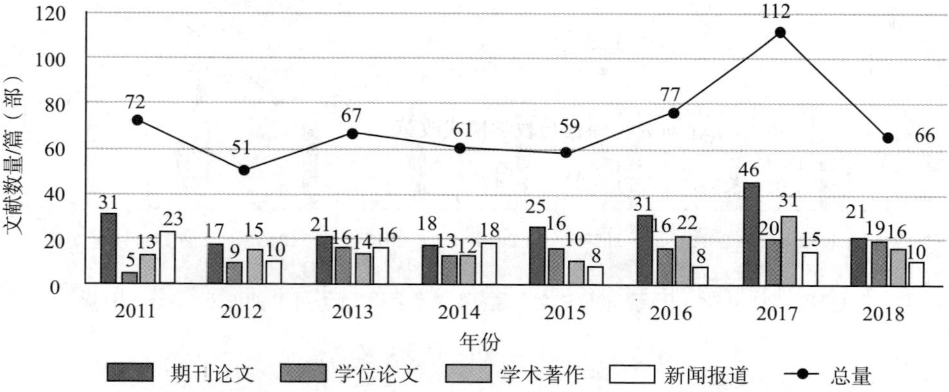

图 3－3　2011—2018 年采纳文献的主题分布

二、研究特点与研究方法

从研究主题来看，2018 年研究生培养研究基本涵盖了研究生培养过程的全部环节，主要集中在研究生培养模式的综合改革与实践探索，研究生学术科研能力与实践创新能力、专业学位研究生的课程与教学、研究生学位论文质量调查研究等领域。

从研究热点来看，2018 年研究生培养研究在研究生培养模式方面，更加聚焦学校的综合改革实践，通过介绍、提炼本学校、本学科、本专业在培养模式改革方面的实践探索，为研究生培养模式的理论创新提供基础，为研究生培养模式综合改革提供现实指导；在研究生能力与素质培养方面，更加聚焦学术学位研究生的科研创新能力培养，更加聚焦专业学位研究生的实践创新能力培养；在研究生课程与教学方面，课程与教学的基础理论研究逐渐增加，为研究生课程与教学这一研究生教育改革薄弱环节提供了方法论基础；在研究生学位论文与质量管理方面，更加侧重于学位论文评价指标体系设计与质量调查研究，反映出学者与社会公众对研究生培养质量的持续关注（表 3－1、表 3－2）。

表 3－1　2018 年研究生培养研究的研究主题与研究热点

研究主题	研究热点
研究生培养模式	①研究生培养模式改革的理论探索与实践研究 ②以联合培养为代表的研究生培养机制创新研究 ③基于不同学科、不同专业的研究生培养模式的改革与实践
研究生能力与素质培养	①研究生能力与素质影响因素研究 ②研究生创新创业教育研究 ③研究生学术科研能力、实践创新能力培养研究
研究生课程与教学	①研究生课程与教学模式改革 ②不同学科、不同专业的研究生课程与教学研究 ③基于信息化的研究生课程与教学改革
研究生学位论文与质量管理	①学位论文的规范性研究 ②论文质量评价与管理

表 3－2　2011—2018 年研究生培养研究的研究主题对比

研究主题	年份							
	2011	2012	2013	2014	2015	2016	2017	2018
研究生培养模式	✓	✓	✓	✓	✓	✓	✓	✓
研究生培养机制改革	✓							
研究生能力与素质（培养）	✓	✓	✓	✓	✓	✓	✓	✓
研究生课程与教学	✓	✓	✓	✓	✓	✓	✓	✓
专业学位研究生培养问题	✓							

续表

研究主题	年份							
	2011	2012	2013	2014	2015	2016	2017	2018
学位论文的要素分析及其质量	✓							
研究生学位论文及培养质量管理			✓	✓				
学位论文与质量管理（控制）		✓			✓	✓	✓	✓

从研究方法来看，2018 年研究生培养研究涉及经验总结、理论思辨、调查实证等多种研究方法，但仍以定性研究方法为主。在具体的研究领域上，研究方法则各有侧重。如培养模式研究侧重于使用经验总结、理论思辨等研究方法，调查实证的研究方法在研究生能力与素质、课程与教学、论文与管理等方面逐渐占据较大比例。

三、未来研究展望

在“双一流”建设的大背景下，中国的研究生教育改革与发展站在新的历史起点上，深化改革、与时俱进日益成为研究生教育改革与发展的主基调，抓内涵、促质量日益成为研究生教育改革与发展的主旋律，服务经济社会需求日益成为研究生教育改革与发展的主方向。通过梳理 2018 年研究生培养研究的研究进展，就未来研究方向提出三点展望。

（1）研究生培养模式改革、课程与教学改革、研究能力与素质提升将持续成为研究热点。2018 年 8 月，教育部、财政部、国家发展改革委联合印发《关于高等学校加快“双一流”建设的指导意见》，要求深化研究生教育综合改革，进一步明确不同学位层次的培养要求，改革培养方式，深化和扩大专业学位教育改革，推进课程改革，将创新创业能力和实践能力培养融入课程体系。在此背景下，为研究生培养模式、研究生课程与教学的改革提供理论指导和经验借鉴仍应成为学界同人关注的重点和热点。

（2）复合型与交叉型研究生培养模式研究将成为研究生培养研究的一个新增长点。2017 年 12 月，国务院办公厅发布《深化产教融合的若干意见》，对培养人才解决综合性问题的能力提出了更高要求，交叉型与复合型人才的培养与发展是当今人才培养的主要趋势。在研究生培养领域，加强产教融合，推进专业学位研究生产学研三位一体的培养模式改革，提升研究生解决实践问题和综合问题的能力，打造复合型和交叉型人才的培养基地将引起研究者的极大关注。

（3）研究生思政课程建设与研究生课程思政建设方面的研究需要引起高度重视。2019 年 3 月，中共中央总书记、国家主席、中央军委主席习近平在京主持召开学校思想政治理论课教师座谈会并发表重要讲话。加强和改进研究生思想政治理论课课程设置，创新教学方法，对于贯彻党的教育方针，培养德才兼备、全面发展的高层次创新人才，巩固马克思主义在意识形态领域指导地位具有重要意义。因此，学术界应从研究生思政课程建设与研究生课程思政建设双重视角探讨研究生的思想政治建设。

专题四 研究生导师队伍建设研究

2018年，研究生导师队伍研究由四大主题组成：导师指导，导学关系，导师责任与权利，导师身份、素养与遴选。从数量来看，2018年度研究文献共有61篇（入选57篇），相较2017年（46篇），文献量有所增长。从研究主题来看，2018年度研究聚焦于导师指导、导学关系，两者文献达45篇。从研究范畴来看，2018年度不仅继续关注了导师指导、导学关系、导师责任与权利、导师素养与能力等主题，也加强了对导师遴选、导师身份等领域的研究，丰富了本专题的内涵。

第一节　导师指导

2018年，导师指导仍然是研究生导师队伍研究中最受关注的议题之一，研究文献达20篇，其中期刊论文15篇、学位论文5篇。从2018年度学者对导师指导的研究情况来看，本议题研究焦点主要为：导师制、导师指导方式与风格及其影响。

一、导师制

导师制研究呈现以实践探索为主、理论研究为辅的特征。实践探索部分包含导师制的案例介绍、经验分享、实证分析，理论研究部分主要对导师制的管理模式、协同机制等方向进行挖掘。涉及的研究内容包括：导师制案例介绍、专业学位导师制、导师制的新模式。

导师制案例介绍包括民国时期、英国以及地方大学的导师制度。中南民族大学喻永庆介绍了我国最早实施导师制的私立大夏大学，大夏大学在校长王伯群的带领下，深入贯彻导师制中“导”的本义，将导师制与学校“师生合作”的办学理念有机结合起来。根据实施效果动态调整设计思路，重视导师的德才选拔与人文关怀，坚持开展多种形式的指导活动拉近学生与导师的距离，这一系列举措使得大夏大学导师制充满生机与活力，不仅成为民国时期导师制实施中的典范，而且极大地推动着学校办学水平的提升。这对师生关系问题频出的今天，有一定的现实借鉴意义。① 沈阳师范大学李晓丹介绍了民国时期大学导师制的实施过程，从导师制对大学教育的影响着手，结合日常生活哲学相关理论，以民国时期大学导师制下的师生日常生活为研究对象，通过展现其鲜活生动的多种生活场景，描述具体多样的生活活动，并深入分析这一时期影响师生生活状态的各种复杂因素，从而勾勒出该时期大学导师制下师生日常生活的详细图景。② 清华大学王轶玮选择英国顶尖研究型大学的代表牛津大学，以其研究生导师制度为研究对象，从资格与任命、责任与角色、指导过程、质量保障和权益维护五个方面对导师制度的特征进行分析，并对我国研究生导师制度提出建议，即推进研究生导师遴选机制创新，重视导师的培育与发展、明晰导师职责，建立指导过程守则、提高指导质量，完善质量保障机制建设、促进平等交往、维护研究生合法权益。③ 太原师范学院畅肇沁介绍了牛津大学导师制下学生学习模式，即以发展独立思考能力为学习的核心目标，以高强度的论文写作为学习的主要形式，以师生合作基础上的独立探究为基本的学习状态，以师生间的有效互动为学习质量的基本保障。④ 山东师范大学冯润楠基于舒茨人际需要理论对学业导师制进行分类，从师生交往的心理特点及需要出发，运用深度访谈调查并分析了当前地方大学学业导师制实施现状，存在学校层面政策不完善、监管不到位，学业导师层面主动性低、指导效果不佳，学生层面包容需要、支配需要多倾向于被动等问题，并提出应从“知”“导”“用”“建”四个层面改进地方大学学业导师制实施，即通过多种途径让师生认知学业导师制的政策、通过多种方式引导师生认同学业导师制的价值、通过多种手段让学业导师有用武之地、通过多种激励培育发挥树人作用的学业导师。⑤

专业学位导师制研究方面，中国石油大学石卫林等人采取倾向匹配得分法和质性分析法分析双导师制提升全日制专硕士生职业能力效应机制，发现校企双导师指导比单导师更有助提升学生的实践能力，而在专业知识与综合素养上

---

① 喻永庆．民国时期大夏大学导师制实施考察［J］．高教探索，2018（10）：91—96.

② 李晓丹．民国大学导师制下的师生日常生活研究［D］．沈阳：沈阳师范大学，2018.

③ 王轶玮．英国顶尖研究型大学研究生导师制度及其启示——以牛津大学为例［J］．学位与研究生教育，2018（10）：71—77.

④ 畅肇沁．牛津大学导师制下学生学习模式探索及启示［J］．中国高教研究，2018（10）：63—67.

⑤ 冯润楠．地方大学学业导师制实施现状及改进策略研究［D］．济南：山东师范大学，2018.

无显著差异。原因在于双导师提供了被学生认同的情境，学生在情境认同中默化提升实践能力。双导师指导存在共生型、竞争型和形式化 3 种类型，在共生型的双导师指导下，学生最易认同所处情境。进一步提高专业学位硕士研究生教育质量，需强化共生型双导师指导制度，促进学生的情境认同。[①] 云南师范大学杨超等人认为“双导师制”建设是推进专业硕士学位研究生教育综合改革的关键环节，并涉及政府、高校、企业行业部门、校内外导师和硕士生等首要利益相关主体的利益，因此需要在交流合作、激励考核、聘任培训等方面构建有效的协同机制，从而为双导师提升专业硕士学位研究生培养能力提供机制保障。[②] 华东师范大学孙冷梅对个案高校经济类专业学位培养中“双导师制”的运行现状进行问卷调查和访谈调研，发现存在社会资源整合意识不足、师生之间沟通不充分，导师指导效果个体差异大、发展不平衡，校外导师参与人才培养有局限性、表层化严重等问题。并提出完善社会资源整合的动力机制、加强社会资源整合的共享机制、健全社会资源整合的保障机制、深化社会资源整合的重点领域等对策。[③] 东北师范大学曹雷等人认为导师制的内涵属性决定了其对专业学位研究生培养具有导向功能、整合功能、保障功能和反馈功能，指出应鼓励和支持具备丰富实践经验和较强教育研究能力的高校教师担任专业学位研究生的校内导师；从现有专业学位研究生校外实践基地中聘请一批工作经验丰富、实践能力强、品德修为高的专业人员担任实践导师；引进行业领域专门人才，充实高校专业学位研究生导师队伍，提升高校专业学位研究生导师队伍的实践性、职业性和专业化水准。[④]

导师制新模式的研究包括素质导师制、全程导师制、团队导师制。武昌理工学院涂方剑等人介绍了由该单位提出并推行的大学生思想政治教育新模式——素质导师制，素质导师制是以培养大学生通适素质（思想政治素质、人文素质和身心素质）为目标，以“六导六督”为基本职责，集思想政治教育理论课教师、大学生辅导员、班主任、通适素质拓展师、测评师五种角色为一体，专职从事大学生通适素质教育的育人工作者。[⑤] 武汉理工学院盛蕾提出了素质

① 石卫林，惠文婕．校企双导师制更有助提高全日制专硕生职业能力吗［J］．中国高教研究，2018（10）：68—74.

② 杨超，徐天伟．全日制专业硕士学位研究生“双导师制”建设的协同机制探索——基于利益相关者的视角［J］．研究生教育研究，2018（2）：77—82.

③ 孙冷梅．社会资源整合视野下的专业学位双导师制研究［D］．上海：华东师范大学，2018.

④ 曹雷，才德昊．全过程与系统化：专业学位研究生实践能力提升的有效路径探析［J］．中国高教研究，2018（1）：87—91 +97.

⑤ 涂方剑，颜海．素质导师制：大学生思想政治教育模式创新［J］．中国高等教育，2018（6）：30—32.

导师育人职能的实现路径，以思想政治教育为引领，形成网上网下育人合力；以平台建设为基础，注重以文育人，以文化人；以多方联动为依托，全过程和全方位育人；以创新创业为抓手，培育优秀学子；以测评为手段，增强育人实效。[①] 武汉工程大学刘念等人认为“1 + X”全程导师制是加强思想道德建设、构建素质教育、培养创新人才的一种教育改革新模式，并以武汉工程大学法商学院为例，探析了“1 + X”全程导师制的理论依据、制度实践、实施成效。[②] 武汉理工大学李焰等人认为研究生团队导师制管理模式是当下高校与科研院所中越来越常见的新模式之一，该模式由治学经验丰富的资深导师与充满学术活力的青年教师组成团队，以研究团队的模式共同指导和管理研究生。研究生团队导师制管理模式体现了以人为本的教育理念，契合实际需求，能有效提升研究生人才培养质量，增强导师素质，促进科学研究。[③]

二、导师指导方式与风格及其影响

导师指导方式与风格对研究生培养至关重要。导师指导方式与风格及其影响的研究，主要包括案例分析、导师指导方式及影响、导师指导风格及影响。

导师指导的具体案例分析方面，中南民族大学许锋华等人以中国科学院院士、著名的机械工程专家杨叔子为研究对象，对杨叔子以及他的亲人、好友、同事、老师、学生进行了38次深度访谈，挖掘和整理出了杨叔子指导研究生的主要特点，即重视拓宽基础、倡导学科交叉、强调“做学合一”、坚持立德树人、给予人文关怀。[④] 西藏民族大学魏兆锋以余英时、孙国栋等人的回忆为主，从求学与做人的关系、通专之辨、读书、研究方法、论文选题、写作6个方面探讨钱穆对研究生的指导，即重视做人、先通后专、读书勤勉、研无定法、题由己定、写作庄重。[⑤]

导师指导方式及影响方面，天津大学何一清等人基于积极心理学和社会交换理论，采用问卷调查方法收集436份样本数据，发现辱虐型指导方式能够显著抑制研究生建言行为，使学生在面对导师和团队时保持沉默，并且这个影响

---

① 盛蕾．素质导师育人职能及实现路径［J］．学校党建与思想教育，2018（6）：79—81.

② 刘念，许承光．“1 + X”全程导师制在高校思想政治工作中的运用［J］．学校党建与思想教育，2018（10）：22—23 + 29.

③ 李焰，白秀琴，贺宜．研究生团队导师制管理模式探讨［J］．高教发展与评估，2018，34（4）：97—102 + 106.

④ 许锋华，陈俊源，张斌．杨叔子是如何指导研究生的［J］．高等教育研究，2018，39（11）：37—44.

⑤ 魏兆锋．钱穆是如何指导研究生的？［J］．学位与研究生教育，2018（2）：7—10.

是通过降低研究生心理资本和导师——学生交换关系的双重中介作用实现的，提出通过培育学生心理资本和共建高质量交换关系来缓解辱虐指导的负面影响，促进学生建言行为。[①] 中国石油大学董贵成指出导师在指导博士生过程中，要挑选优质生源、选好论文题目、培养学生科研能力、加强日常学术讨论。[②]

导师指导风格及影响方面，北京理工大学吴杨等人以 9 所高校的 500 份问卷调查和 28 位师生的深度访谈为数据样本，通过分位回归模型考查研究生主动性不同条件下，导师支持型和控制型指导风格对研究生创新能力的影响，研究发现个人主动性较高时，支持型指导风格对该研究生群体创新思维和创新行为的影响都很大，个人主动性较低时，控制型指导风格对该群体创新思维和创新行为的影响相对较大；支持型指导风格对主动性不同的研究生群体创新行为的影响差别较大，控制型指导风格对主动性不同的研究生群体创新思维的影响差别并不明显。[③] 华东师范大学任振夏以“985 工程”院校的学术型硕士生为研究对象，发现导师指导相关制度、指导内容和指导风格都会对科研效能感产生影响。从导师指导相关制度来看，目前硕士生导师遴选条件缺乏弹性，权责规定模糊，导师指导主要依赖个人经验，而这会对科研效能感产生消极影响；从导师指导内容来看，学业指导、心理指导、职业发展指导都会对学生的科研效能感产生积极影响，其中心理指导的影响最大；从指导风格来看，当导师采取高支持型和高控制型指导风格时，学生的科研效能最高，显著高于其他组合型指导风格下学生的科研效能感。师生在性别、性格和研究兴趣方面的匹配程度对科研效能感的影响较小。并提出研究生培养单位层面应完善导师遴选制度，细化导师管理条例，定期开展导师培训，提高导师指导水平；导师应采用高支持型和高控制型的组合指导风格，在心理指导、学业指导和职业发展方面对学生予以更充分的指导。[④] 武汉科技大学张罗娜从四个维度对变革型导师指导风格展开了深入研究，结果表明愿景激励、个性化关怀、智力激发均对研究生创新行为具有正向显著影响，而导师魅力对研究生创新行为的直接效应不显著，但其对创新行为具有间接影响；变革型导师指导风格四个维度均对团队氛围有显著的正向影响；团队氛围的四个维度——导师沟通、团队归属感、团队信任感和创新支持感均正向影响研究生的创新行为；团队氛围对变革型导师指导风格

---

① 何一清，孙颖．辱虐型指导方式对研究生建言行为的影响研究——心理资本和导师—学生交换关系的双重中介作用［J］．高教探索，2018（9）：92—98.

② 董贵成．导师培养博士生需要关注的若干重要环节［J］．学位与研究生教育，2018（9）：11—15.

③ 吴杨，韦艳玲，施永孝，李明磊．主动性不同条件下导师指导风格对研究生创新能力差异性影响研究——基于九所大学的数据调查［J］．复旦教育论坛，2018，16（3）：74—79.

④ 任振夏．导师指导对学术型硕士生科研效能感的影响［D］．上海：华东师范大学，2018.

和研究生创新行为的影响中发挥着中介作用。①

第二节 导学关系

2018年，导学关系研究的相关研究共25篇，是关注度最高的议题，其中期刊论文20篇，学位论文3篇，新闻报道2篇。从研究情况来看，本议题研究焦点主要为导学关系量化研究、导学关系类型及影响研究、导学关系优化与构建。

一、导学关系量化研究

导学关系量化研究主要是通过相关量表和问卷测量导学关系的满意度、导学关系凝聚力、导学关系质量、导学关系匹配度、导学关系与成果创新等。

导学关系满意度方面，对外经济贸易大学黄海刚等人对全国44所高校的博士生进行抽样调查，分析博士生选择导师的影响因素以及师生指导关系现状和满意度，并就这些因素在性别、就读学校和学科类型间呈现的差异性进行探讨，探究导师指导对博士生学术创新能力发展的影响机理。研究发现：导师声誉是影响博士生选择入读高校的最重要因素，而导师的学术影响力和学术声望、研究方向以及学生指导的良好口碑成为选择导师的主要标准。博士生对导师的选择标准及对导师指导的满意度在性别和学科类型上呈现出部分维度的显著差异，在高校类型维度上也呈现出一定的组间差异。尽管导师对博士生的指导关系显著地影响着博士生的学术创新能力，但也存在博士生对导师指导的满意度不高，部分导师缺乏学术指导经验以及责任感和使命感不足等问题。② 北京航空航天大学王文文等通过对3932名硕士研究生进行问卷调查，研究硕士研究生导学关系现状及相关影响因素。结果表明，硕士研究生导学关系总体比较和谐，极少数硕士研究生导学关系处于紧张甚至敌对状况；硕士研究生的控制变量、学业状况、生活习惯和心理状况四个方面均对导学关系产生显著影响，并提出从优化研究生培养机制、增强研究生科研能力、加强导学关系制度保障等方面优化

---

① 张罗娜．变革型导师指导风格、团队氛围与研究生创新行为的关系研究［D］．武汉：武汉科技大学，2018.

② 黄海刚，白华．博士生需要什么样的导师？——基于对全国44所高校博士生的问卷调查［J］．高教探索，2018（8）：35—43.

导学关系。[①] 天津大学郭瑞等在对柯林斯互动仪式链理论阐述的基础上，对 T 大学 11 位专业硕士进行访谈，依照扎根理论的思想并利用 NVivo11 软件进行资料编码，发现专业硕士导学关系满意度较高，并提出专业硕士导学关系互动模型。[②]

导学关系凝聚力方面，中国科学院大学、中国科学院城市环境研究所林彦红基于团体凝聚力理论，编制导学关系凝聚力量表，对导学关系质量量化评估方法进行探索，有助于研究生“导学关系”的测量与评价，有利于研究生和导师之间构建起和谐的“导学关系”，进而提升研究生培养质量。[③]

导学关系质量方面，中国科学技术大学李政采用问卷形式调查了某“985 工程”大学专业研究生的指导体验、导学关系质量、自恋水平，结果发现研究生的正面指导体验与导学关系质量呈显著的正相关关系，且自恋水平在二者之间起调节作用；研究生的负面指导体验与导学关系质量呈显著的负相关关系，但自恋水平在二者之间调节作用不显著。[④]

导学关系匹配度方面，华侨大学李伟结合社会认知理论、社会交换理论以及匹配理论作为研究的基础，借鉴人与组织匹配的测量量表，通过研究生对导师的匹配感知测量，衡量研究生与导师之间的价值观、目标、性格，分析师生一致性匹配关系与研究生知识创新绩效的关系；对于互补性匹配主要是通过导师与研究生之间的需求匹配、能力匹配以及情感匹配三个方面分析师生之间的互补性匹配对研究生知识创新绩效的影响。培养单位应注重研究生与导师之间匹配关系的检测，以求可以在制定研究生培养方式时提供一些参考，促进研究生创新能力的提升，以满足我国对创新型人才的需求。[⑤]

导学关系与成果创新方面，南京航空航天大学陈万明等人以江浙沪 8 所高校 466 名研究生调查数据为依据，研究导师不当督导与研究生科研创新绩效的关系。结果表明：不当督导与研究生科研创新绩效之间存在倒“U”型曲线关系，即随着研究生感知到导师的不当督导程度逐渐加深时，其科研创新绩效逐渐增强，当感知到导师的不当督导上升到一定程度后，其科研创新绩效将随之逐渐下降，且这种倒“U”型曲线关系只有在师生关系水平较低的时候存在。

---

① 王文文，郭宁，王扬．硕士研究生导学关系现状及影响因素研究［J］．研究生教育研究，2018（6）：76—82.

② 郭瑞，王梅，马韶君．专业硕士导生关系的归因分析——基于 NVivo11 的质性研究［J］．高教探索，2018（9）：86—91.

③ 林彦红．研究生培养中导学关系凝聚力量化评估方法初探［J］．中国高校科技，2018（8）：55—58.

④ 李政．导学关系质量与专业研究生教育［D］．合肥：中国科学技术大学，2018.

⑤ 李伟．研究生—导师匹配与研究生知识创新绩效的关系研究［D］．泉州：华侨大学，2018.

从管理的角度来看，应允许导师享有低水平的不当督导空间，而对导师来说，要善于运用师生关系进行负向调节。① 华东师范大学徐贞等人基于全国研究生院高校师生合作发表状况的调查数据，分析研究生教育中师生合作发表的学科差异，发现师生合作发表的频次在硕士生教育中无显著的学科差异，但在博士生教育中存在明显的学科差异性；师生双方的责任感、信任感和互助性是研究生在科研合作中最为看重的因素。此外，不同学科看重的因素存在一定的差异；不同身份、不同学科的研究生对合作中角色和身份的认识存在显著差异；研究生了解署名规范的仅为五成，且不同学科间存在较大差异。②

二、导学关系类型及影响研究

学者们基于不同视角对导学关系类型影响进行了大量研究，主要是从导学关系困扰，交往理性，认知、情感、行为等视角进行分类。

导学关系类型方面，浙江大学梁社红等人将导学关系困扰总结为三类，即导师主导类困扰、学生主导类困扰、复合原因类困扰。③ 四川大学梁辰等人认为研究生在创新创业中与导师形成的师徒联盟，对双创产生积极影响，研究生导师既是创新探索的导师，也是创业实践的导师；既可以对研究生的创新技术向产品和产业转化给出指导和建议，也能用自己的经验、人脉和资源做好研究生的创业引路人，帮助其降低创业试错风险，提升创业成活率。④ 深圳大学王燕华认为以学术为轴心的导学关系是一种在教学、科研及师生日常活动全过程中建立起来的理性交往关系，然而工具理性日益消解正常的导学关系，作者通过借鉴哈贝马斯交往理性之丰富的理论内涵，剖析研究生导学关系的内在特质，从“交往理性”“生活世界”“话语伦理”三个维度建构新型研究生导学关系，以实现个体的主体理性向群体的交往理性转变，促进研究生培养质量的提高。⑤ 清华大学刘燕等人将导学关系剖析成认知、情感、行为三个成分，界定出剥削紧张型、梳理松散型、雇佣关系型、传统师徒型、良师益友型五种导学关系，

---

① 陈万明，李玉倩．不当督导对研究生科研创新绩效的影响：师生关系视角［J］．研究生教育研究，2018（5）：29—36.

② 徐贞，牛梦虎．研究生教育中师生合作发表的学科差异分析——基于全国 39 所研究生院高校的调查［J］．中国高教研究，2018（3）：88—92.

③ 梁社红，刘艳，朱婉儿，祝一虹．导学关系困扰类型分析及对策研究［J］．学位与研究生教育，2018（5）：50—54.

④ 梁辰，陈谦明．基于接力创新的研究生创业调查研究［J］．学位与研究生教育，2018（4）：66—72.

⑤ 王燕华．从工具理性走向交往理性——研究生“导学关系”探析［J］．研究生教育研究，2018（1）：60—66.

对不同导学关系的研究生压力、幸福感进行定量分析验证，确认出最优导学关系类型。①

导学关系影响方面，南京大学蔡军在研究生教育质量越来越受到社会各界重视的形势下，对导学关系和博士生科研投入进行研究。研究过程中采用了多种量化数据分析方法、访谈资料分析、现象学观察和反思等适合于教育学研究的研究方法，发现了导学关系的信任度和影响度特征，认识到了师生交往对形成导学关系基本特征的作用，证实了导学关系中的信任因素在提升博士生的自我科研效能感，改善博士生参与科研活动现状方面所起的作用，探索了通过完善制度、建立机制确保师生互信、改善导学关系、激发博士生自我科研效能感、促使博士生提高科研投入度的机制。②

三、导学关系优化与构建

导学关系优化与构建是解决导学矛盾、推进研究生教育管理的根本路径。相关研究主要是从人文学科、师生共同体、师生关系经济性、心理学、博弈关系等视角优化和构建新型导学关系。

人文学科导学关系优化与构建方面，华中师范大学涂艳国等人认为，当下人文学科领域中研究生教育导学关系有3种异化的表现，即“老板—员工”型、绝对权威型、放任不管型。自由教育作为一种平等、自主、自觉和民主的教育，是重构人文学科领域导学关系的理想选择。树立研究生自主发展观、维护导师身份权威、进行纯粹的学术研究、构筑文化共同体、导师与研究生情感共融是以自由教育理念重构人文学科领域研究生教育导学关系的主要策略。③

基于师生共同体视角的导学关系优化与构建方面，陕西师范大学陈亮等人认为维系良好的导学关系，关键在于形成合作共赢的师生交往共生体。交往共生体是导师与研究生交往的载体，双方的交往行为是基于共生发展理念，在共生意义的润养观照中实现双方利益的表达与整合。基于此，建立师生共生的学术交往制度规范，臻善师生共在的学术文化交往生态，形塑师生共意的学术交往场域习惯，将成为全面推进研究生教育场域建立并保障师生交往共生体有序运行的内核。④ 南京中医药大学殷忠勇认为研究生教育中导师与研究生的师生

① 刘燕，刘博涵．研究生导学关系优化研究［J］．高教探索，2018（8）：30—34.

② 蔡军．导学关系对博士生科研投入的影响研究［D］．南京：南京大学，2018.

③ 涂艳国，吴河江．自由教育视野下研究生教育的导学关系重构——基于人文学科领域的思考［J］．研究生教育研究，2018（4）：23—27＋34.

④ 陈亮，栾培中．导师与研究生交往共生体的意义建构与路径保障［J］．研究生教育研究，2018（5）：58—64.

关系是一种归置在公共关系视野中的特殊的、亲密的私人关系，并在导师追求“理想的学生”和研究生实现“学生的理想”的过程中得以确立和维护，因而这是一种整合统一而非分离对立的一元关系，其本质特征在于师生是一个学术与人格并建的共同体。当前，传统关系的解构、新型关系的塑造已经成为一种现实的选择，构建和实现师生一元关系需要汲取中华优秀传统文化智慧、强化研究生培养过程管理、改进研究生教育评价制度。① 福州大学郑文力认为高校导师与研究生所构成的学术共同体是从事知识创新的最重要的学习型组织，产生“团队绩效远远大于个体绩效之和”的协同创新效应，应从开拓视野、彼此包容、营造氛围、促进突变等方面提升师生学术共同体的知识创新效率。②

基于师生关系经济性视角的导学关系优化与构建方面，海德堡大学陈恒敏认为导师、研究生关系具有两种客观属性：伦理性与经济性，两种属性因其内在规定性的不同而有产生直接冲突的可能。在学术资本主义兴起以及高等学校项目制治理的背景之下，伦理性与经济性时常倒置，师生关系失范现象时有发生。为弥合师生关系想象与现实之间的落差，超越伦理性与经济性的冲突，应当重构导师、研究生关系，形成一元主义雇佣关系的新常态。构建一元主义雇佣关系范式下的导师、研究生关系，需要坚持教育伦理、构建经济契约、提升心理激励，并且加强制度规范，使之朝着和谐守范的方向规范发展。③ 陈恒敏认为导师、研究生在科研项目中形成“准雇佣”式合作关系，并产生博弈；导师、研究生互为价值载体，互相产生品牌价值。导师、研究生关系的经济性要求重构二者身份认同知识谱系，形成契约意识，规范行为边界，加强制度建设，使导师、研究生关系朝着和谐健康的方向发展。④

基于心理学视角的导学关系优化与构建方面，北京航空航天大学马喜亭等认为相较于传统研究视角，积极心理学更善于发现“导学关系”中的积极因素，重视导学双方的心理健康，强调导学双方在关系构建中的共同责任，进而提出从营造学校积极心理环境、完善积极社会支持系统、增进“导学”积极心理沟通技巧三个层面构建和谐“导学关系”模式，以促进导学双方共同成长和

---

① 殷忠勇．研究生教育中师生一元关系的理解与构建［J］．研究生教育研究，2018（5）：65—69.

② 郑文力．知识创新中的导师与研究生学术共同体运作范式探究——基于自组织视角［J］．当代教育论坛，2018（2）：64—69.

③ 陈恒敏．导师、研究生关系的内在属性冲突及其超越——兼论一元主义雇佣关系的建构［J］．江苏高教，2018（1）：69—72.

④ 陈恒敏．“老师”抑或“老板”：论导师、研究生关系的经济性［J］．学位与研究生教育，2018（4）：73—77.

发展。①

基于博弈关系视角的导学关系优化与构建方面，南京财经大学唐润等人用演化博弈的方法探讨导师与研究生之间的博弈关系，构建了导师与研究生之间的博弈模型，通过优化导师业绩制度和研究生培养制度、加大对师生不认真行为的惩罚力度，加强研究生培养过程控制、降低师生搭便车收益，提升科研和教学服务水平、降低导师和研究生的努力成本等策略进行研究生教育管理。②

东北师范大学刘志认为准确把握制约和谐导学关系生成的深层矛盾，是当前研究生教育质量提升的前提与关键，需要通过优化导学关系的内涵体认、细化导学关系的规范标准、强化导学关系的监管治理和优化导学关系的酝蓄生态来实现。③ 西安交通大学田建军认为目前研究生教育中存在师徒式、合作式、冷漠式、对立式四种师生关系形态，构建导师与研究生的良性互动机制是解决导学矛盾的关键环节，因此要建立科学机制，保证研究生和导师相互尊重、合作共赢；建立导师培训考核机制；健全与完善双导师制。④

第三节　导师责任与权利

2018 年，导师责任与权利研究的相关文献共 6 篇，均为期刊论文。导师是研究生培养的第一责任人，其指导的好坏直接关系学生学业的成败及后续的职业发展。从研究情况来看，本议题研究焦点主要为导师职责及实现路径、导师权利及法理依据。

一、导师职责及实现路径

导师职责范围方面，华东师范大学姚琳琳通过调查表明，研究生导师对共识性职责的认同度最高，对倡导性和争议性职责的认同度较低，不同导师群体对职责的认识存在差异。由此建议健全导师岗位管理机制，细化争议性和倡导

---

① 马喜亭，冯蓉．基于积极心理学视角的和谐“导学关系”模式构建研究［J］．研究生教育研究，2018（1）：67—70 +95.

② 唐润，尹星．研究生教育中的师生博弈关系及管理策略分析［J］．研究生教育研究，2018（6）：70—75.

③ 刘志．研究生教育中和谐导生关系何以可能？［J］．学位与研究生教育，2018（10）：20—25.

④ 田建军．导师与研究生关系的基本类型及科学构建探析［J］．研究生教育研究，2018（3）：55—58.

性职责条款；给予物质补贴和精神奖励，鼓励导师履行倡导性职责；建立科学合理的考核评价机制，强化导师岗位职责意识；导师联合其他教师力量，共同履行育人职责。①

导师立德树人的职责及实现路径方面，黑龙江大学刘林提出要科学定位立德树人职责、清醒认识立德树人面临的新挑战、准确把握立德树人理论体系。自我认知、体制机制、互动交流是影响研究生导师立德树人效果的主要因素，应从健全研究生导师评价激励机制、强化研究生导师组织保障条件入手，构建研究生导师立德树人的新路径。② 河海大学成敏敏认为，对研究生导师开展再教育增强导师立德树人认同感、建立和谐共生的师生互动增强导师立德树人认同感、制定以立德树人为核心的规章制度增强导师立德树人认同感，是增强研究生导师立德树人认同感的关键路径。③ 东北师范大学刘志等人认为研究生导师在履行立德树人职责的过程中需要突破三重瓶颈：一是挑战要求日新月异与能力提升举步维艰的矛盾冲突，二是育德艰涩且潜隐与育才速效且外显之间的矛盾冲突，三是教育对象自主成长与立德树人规范引领的矛盾冲突。④

二、导师权利及法理依据

导师责权机制法理分析方面，衡阳师范学院左崇良从两个层面对研究生导师责权机制进行法理分析，即宏观层面的法律界定和微观层面的精细划分。研究生导师责权的法律界定，主要涉及导师的法定义务、权利和权义关系及国家的义务和权力。微观层面的责权划分主要涉及导师、研究生和高校 3 个主体，各方的权力和责任必须相匹配。通过科学的制度设计，将研究生导师责权进行理性的设置，正确地处理各主体的权力责任和权利义务关系，方能建立一种综合平衡的教育秩序，为国家和社会发展培养高质量的学术人才。⑤

导师权利方面，清华大学钱婷等人认为很多程序性保障条款在我国高校的普及与适用中所达到的效果仍与教育部《普通高等学校学生管理规定》的设计初衷有一定差距。结合美国的法院与高校在教育领域中有比较多适用正当程序原则的经验，这些经验中的成本收益分析的研究方法与导师请求权的制度设置值得我国高校学习借鉴。成本收益分析的方法有助于我国高校将稀缺的程序性

---

① 姚琳琳．研究生导师职责的探讨［J］．高教探索，2018（2）：84—90.

② 刘林．研究生导师立德树人职责与实现途径探究［J］．思想教育研究，2018（5）：115—118.

③ 成敏敏．切实增强研究生导师立德树人的认同感［J］．中国高等教育，2018（24）：45—47.

④ 刘志，韩雪娇．研究生导师立德树人需要突破的三重瓶颈［J］．研究生教育研究，2018（5）：13—17＋64.

⑤ 左崇良．研究生导师责权机制的法理分析［J］．学位与研究生教育，2018（8）：19—24.

资源更好地分配给最需要的学生们，而导师请求权则能最大限度地保障程序正义的过程转化为实质正义的结果。在我国一些条件较好的高校中，在充分了解类似正当程序保障所带来的资源、人力与时间成本的前提下，可以酌情把导师请求权分配给最需要的学生们，以保障教育部第 41 号令中的正当程序条款达到实质正义的最终目的。①

第四节　导师身份、素养与遴选

2018 年，导师身份、素养与遴选的相关研究文献共 9 种，其中期刊论文 6 篇，学位论文 2 篇，专著 1 本。从研究情况来看，本议题研究焦点主要为导师身份与角色、导师素养和能力要求、导师遴选及制度改革。

一、导师身份

导师身份研究主要包括企业导师身份认知困境、导师学术身份的指导效果、导师在研究生德育中的作用。

企业导师身份认知困境方面，上海第二工业大学郑世良等人认为企业导师具有高校教师和企业技术专家双重身份，在专业学位研究生教育实践中呈现出深刻的身份认知困境，表现为自我认同的“知行分离”、处境身份认同的“交往疏离”、专业身份认同的“名实偏离”的“三离”状态。可从本体论、关系论、结构论三个层面阐释企业导师的身份认同困境。在此基础上，提出纾解身份困境的策略：赋权增能，推动企业导师能力建设，使其“知行合一”，达成自我身份认同；以实践课程、工程项目为纽带构建实践共同体，使其“交往融合”，达成处境身份认同；完善企业导师职称评定、聘任制度，使企业导师“名实相符”，达成专业身份认同。②

导师学术身份的指导效果方面，华东师范大学闵韡等人对 35 所高校 1746 名理工科博士生的问卷调查显示，导师为院士、长江学者等的博士生在科研产出上具有较大优势，导师为长江学者等的博士生还在科研支持、师生关系和学

① 钱婷，吴昱江．正当程序原则在美国教育领域中的适用及其启示——从中国教育部第 41 号令切入的比较研究［J］．教育学术月刊，2018（1）：48—55．

② 郑世良，李丹．专业学位研究生教育中企业导师的身份认同研究［J］．学位与研究生教育，2018（7）：61—65．

业压力方面表现出优势。来自导师的直接指导对指导效果影响显著，导师学术身份越高，博士生能够得到的直接指导越少。导师指导研究生的数量与指导效果关系不大，但博士生感到自己的导师指导的研究生数量过多时会对指导效果产生负面影响。建议相关部门在遴选导师过程中，除严格坚持学术标准外，还应适当考虑导师的指导能力、指导条件和指导热情等因素。①

导师在研究生德育中的作用方面，湖南农业大学张胜利等人对湖南农业大学在读研究生的个人特征、导师基本情况、导师与学生的关系、导师对学生的影响、思想政治教育情况五个方面设计调查问卷进行调查，对研究生导师育人作用现状进行分析，结果发现，研究生导师的育人作用更多的是体现在学术规范、科学道德方面的引导，但是对于思想政治教育方面作用还没有充分发挥。就研究生管理部门而言，还未形成比较完备规范的依托导师来对学生进行思想政治教育的育人体系，也没有形成像要求学术科研一样的量化考核指标。因此，充分发挥导师在研究生德育中的作用，要加强顶层设计，明确导师育人的责任和激励机制；建立协同机制，形成导师育人合力；加强专业培训，提升导师育人技能；搭建有效平台，线上线下宣传。②

二、导师素养

导师素养主要包括导师道德素养、导师专业素养、导师胜任力、导师领导力。

导师道德素养方面，江苏大学陆道坤等人认为研究生导师的道德是一种专业道德，它是指研究生导师在专业发展与专业工作实践中，以及基于研究生导师的专业身份从事与专业工作相关或对专业工作产生影响的活动中，应具备的政治素养、道德观念、情操与品质及须遵守的道德规范和行为准则。主要包括基本思想政治素养、作为指导者的教师操守与精神、作为学术领导者的道德与操守、作为团队管理者的道德素养和合作与交往伦理五个部分。推动研究生导师专业道德发展关键在于各级组织合力的发挥、科学的制度和机制的建设与运行、丰富多样的专业道德活动的设计与开展。③

导师专业素养方面，华中师范大学姚林等人以促进研究生导师专业化为目

---

① 闵韡，李永刚．“好学者”是否是“好导师”？——导师学术身份对理工科博士生指导效果的影响［J］．学位与研究生教育，2018（8）：25—32.

② 张胜利，凌鹊，丁彦．思想政治教育视野下研究生导师育人作用研究［J］．学校党建与思想教育，2018（14）：80—82.

③ 陆道坤，葛元燕．论研究生导师专业道德［J］．学位与研究生教育，2018（8）：13—18.

的，以澳大利亚高校的导师专业发展项目为研究对象，发现澳大利亚研究生导师专业发展项目具有学校和系部相结合、岗前和岗后一体化、线上和线下相融合、需求和支持相对接的特征。借鉴澳大利亚高校的经验，我国研究生导师专业发展不能止步于新晋导师培训的初级阶段，更要构建具有中国特色的研究生导师专业发展制度，系统、全面、持续地推动研究生导师专业化发展。①

导师胜任力方面，山西财经大学魏璐瑶在胜任力相关理论的基础上，运用文献研究法对已有研究进行了分析和研究，提取财经类院校专业硕士导师胜任力指标，进而通过行为事件访谈法和德尔菲法初步构建财经类院校专业硕士导师胜任力模型。运用问卷调查法对模型进行修正和检验，最终构建出财经类院校专业硕士导师胜任力模型。通过借鉴国外较为成熟的导师制度，从导师的遴选、培养和评价等方面分别进行介绍和分析，构建了以导师自培为主，学校辅培、社会联培为辅的导师胜任力提升路径。②

导师道德领导力方面，青岛大学赵雯娟运用行为事件访谈法设计出高校硕士研究生导师道德领导力现状调查问卷，并通过对200名在校硕士研究生进行调查，借助数据统计软件SPSS，对数据进行主因子分析得出导师道德领导力模型由专业教研能力、德行修养素质、人文关怀能力和批判反思精神组成，同时也根据相关数据分析出导师道德领导力的现状是总体情况良好，局部需要改善。在社会交换理论和社会学习理论的框架下，从学校管理的角度提出相应的提升策略：学校应该对导师定期进行导师道德培训，注重导师德育工作，将道德指标纳入导师选聘工作的筛选标准，导师自身也要树立道德治学意识，加强道德修养；学校应该对导师考评制度进行再设计，注重道德因素的考量，建立并完善导师道德伦理监督制度；通过组织层面构建高校道德共同体，培养高校组织中导师间的团队精神，建设和谐稳定的大学道德文化。③

三、导师遴选

导师遴选方面，天津大学顾丽娜等人发现我国研究生导师制确立后，遴选导师的权力逐渐从中央下放至高校，形成了行政逻辑主导的研究生导师遴选制度，在遴选实践中逐步产生了系列问题。天津大学在高校研究生导师遴选的学

---

① 姚林，王建梁．研究生导师“专业化”如何实现？——澳大利亚高校研究生导师专业发展项目研究［J］．学位与研究生教育，2018（8）：7—12.

② 魏璐瑶．财经类院校专业硕士导师胜任力模型构建与提升路径研究［D］．太原：山西财经大学，2018.

③ 赵雯娟．高校硕士研究生导师道德领导力模型构建及其提升策略研究［D］．青岛：青岛大学，2018.

术自治理念和基本框架基础上，切实开展研究生导师遴选制度改革：导师遴选回归学术自治，学院自主设置导师岗位；导师资格向导师岗位转变，导师选拔竞争上岗；打破导师资格僵化标准，设置独立导师、正副导师、导师团队 3 种上岗形式。天津大学的改革成效，为深化我国研究生教育综合改革提供了可借鉴的实践经验。①

第五节　文献分布及特点分析

2018 年，研究生导师队伍研究专题共有导师指导，导学关系，导师责任与权利，导师身份、素养与遴选四部分组成。在文献分布、研究方法与研究热点等方面呈现以下特点。

一、文献分布

从文献总量来看，2018 年度研究文献较 2017 年 46 篇有所增加。2011—2018 年，导师队伍建设研究文献在 2012 年和 2016 年出现两个峰值（图 4－1）。

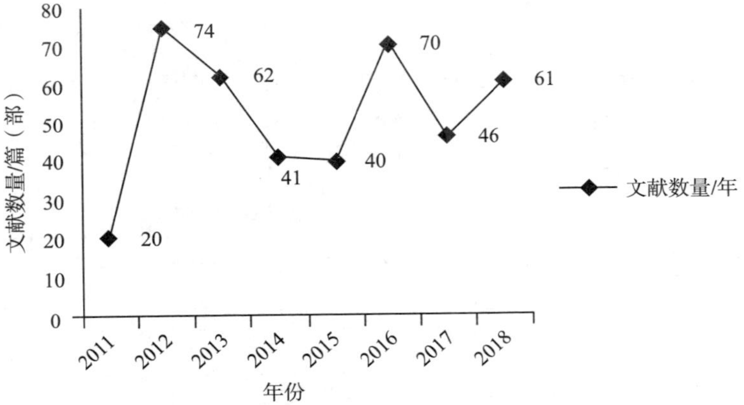

图 4－1　导师队伍研究文献总量增减趋势

从文献分布结构来看，2018 年度研究生导师队伍的研究文献仍然以学术期

① 顾丽娜，刘家骥，蔡继红．研究生导师遴选体系构建与实践——天津大学基于学术自治的改革［J］．学位与研究生教育，2018（6）：27—32.

刊论文为主，共48篇，占比为78.7%。学位论文共10篇，占比为16.3%，其中1篇为博士学位论文，改变了导师队伍建设研究领域博士论文空缺现象。新闻报道2篇，占比为3.3%。专著1本，占比为1.7%。

从文献来源期刊来看，2018年度入选的48篇期刊中《学位与研究生教育》发文最多，共13篇，占比27.1%。其后分别为《研究生教育研究》《高教探索》。文献来源期刊如图4-2所示。

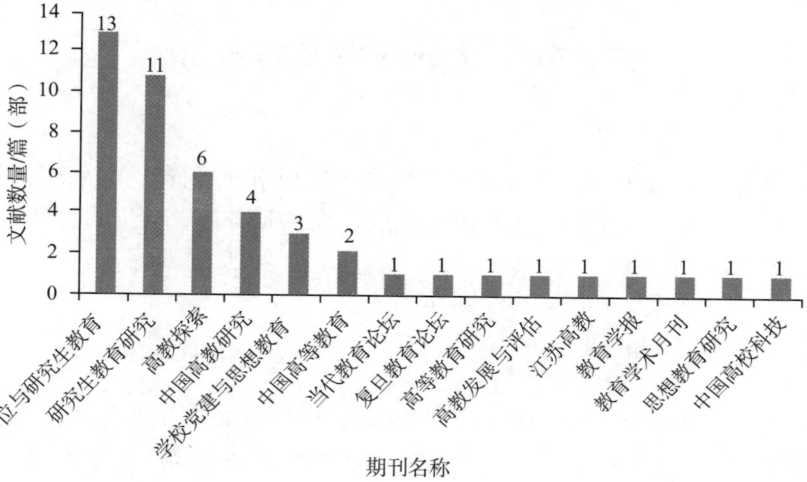

图4-2　文献来源期刊

从文献分布的内容来看，2018年度本专题四个主题以导学关系和导师指导文献量居多，成果丰富。导师责任与权利，导师身份、素养与遴选等领域均有涉及。导师队伍建设研究各主题文献见表4-1。

表4-1　导师队伍建设研究各主题文献情况

主　　题	期刊论文	学位论文	新闻报道	专著	文献总量
导师指导	15	5	—	—	20
导学关系	20	3	2	—	25
导师责任与权利	6	—	—	—	6
导师身份、素养与遴选	6	2	—	1	9

二、研究方法

从研究方法上看，2018年度本专题在研究方法仍是定性与定量研究并行，涉及经验总结、理论思辨、调查实证等。在具体研究领域上，研究方法各有侧重。导师指导、导学关系、导师评价等方面侧重调查实证、案例总结，导师责任与权利等方面侧重理论思辨。定性定量相结合的研究方法能直观反映我国研究生导师队伍建设的现实情况。

三、研究热点

从研究的侧重点来看，2018 年度延续关注了 2017 年的研究焦点与核心问题，研究范围更为广泛，研究重点更为突出，主要关注点是导师指导、导学关系、导师责任与权利。2011—2018 年导师队伍研究的侧重点对比见表 4－2。

表 4－2　2011—2018 年导师队伍研究的侧重点对比

研究主题	研究热点							
	2011 年	2012 年	2013 年	2014 年	2015 年	2016 年	2017 年	2018 年
导师遴选	✓			✓	✓			✓
导师指导	✓	✓	✓	✓	✓	✓	✓	✓
导师团队建设			✓	✓	✓			
导师责任与权力	✓		✓	✓		✓	✓	✓
导学关系研究			✓	✓	✓	✓	✓	✓
导师管理与评价机制	✓		✓			✓	✓	✓
导师素质与能力						✓	✓	✓
导师角色与身份						✓		✓

从研究热点来看，导学关系近 5 年来都是学者研究关注的重点，尤其是近两年导学关系负面新闻频出，因此，2018 年度导学关系研究跃居榜首。在导师指导方面，导师制、导师指导方式与风格及其影响的研究不断增加，成为 2018 年度的第二大热点。2018 年导师队伍建设研究主题下的研究热点见表 4－3。

表 4－3　2017 年导师队伍建设的研究热点

研究主题	研究热点
导师指导	①导师制；②导师指导方式及其影响；③导师指导风格及其影响

续表

研究主题	研　究　热　点
导学关系	①导学关系量化研究；②导学关系类型及影响；③导学关系优化与构建
导师责任与权利	①导师职责及实现路径；②导师权利及法理依据
导师身份、素养与遴选	①导师身份与角色；②导师素养与能力；③导师遴选及制度改革

四、未来研究展望

1. 研究回应

《中国研究生教育研究进展报告 2018》对 2018 年研究生导师队伍建设研究进行预测，认为导师立德树人职责研究、导师的成长规律和成长环境研究、和谐师生关系研究是 2018 年的研究热点。结合 2018 年的文献分析，导学关系、导师职责研究得到了学界极大关注，符合预测；导师成长和发展研究的关注相对较低。

2. 研究展望

第一，导师立德树人职责研究将持续得到关注。近年教育部印发的《关于全面落实研究生导师立德树人职责的意见》，对造就一支有理想信念、道德情操、扎实学识、仁爱之心的研究生导师队伍作了明确要求。该文件强化了研究生导师基本素质要求，明确了研究生导师立德树人职责，提出要健全研究生导师评价激励机制。因此，我国学者下年度将会持续关注研究生导师队伍德育教育研究、研究生导师立德树人职责研究、研究生导师立德树人路径研究等。

第二，导师队伍管理机制体制研究将成为研究热点。2018 年中共中央、国务院印发了《关于全面深化新时代教师队伍建设改革的意见》，该文件是新时代导师队伍建设的行动指南，是导师队伍建设层面的顶层设计方案。未来，学术界将会加强研究生导师队伍管理体制机制研究，如导师岗位聘任和管理、导师团队制和双导师制、导师考核评价、导师激励等。导师队伍建设与管理制度体系研究将更加完善。

第三，导师权责将进一步明晰，导师权利范围与保障将成为重点研究领域。2019 年教育部发布《关于进一步加强和规范研究生培养管理的通知》要求加强研究生管理，一方面要注重培养的质量和标准，明确导师的职责并严格管理；另一方面，对每个学生要有个性化的培养方式，要放权给导师，以保障研究生导师基本权利，包括招生参与权、培养自主权、育人推荐权、管理建议权等，这样才更有利于学生的成长。

第四，导学关系的优化和构建将会持续得到关注。师生关系是教育活动中最重要的一种关系，是导师与研究生以学科专业学习为依托，以科学研究活动为基础，以实现师生知识、能力、素质的共同提高为价值追求，在双方交往过程中所形成的一种心灵默契、良性互动的人际关系。但在导学关系屡遭危机的当下，和谐的师生关系该如何构建？下一年度学者将会继续从心理学、社会学、经济学等视角对导学关系的优化和建设路径等问题开展研究。

专题五 研究生招生与就业研究

2018年度以研究生招生与就业为主题的研究文献包括中文社会科学引文索引（CSSCI）（含扩展版）与中文核心期刊论文54篇、学位论文18篇，报纸文章6篇，共计78篇。经过梳理和归纳，2018年度文献聚焦的主题主要包含研究生招生制度改革、研究生就业现状与问题、研究生就业质量、研究生就业能力、研究生就业影响因素等。

第一节 研究生招生研究

研究生招生研究的相关文献共32篇（部），采纳文献16篇。研究者主要由研究生培养单位的学者、研究生以及教育管理部分的工作人员构成，研究内容主要关注硕士研究生招生制度改革、博士研究生“申请—审核”制改革两个方面，本部分研究主要从分析研究生招生实际问题出发，探究问题出现的因果机制并提出相应的改进策略。

一、硕士研究生招生

一些研究深入分析了我国硕士研究生招生实践中存在的问题，并针对这些问题提出政策建议。清华大学廖素娴等人采取系统分析的方法，通过梳理国家研究生招生计划工作的发展变革历程，对高校研究生招生计划的分配机制进行问题分析。据此设计了全新的架构理念，提出了相应优化政策及实施建议。认为应加强顶层设计，实现研究生教育体系的内外协同；探索研究生招生计划分配竞争性的动态调整新模式；寻求与培养目标相适应的内涵式发展道路；促进质量文化融入研究生招生计划分配过程等，是促进高校研究生招生计划分配不断优化调整的有力措施。① 教育部考试中心陈睿等人认为硕士研究生招生考试设置自划线高校是进一步扩大高校招生自主权的重要举措，在实施中存在未能很好使用自主权、未能将招生自主权充分下放到招生主体、未建立“能进能出”机制、存在唯“出身论”倾向等问题。针对上述问题提出完善自划线政策的建议：制定自划线招生单位的准入标准，建立“能进能出”弹性管理机制；积极探索灵活多样的进入复试的标准和要求；系统推进硕士研究生招生考试制度改革；加强信息公开和综合服务。② 暨南大学李新华等人分析了当前我国硕士研究生招生制度考试存在的问题，在此基础上提出了构建“国考＋校试”的硕士研究生考试招生模式，并分别为“国考”和“校试”的具体组织和实施给出了方案，认为我国的硕士研究生考试招生制度应进一步优化初试、强化复试，构建“国考＋校试”的二元模式。③

近两年全日制与非全日制两种研究生并轨招生的问题受到学者们关注。北京理工大学周文辉等人认为随着研究生教育深化改革逐步推进，非全日制研究生被赋予全新的概念内涵和时代特征，并且在报考人数、录取机制、生源构成、考生选择方面呈现出新形势，同时也凸显出招考机制隐性失衡、计划配置与实际供需错位、在职人员升学渠道趋窄的问题。在“双一流”建设背景下，内涵发展是非全日制研究生教育发展的必由之路，非全日制研究生招生要从科学编制计划、创新招考机制、优化生源结构、加强招生宣传四个方面制定新对策。④ 南京大学陈谦从两种研究生并轨的决策进程考察入手，提出通过突出在职人员培养的主体地位、深化完善非全日制培养模式和培养方案，切实保障非全日制研究生与全日制研究生拥有相同的社会地位与权益、改进非全日制毕业出口和提升通道等手段，实现非全日制与全日制研究生教育的深度并轨。⑤

部分研究从招生工作实践的角度出发，提出解决问题的具体方案。

北京航空航天大学林莉萍认为在大众化时代，我国高校的研究生招生宣传工作凸显其重。互联网的迅猛发展为研究生招生宣传工作提供了更为高效、迅捷、广阔的技术平台。借“互联网＋”大趋势，对研究生招生宣传工作进行转

---

① 廖素娴，张立迁，王顶明，王弘幸．高校研究生招生计划分配及其优化研究［J］．学位与研究生教育，2018（7）：28—33.

② 陈睿，白丽新，张立迁．硕士研究生招生考试自划线问题探析［J］．研究生教育研究，2018（1）：55—59.

③ 李新华，孟宪君，王春超，张宏．基于构建“国考＋校试”模式的硕士研究生统一入学考试招生制度探索［J］．高教探索，2018（3）：87—91.

④ 周文辉，曹镇玺．非全日制研究生招生新形势、问题及对策［J］．中国高教研究，2018（1）：81—86.

⑤ 陈谦．非全日制与全日制研究生教育并轨实施路径的思考［J］．江苏高教，2018（1）：73—76.

型、重构，成为招生单位提高竞争力的一条创新之路。① 南京财经大学唐润将面试视为研究生招生过程中选拔人才的一个重要环节。首先分析影响面试考官评价公平公正性的主要因素，并在此基础上构建研究生面试评价指标体系，接着提出一种基于专家评价意见贴近度动态调整专家权重的方法，最后通过案例对比分析应用该算法对评价结果的修正作用，验证了该算法可以在一定程度上减少某些专家在对面试考生进行评分时可能存在的宽大效应和严格效应。② 北京大学赵颖认为当前的双学位教育尚存在盲目招生、管理松散、任由学生自由流失的情况。针对这一现状分析了双学位录取及中途流失的学生特征，并使用倾向得分匹配和双重差分的方法，分析了修读双学位对学生主修成绩的影响。研究结果表明，初始成绩高的学生更容易争取到双学位资源，而能否完成双学位学业不仅取决于学生的初始成绩还取决于学分的分配和安排。③

一些学者通过对比中外研究生招生制度差异，总结研究生招生的国情特征和普遍规律，进而提出对策建议。北京航空航天大学朱鹏宇等人从招生规模与结构、选拔形式与考察内容、录取标准及工作程序三方面对英美两国研究生招生制度进行解构与剖析，在总结规律与特征的基础上与我国现行制度进行系统比较，认为我国应该坚定制度自信的同时博采众长，提出切实可行的招生制度改革措施，更好地匹配我国研究生教育发展的需求。④

随着我国研究生教育的飞速发展，近年来华攻读研究生学位的外国留学生人数越来越多。北京语言大学柴省三结合来华留学研究生教育规模和学科专业特点，提出了构建我国来华留学研究生招生考试体系的基本策略与开发框架。来华留学研究生招生考试体系的构建是一个涉及多个方面的系统工程，必须在充分调研的基础上，遵循“有计划、分阶段”和“循序渐进”的开发原则，从顶层设计、开发路径和操作模式三个方面着手启动“来华留学研究生招生考试体系”的开发与构建工作，确保体系的系统性、完整性和灵活性。⑤

西南大学朱子义等人针对少数民族研究生招生政策展开研究。随着研究生教育的发展，少数民族照顾问题逐渐从模糊走向清晰，制度安排渐趋合理，建立了以“双少生政策”“分区录取政策”“骨干计划”为核心的照顾政策体系，但仍存在照顾对象不够精准、逆向歧视、招生专业安排与民族区域发展需求脱

① 林莉萍．利用新媒体实现研究生招生宣传工作转型［J］．中国高等教育，2018（11）：60—61.

② 唐润．公平公正视角下的研究生招生面试问题研究［J］．研究生教育研究，2018（4）：41—45.

③ 赵颖．如何定位“学有余力”？——关于双学位招生和培养的实证研究［J］．教育学术月刊，2018（4）：36—43.

④ 朱鹏宇，马永红，林莉萍，白丽新．英美研究生招生制度对我国的启示［J］．研究生教育研究，2018（3）：84—89.

⑤ 柴省三．来华留学研究生招生考试体系的构建研究［J］．学位与研究生教育，2018（9）：60—66.

节、监督反馈机制缺乏等问题。考虑到新时代民族地区不均衡不充分等新特点，应当进行提升政策感知度、精准安排照顾群体、优化专业设置机制等多维改进策略。①

二、博士研究生招生

随着我国研究生教育深化改革的发展进程，博士研究生招生“申请—考核”制度一直是近年来的热点问题，研究者们围绕博士生“申请—考核”制展开了较为广泛、深入的讨论。

一些学者以博士生招生制度的历史发展为切入点，通过对博士生招生制度现状与问题的讨论，归纳出博士生招生制度的变迁特点和发展趋势。北京航空航天大学吴东姣等人基于历史制度主义的视角分析了改革开放以来我国博士生招生制度的变迁过程，发现影响我国博士研究生招生制度变迁的深层结构包括政府决策、市场需求和高校自身运行机制。其中，政府决策主要体现为政府在不同阶段对招生管理所采用政策工具的差异；市场需求主要体现为产业结构对人才培养规格的内在要求；高校自身运行机制主要体现为高校的自主性。影响博士研究生招生制度变迁的路径依赖因素包括制度高昂的设置成本、学习效应、协作效应及适应性效应等。博士研究生招生制度变迁的动力来源于政府、高校、市场三者的权力博弈。②

北京师范大学徐柱柱等人绘制出了中国知网数据库1984—2017年160篇博士招生制度改革研究的热点知识图谱。总结我国博士招生改革研究热点主要围绕两大主线和五大领域展开。两大主线为：博士招录方式研究与研究生教育质量研究、招录选拔制度研究与博士研究生培养机制研究；五大领域包括博士招考报考办法、招生制度改革、博士研究生的培养机制、研究生教育质量和博士研究生招录机制。其中，招生考试改革的研究呈现增长的趋势，且“申请—审核”制将成为完善招生选拔的重要导向。③

部分研究者更加注重对博士生招生制度现存问题的分析，并据此讨论博士生招生的改革方向和应对策略。南京农业大学宫新栋等人分析我国博士生招生制度系统具有多元性、相关性和整体性等特征，从现实情况来看，目前的招生

---

① 朱子义，崔延强．照顾的逻辑与实践的偏误：我国少数民族研究生招生政策改进审度［J］．清华大学教育研究，2018（12）：80—87.

② 吴东姣，包艳华，马永红．改革开放以来我国博士研究生招生制度变迁的逻辑分析［J］．中国高教研究，2018（6）：37—43.

③ 徐柱柱，綦春霞．我国博士招生制度改革研究的热点主题及其演进［J］．黑龙江高教研究，2018（3）：100—104.

制度还存在一些问题。要提高博士生招生质量就要对不利于高层次人才选拔的制度进行改进和完善。推进博士生招生制度改革，需要厘清我国博士生招生制度的系统构成和制度缺陷，充分利用招生质量评价的导向功能，切实改革完善现有的招生模式。唯如此，才能有效提升博士生培养质量。①

复旦大学刘阳等人以2017年6所“985高校”及其院系的159份博士生招生简章作为研究样本，建立了申请条件、考核方式、考核标准、导师权力、监督机制五项观测指标，研究发现博士入学申请条件重英语水平和科研成果，但存在院校出身歧视之嫌；考核方式未放弃笔试考察，但面试难以有效评价考生能力；考核标准和评分方式规定模糊，增加评价的主观性和随意性；导师个体招生权力过大，给公平公正选拔带来风险；监督机制缺乏细致全面的规定，为招生权力的滥用留下空间。文章还根据这些问题提出了相应的对策。②

一些研究从更微观的视角探讨博士生招生制度的运行机制。华东师范大学张韡对35所研究生院1759名理工科博士生进行的调查结果显示：高水平大学和高人才层次的导师更倾向于硕博连读和直接攻博的招生方式。其中，硕博连读者在导师指导效果、管理认同和科研产出上具有较大的优势。直接攻博者则表现出较低水平的管理认同和较高水平的发表压力和焦虑，在科研产出上相对于普通招考亦无明显优势。研究认为，将直接攻博的培养目标和方式，同硕博连读的学籍管理、分流退出机制相结合能够有效地发挥两种招生方式的长处，而保留一定的普通招考名额能够有效地适应不同学科的特点，同时一定程度上兼顾教育公平。③

第二节　研究生就业研究

共检索到与研究生就业主题相关的文献22篇，采纳文献15篇。所采纳文献的作者主要是我国高等学校从事研究生教育研究的学者和研究生以及从事研究生教育管理的行政人员。研究内容主要聚焦在研究生就业现状与问题、研究生就业质量、研究生就业能力和研究生就业影响因素四个方面。

---

① 宫新栋，杨平．我国博士生招生制度系统特征与改革着力点［J］．研究生教育研究，2018（3）：50—54．

② 刘阳，林荣日．博士生申请考核制招生制度的现状、问题与改进——基于2017年6所“985高校”博士生招生简章的分析［J］．研究生教育研究，2018（2）：29—35．

③ 张韡．理工科博士生招生方式对培养效果的影响——基于35所研究生院理工科博士生的调查［J］．研究生教育研究，2018（2）：36—41．

一、研究生就业现状与问题

针对研究生就业难的现状，一些学者在现象解释的基础上展开对策研究。华中师范大学范先佐等人认为“一流”高校和学科建设正在实施，未来三十余年的高等教育发展规划从此有了新的蓝图，而研究生就业仍然存在过度教育问题，难以紧跟“双一流”建设的步伐。研究生就业问题的原因是多方面的，最根本的原因在于研究生的供给超过了社会的需求，以工作竞争模型结合演化博弈理论进行实证分析能够很好地解释这一现象。今后，政府、企业、研究生自身需要协调发展，尽可能降低我国过度教育的发生程度从而减少教育资源的浪费。①

北京大学刘彦林等人利用2015年全国高校毕业生就业调查数据，考察父或母在体制内单位工作是否有助于子女大学毕业后首次就业进入体制内单位，进而分析体制内工作代际传递的形成机制。研究发现，尽管毕业生对体制内工作的偏好差异不大，但是父或母在体制内工作显著增加了子女大学毕业后首次就业进入体制内单位的可能性。体制内工作代际传递的机制在于，父母在体制内工作的毕业生，往往具有更高的学历、就读重点院校、毕业前为党员、更广泛的社会联系、来自父母亲戚的求职信息更多，这些都有助于毕业生进入体制内单位就业。②

北京航空航天大学范丽丽关注了我国研究型大学博士生就业的多元化趋势。发现内外部多重因素推动博士生非学术职业选择，目前学术身份固化及单一学术型培养仍阻碍博士生多元化职业选择。建议顺应趋势变化开展博士生教育改革，统筹学术型及专业型博士生招生，完善博士生多层次能力培养，解耦博士生与纯学术的过度关联，开展多元化就业引导，发挥博士生对社会各行业的整体性作用。③

二、研究生就业质量

一些研究采用定量研究的方法呈现研究生就业质量现状，并在分析问题成

① 范先佐，闫敏，邢泽宇．“双一流”建设下的研究生就业问题演化博弈研究［J］．现代教育管理，2018（3）：98—103.

② 刘彦林，马莉萍．体制内工作的代际传递及机制研究——基于全国高校毕业生就业调查数据［J］．教育与经济，2018（5）：40—47.

③ 范丽丽．研究型大学博士生非学术职业选择探究——基于“双一流”A类高校就业数据的分析［J］．高等工程教育，2018（4）：120—125.

因的基础上，对如何提升专业硕士的就业质量给出了可行性建议。北京航空航天大学马永红等人将专业硕士的高质量就业视为高质量人力资本企业乃至国家创新的重要配置和布局，应在实现高就业率的基础上，使毕业生、高校、用人单位、社会和国家各利益相关者的利益达到均衡满足。提出了高质量就业多塔结构理论框架，对专业硕士毕业生就业质量进行分析，认为专业硕士总体就业质量趋势略有向好，但就业满意度有所下降，不同专业学位就业质量存在类型差异。提出应用多塔结构加强高校毕业生高质量就业问题研究，以及提升专业硕士就业质量的建议。①

北京航空航天大学于苗苗等人以学生视角的就业质量为切入点，将就业满意度和起薪作为衡量专业学位学生高就业质量的指标，考察培养路径、高校就业服务路径和社会需求路径对专业学位学生实现高质量就业的影响。结果发现社会需求路径对高质量就业的影响最大，培养路径、高校就业服务路径对高质量就业也产生一定的促进作用。男生和高考生源地来自东部和中部地区，所学专业为工程硕士，来自“211 高校”和“985 高校”，具有工作经验、国际经历、赛事经历这些人力资本，在劳动力市场中很有优势。建议专业学位设置应更关注行业部门和岗位的切实需求，关注实务部门对学生能力的要求，尤其加强对学生团队协作能力和创新能力的培养，也提出有关培养的关键环节和高校就业服务的其他可行性建议。②

部分研究者关注了区域研究生和具体学科研究生的就业问题。沈阳师范大学的焦晶调查了辽宁省 3 所大学全日制教育硕士实践教学能力专业学位具有明确的职业导向，其教育任务是根据特定职业领域或岗位需要，为其输送具有较强专业能力和创造性的高层次应用型人才，也从整体上提升了研究生进入实务部门的就业质量。③

北京邮电大学李美其选取信息通信类学科毕业生这一群体，研究发现，信息通信类学科毕业生的就业能力对其就业质量（薪酬水平、职级水平、工作稳定性）存在显著正向影响；对于不同就业类型（初次就业、再就业）的毕业生而言，就业能力的不同构成部分对就业质量的影响程度不同；信息通信类学科毕业生的性别对就业质量（薪酬水平、职级水平、工作稳定性）存在显著影响；同时发现性别会显著调节毕业生就业能力对就业质量（薪酬水平、职级水

① 马永红，于苗苗，袁文婧，包艳华．基于多塔结构的专业硕士高质量就业研究［J］．国家行政学院学报，2018（8）：33—40.

② 于苗苗，马永红，刘贤伟．如何实现专业学位学生的高质量就业——基于全国高校抽样调查数据的实证分析［J］．高教探索，2018（2）：91—96.

③ 焦晶．辽宁省全日制教育硕士实践能力培养质量认知现状研究［D］．沈阳：沈阳师范大学，2018.

平、工作稳定性）的影响。①

部分研究采用定量分析的方法，从研究生就业满意度角度分析就业质量问题。南京大学王赫结合 N 大学 2015—2017 年就业调查的数据，用描述性统计分析本科群体和硕士群体的就业现状，从单位性质、专业对口、教育适切、初始薪资和就业满意度五个维度理解就业质量的内涵，探索两个群体就业质量的影响因素并进行比较，研究发现相比于本科群体，专业门类对硕士就业质量影响更大，在就业市场上更加艰难，表现在教育不适切、与本科生薪资差距小、满意度低、盲目努力等特点。②

西北大学的杨佳乐调查了西部四校 2743 名学术型硕士毕业生，分析了地域流动和专业流动对其就业满意度的影响，得出向后流动和继续流动与就业满意度显著正相关，就业流动会提升男性的就业满意度；就学流动会提升女性的就业满意度等结论。③

三、研究生就业能力

部分学者围绕如何提高研究生就业能力进行了研究，在分析问题的基础上着重于培养研究生就业能力的路径与方法。武汉大学孟令奎提出硕士生应以就业为导向实施实践能力培养的模式，分析专业实践对提高研究生综合素质和就业竞争力的必要性。同时对于近年出现的以短期训练和临时计划为特征的就业实习现象进行深入分析，从性质、定位、时间、内容、形式、保障措施以及成效上与专业实践进行对比，建议弱化或限制就业实习、强化专业实践、丰富专业实践内容、规范专业实践环节，促使硕士研究生在专业实践中学习、应用、提高、成长。④

上海交通大学侯士兵等人将研究生就业问题置于大数据发展的时代背景下，分析大数据技术给研究生就业服务带来的机遇，以上海交通大学为例，对构建大数据背景下研究生就业精准服务体系进行了一些探索和实践，旨在为相关研究者提供有益借鉴。⑤

---

① 李美其．基于文本数据的信息通信类学科毕业生就业质量评价［D］．北京：北京邮电大学，2018．

② 王赫．硕士毕业生的就业质量更高吗［D］．南京：南京大学，2018．

③ 杨佳乐．地域流动和专业流动对学术型硕士毕业生就业满意度的影响研究［D］．西安：西北大学，2018．

④ 孟令奎．论硕士生专业实践与就业实习［J］．研究生教育研究，2018（2）：54—59．

⑤ 侯士兵，姚思含，沈延兵．大数据背景下研究生就业精准服务体系的探索与实践［J］．学校党建与思想教育，2018（3）：69—71．

四、研究生就业影响因素

为了厘清何种因素影响了研究生就业的过程与结果，部分学者展开了一系列实证研究，并在不同理性解释的基础上给出了改进对策。西南财经大学谭远发等人以财经类硕士毕业生为研究对象，考察“颜值”与“能力”对研究生就业机会的影响。研究发现颜值和认知能力对财经类硕士毕业生的就业机会影响并不显著，非认知能力尤其是具有学生干部经历对就业机会的影响非常显著，这说明“以貌取人”现象在财经类硕士研究生就业中并不突出。同时，就业机会确实存在性别差异，女硕士毕业生获得的就业机会比男硕士毕业生显著少约0.6个。研究说明学得好胜过长得好，硕士毕业生要注重个人能力的提升，才更有利于求职和职业发展。①

北京航空航天大学于苗苗等人用实证方法验证了学术融合与社交融合对保障学术型硕士就业有重要影响。研究发现通过学术融合中多开展基于问题的学习，积极参加学术项目实践，充分利用创新研究基金，经常与导师交流沟通等途径能显著提高认知性就业质量与情感性就业质量；在社交融合中参加国际化活动，多利用校园招聘和就业信息，参加学校开设的就业和职业规划课程训练，提升团队协作能力等也对两类就业质量有积极作用。文章还对学术型硕士如何适应未来职场需要、提高就业质量提出了建议。②

华东师范大学徐贞采取定量研究对理工科博士生入学动机的类型、特征及其对学术表现、就业偏好的影响进行了考察。发现性别及入学方式在入学动机方面的差异性极显著；出于内部动机的博士生学术热情、能力及抱负最高，出于外部动机的博士生求学期间压力和焦虑程度最高；偏好在高校就业的人中以出于内部动机的博士生占比最高，偏好在企业就业的人中以出于外部动机的博士生占比最高。③

南京农业大学张扬认为家庭资本是影响研究生就业意向的重要因素之一。通过对某“211 高校”360 位研究生的问卷调查，发现家庭资本对研究生的毕业预期选择、就业难易判断、社会就业形势认知以及就业收入期望影响显著，同时讨论了家庭因素在研究生就业选择过程中所起的作用，进而提出相应的对

---

① 谭远发，付晓珊．颜值 VS 能力：财经类硕士毕业生就业机会的影响因素研究［J］．教育学术月刊，2018（11）：87—95.

② 于苗苗，包艳华，马永红，刘贤伟．学术融合与社交融合对学术型硕士高质量就业的影响研究［J］．研究生教育研究，2018（4）：14—22.

③ 徐贞．理工科博士生入学动机及其对学术表现、就业偏好的影响［J］．中国高教研究，2018（9）：74—80.

策和建议。①

第三节 文献分析与研究展望

2018 年研究生招生与就业专题的文献数量与类型显示：以研究生招生与就业为主题的研究文献数量较之去年有较大回升，接近 5 年来该主题文献数量的最高峰。CSSCI（含扩展版）与中文核心期刊论文一定程度上代表着该研究领域的文献质量，也能够在一定程度上说明学界的关注度，2018 年 CSSCI（含扩展版）与中文核心期刊论文发表数量达到了 54 篇，为近 5 年来的峰值。2014—2018 年文献数量与类型比较详见表 5 - 1。

表 5 - 1 2012—2018 年文献数量与类型比较

（单位：篇）

年份	CSSCI（含扩展版）与中文核心期刊论文	学位论文	报纸文章	合计
2014	24	23	21	68
2015	50	18	3	71
2016	43	29	11	83
2017	28	11	5	44
2018	54	18	6	78

从文献数量分析，近年来研究人员对“研究生招生与就业”专题的关注度总体稳定。相较于往年，2018 年的期刊论文占比有较大提升，考虑到高校学者期刊论文发表的主要群体，2018 年 CSSCI（含扩展版）与中文核心期刊论文占比的变化一定程度上反映了“研究生招生与就业”主题的研究者身份结构和研究总体质量的变化。历年来学位论文和报纸文章的文献数量偏少且起伏较大，说明研究生群体和社会媒体对“研究生招生与就业”缺少持续的关注。

从文献类型分析，2018 年 CSSCI（含扩展版）与中文核心期刊论文在全年文献总量的占比约 73%，高于 2016 年的 50%、2015 年的 67.5%、2014 年的

① 张扬．家庭资本与研究生就业认知——基于“211”高校的实证研究［J］．高教探索，2018(1)：88—92.

33.8%、2013年的35.1%和2012年的24.7%。期刊论文数量的占比变化一定程度上说明“研究生招生与就业”日渐吸引专业研究人员的目光，文献的总体研究质量有所提升。

从文献作者分析，2018年度北京航空航天大学于苗苗以第一作者的身份发表了2篇文章。近3年来以第一作者身份在CSSCI（含扩展版）和中文核心期刊上发表两篇文章以上的人还有中国人民大学的段斌斌、武汉大学的宋朝阳、北京大学的高耀，说明专业研究人员群体还缺少对“研究生招生与就业”领域的持续关注和研究。

从文献内容分析，2018年度“研究生招生与就业”研究的内容分布高度集中。研究生招生研究主要聚焦于硕士研究生招生制度的现状与问题，博士生招生“申请—考核”制改革占据了相当比例，该领域的研究文献一定程度上是我国深化研究生教育改革进程的“晴雨表”。研究生就业研究主要聚焦于研究生就业现状与问题、研究生就业质量、研究生就业影响因素、研究生就业能力等方面，研究热点与往年相比变化不大。

研究生招生与就业是研究生培养链条中的首要关卡和最后一站，是保障研究生教育质量的重要环节和直观体现。在“双一流”建设背景下，内涵发展是必由之路，研究生招生与就业研究具有重要的理论价值和实践意义。

改革开放40年来，我国不断探索和改革研究生招生制度以适应不断变化的研究生教育形势。硕士研究生招生方面，如何建立健全科学公正的招生选拔制度是硕士研究生招生制度改革的重要目标，针对硕士研究生招生考试管理体制与选拔机制是可预见的研究热点；博士研究生招生方面，提升博士生教育质量是学术界共同关注的核心问题，博士生招生“申请—考核”制已经上升为“理性神话”并被广为接受，如何健全制度设计、保障制度运行将会是研究的持续热点，需要在认真总结实践经验的基础上进行深入的讨论和争鸣。

研究生就业问题长期以来是社会广泛关注的话题，近年来研究生就业面临着愈加严峻的形势，其原因并非是一元化的，研究生就业问题研究需要从系统论、整体论的视角多元地考查。讨论研究生就业问题离不开国家经济的宏观布局，离不开国家产业结构升级的大背景，更与研究生培养质量与水平、学位类型结构调整等因素息息相关，需要突破藩篱，开辟整体性的、跨学科的、解释性的新研究路径，进而付诸研究生教育内涵发展的生动实践。

专题六　研究生德育研究

2018年度研究生德育研究主要包括研究生学术道德、研究生教育立德树人、研究生心理、研究生日常行为及生活四大主题。通过检索关键词，并根据研究内容进行再次筛选，2018年度有关研究生德育研究的研究成果包括著作2部，期刊论文48篇，学位论文54篇，新闻报道8篇，共计112篇（部）。其中有48篇（部）入选本章文献综述。

第一节　研究生学术道德

研究生的学术道德水准关系人才培养质量，但当前部分研究生仍存在学风浮躁、学术失范、学术不端等行为。2018年度研究生学术道德专题学者更关注对研究生学术道德应然的探索。

一、研究生学术诚信

如何治理研究生学术失范也是“双一流”建设中必须面对的问题。学术界从研究生教育管理实践的角度就研究生学术失范现象、原因和对策均展开了讨论。

苏州大学叶继红关注高校研究生学术不端与论文发表制度之间的关联性，通过实证研究发现高校研究生学术不端与论文发表制度之间存在一定的关联性，后者是研究生学术不端的诱因之一。据此，需要反思目前高校研究生论文发表制度。在承认高校目前实行/不实行论文发表规定的双向合理性的前提下，一方面要对研究生论文发表硬性规定进行修改完善，另一方面取消硬性规定后要对制度“真空”进行填补，以保持研究生发表论文的必要张力。①

浙江大学秦汉分析了学术不端处罚的权利救济与程序正义之必要性，通过对“C9 联盟高校”相关制度及法律与实践的经验分析，指出虽然高校制定了相关的学术规范，但其立法立规的水平参差不齐，在研究生救济方面普遍存在程序正义的保障力度参差不齐、制度调整对象的差异性区分不足、与我国科技法律的谦抑性要求尚有差距等问题。提出了拓宽救济渠道、明确导师的“过错责任”等学术不端处罚的权利救济与程序正义制度建议。②

福州大学郑文力等归纳了引起在职研究生学术失范的环境因素包括市场经济、生源分布广泛、价值取向多元。个体内在因素包括定位不准、缺乏自律、盲目攀比。据此设计了在职研究生学术失范的鱼骨图（图 6－1）。提出政府、社会与高校应采取相应的措施促使在职研究生遵从学术规范。导师在育人过程中应从认识形成的“知、情、意、行”视角，构建在职研究生的学术规范。在职研究生则应从角色定位、积极学习、修身养性等方面进行自我规范。③

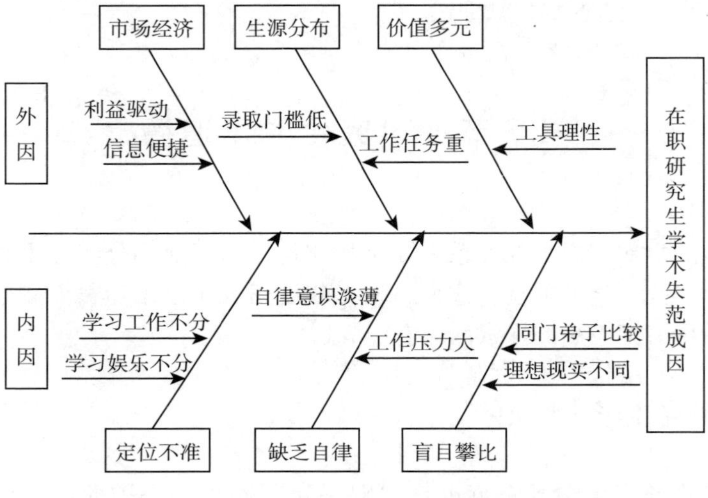

图 6－1　在职研究生学术失范成因鱼骨图

成都理工大学向玉凡基于科尔伯格道德认知发展阶段理论认为考察科学共

① 叶继红．高校研究生学术不端行为及与论文发表制度关联性思考［J］．研究生教育研究，2018（5）：7—12.

② 秦汉．高校研究生学术不端处罚的权利救济与程序正义——基于对“C9 联盟”高校相关制度的考察［J］．高校教育管理，2018，12（1）：61—67.

③ 郑文力，杨乔乔．在职研究生学术失范与治理探析［J］．黑龙江高教研究，2018，36（4）：109—112.

同体成员学术道德发展规律，不失为有效治理研究生学术失范的一种努力。研究生学习活动本质决定他们是科学共同体的组成部分，学术道德发展对应前因循水平。研究生理解并认同广义上的学术道德是治理研究生学术失范的前提，具备遵守学术道德的意识和实践能力是基础。治理研究生学术失范行为需要完善正式制度，加大对研究生学术失范行为的识别和惩罚力度，充分发挥正式制度的惩罚功能，在最大限度上制止有意的“恶”。同时也需要从非正式制度入手提高研究生学术认同度，让他们知道为什么要遵守学术道德，应当遵守什么样的学术道德。①

南京农业大学姚志友等人指出在现实层面，政府和高校强力的政策规训凸显了学术道德教育的“他律”逻辑，对治理学术不端行为起到了敲山震虎的作用。而以自觉性、自主性和自省性为特点的“自律”逻辑建构的学术道德教育体系，从理论上解释了学术道德教育可以内隐于心外显于行。基于道德认知发展理论，分析了两种逻辑在社会环境、个体认知水平、教育者行动以及学术环境等方面存在差异，需要辩证地思考研究生学术道德教育的他律和自律逻辑。认为强化道德他律，激发道德自律，让自律成为自觉，是研究生学术道德教育的必然路径。②

更多学者在对学术不端原因进行分析后，基于不同视角，从学校、社会、研究生个人等主体提出了学术不端治理的方式方法（表6－1）③④⑤。

表6－1　学术不端治理路径

作者	题　　目	策　　略
陈亮	多中心治理视角下研究生学术不端行为矫治探究	①明确参与研究生学术不端行为矫治的多元主体； ②确定研究生学术不端行为矫治的协商治理目标与内容； ③创新研究生学术不端行为矫治的治理监督机制； ④营造研究生学术不断行为矫治的共生文化氛围

① 向玉凡．道德认知发展视域下的科学共同体与学术道德——治理研究生学术失范的一种努力［J］．高教探索，2018（7）：95—100.

② 姚志友，董维春．他律与自律：研究生学术道德教育的逻辑与路径［J］．学位与研究生教育，2018（4）：31—37.

③ 陈亮．多中心治理视角下研究生学术不端行为矫治探究［J］．学位与研究生教育，2018（11）：56—61.

④ 姜国峰．科学道德建设：破解高校研究生教育中学术失范的“体系”力量［J］．研究生教育研究，2018（2）：18—23.

⑤ 廖雷．诚信视野下研究生网络学术道德建设研究［D］．武汉：武汉纺织大学，2018.

续表

作者	题　目	策　略
龙献忠 陈方芳 刘绍云	论构建研究生学术道德教育的“三不”机制——基于“三不”反腐机制思想的启示	①坚决惩处学术道德失范行为，在“常”“长”上下功夫； ②查处学术道德失范须做到无“三区”、有“四不”； ③坚持学术“大牛”与“青椒”一起惩； ④建立健全学术制度体系； ⑤构建严密的学术监督制度； ⑥贯彻执行好适度的学术惩戒制度； ⑦加强研究生学术道德规范宣传教育，增强认知认同； ⑧发挥导师的引领作用，实现言传身教； ⑨激发研究生学习动机，提升学术研究能力
姜国峰	科学道德建设：破解高校研究生教育中学术失范的“体系”力量	①以深化科研评价综合改革为切入点构建平等的师生协作体系； ②以构建科学规范的机制为切入点夯实学术监管体系； ③以提高研究者创新能力为切入点优化科学的学术评价体系
廖雷	诚信视野下研究生网络学术道德建设研究	①加强研究生学术道德修养； ②完善高校培养机制； ③提高当前网络技术

二、研究生学风建设

学风建设是一个长期、系统的工程，反映和体现着高校思想政治工作水平和成效。2018 年度研究者聚集于将研究生学风建设与研究生培养体系相融合的方法路径。

天津大学邓小华界定了博士研究生学术情怀的内涵，博士研究生的学术情怀具有心理学和哲学的双重意蕴，是从心灵深处影响博士生学术生涯开启、学术生命育成的精神力量，包括学术认同、学术情意和学术责任三个维度。博士生的学术情怀聚焦于学术本身，具有目的的超越性、过程的生成性和效果的持久性等主要特征。培育博士生的学术情怀是博士研究生教育的重要任务，具体路径可从教育活动、制度安排和学术审美三个角度展开。①

① 邓小华．博士研究生学术情怀的概念构建及培育路径［J］．研究生教育研究，2018（6）：35—39＋75.

南京大学林仕尧提出通过探索研究生德育素质课程体系，健全学术诚信审查评价体系，构建研究生全面发展综合评价体系，创新导师育人综合考评工作等举措解决德育融入研究生培养体系问题。[①]

湖北大学郭劲松等人认为研究生先进典型教育机制构建的理念应强调以研究生成才需要为导向，服务于学术精神的培育，注重研究生先进典型教育理论的拓展，凸显时代性与实践性要求。构建研究生先进典型教育机制的实践途径主要是：①建立领导管理体系，完善组织协调机制；②紧扣教育基本环节，建立良性运行机制；③优化教育环境，健全保障机制。[②]

第二节　研究生教育立德树人

习近平总书记在全国教育大会上指出，坚持把立德树人作为根本任务。2018 年度学者不仅关注于研究生教育立德树人方式方法的创新，也关注了立德树人的实效性，特别是导师育人的实效性，以真正实现全员、全过程、全方位的育人。

一、导师育人

研究生导师是研究生培养的第一责任人，2018 年教育部颁布《关于全面落实研究生导师立德树人职责的意见》。在此背景下，2018 年度研究关注如何切实发挥导师立德树人的作用，增强研究生导师立德树人的认同感。

湖南农业大学张胜利等人以湖南农业大学为例，对研究生导师育人作用现状进行问卷调查，发现研究生导师的育人作用更多地体现在学术规范、科学道德方面的引导，对于思想政治教育方面作用还没有充分发挥。就研究生管理部门而言，还未形成比较完备规范的、依托导师来对学生进行思想政治教育的育人体系，也没有量化考核指标。研究生导师的德育教育功能更多的是学术科研指导上的附带品，而并非专属品。基于此提出四个建议：①加强顶层设计，明确导师育人的责任和激励机制；②建立协同机制，形成导师育人合力；③加强

---

① 林仕尧．德育融入研究生培养体系的理论探索［J］．研究生教育研究，2018（6）：14—17＋89.

② 郭劲松，叶秀娟．论研究生先进典型教育机制的构建［J］．学位与研究生教育，2018（5）：34—39.

专业培训，提升导师育人技能；④搭建有效平台，线上线下宣传。①

黑龙江大学刘林对黑龙江省8所高校156名导师及研究生进行调研，发现大部分导师能认识到立德树人的重要性，而研究生对立德树人的需求上表现比较冷漠。通过分析认为自我认知是立德树人的主导性因素，制度机制是立德树人的决定性因素，互动交流是关键因素。应从健全研究生导师评价激励机制，强化研究生导师组织保障条件入手，构建研究生导师立德树人的新路径。②

河海大学成敏敏指出由于导师在人师、经师定位上的冲突，以及在立德树人教育主体定位认知上的冲突，因此需增强研究生立德树人认同感。分析了研究生导师立德树人认同感的核心内容是政治认同、价值认同、情感认同、行为认同。应通过再教育、建立和谐共生的师生互动、制定以立德树人为核心的规章制度增强导师立德树人的认同感。③

东北师范大学刘志等人归纳了研究生导师在履行育人职责的过程中需要突破的三重瓶颈：①挑战要求日新月异与能力提升举步维艰的矛盾冲突；②育德艰涩且潜隐与育才速效且外显之间的矛盾冲突；③教育对象自主成长与立德树人规范引领的矛盾冲突。④

二、研究生思想政治教育

研究生思想政治教育是落实立德树人根本任务的重要途径，关系“培养什么样的人，如何培养人以及为谁培养人”这一根本问题。研究围绕转变研究生思想政治教育观念，优化教育方法，创新教育体系展开。

为大力加强研究生思想政治教育研究，系统的文献梳理是研究有效展开的基础。东北师范大学刘志等人基于CNKI重点期刊文献正文的归纳性主题分析，发现当前我国研究生思想政治教育研究处于发展的初级阶段，高层次成果数量相对较少，作者群体不集中、团队不稳定，研究的热点领域为研究生思想政治教育的意义、背景、群体特征、工作现状与对策建议五个方面。当前研究成果的总体特征是思辨性强、实证性弱、实务性强、学理性弱、丰富性强、规范性弱。未来研究应该围绕研究生典型特征与成长规律、研究生思想政治教育现状

---

① 张胜利，凌鹊，丁彦．思想政治教育视野下研究生导师育人作用研究［J］．学校党建与思想教育，2018（14）：80—82．

② 刘林．研究生导师立德树人职责与实现途径探究［J］．思想教育研究，2018（5）：115—118．

③ 成敏敏．切实增强研究生导师立德树人的认同感［J］．中国高等教育，2018（24）：45—47．

④ 刘志，韩雪娇．研究生导师立德树人需要突破的三重瓶颈［J］．研究生教育研究，2018（5）：13—17＋64．

及深层矛盾、研究生思想政治教育体系创新等内容展开。[①]

东北师范大学刘志通过不同概念范畴辨析中的概念分析，挖掘国家规范要求中蕴含的概念要素，认为研究生思想政治教育的核心要素包含教育者、教育对象及教育影响三个维度，主要研究对象体现为差异成长与统一培养、理性发展与信仰塑造以及心理防御与规范引领三对特殊的矛盾冲突。[②]

研究生思想政治教育理论课在立德树人过程中发挥着不可替代的作用。山东大学王彬等人论述了翻转课堂在研究生思政课教学中的必要性，翻转课堂有利于研究生思政课革新，有助于国家中长期人才培养的目标，有益于提升思政课的教学效果。在进行教学改革时，需要在教学设计上实现师生教学观念与角色的转变，课堂模式与教学内容的转变，考核评价标准与方式的转变。研究生思政课教师也要不断提高自身综合素养，做到坚定理想信念，严守政治立场，掌握信息技术，善用网络资源，提升科研能力，以研促教，真正利用好翻转课堂。[③]

扬州大学王干等人分析了当前研究生思想政治教育存在的不足包括功利主义倾向，内容手段单一，忽略学生内在需要，部分研究生思想政治教育工作者对思想政治教育工作的重要性存在理解偏差，存在过度放任现象。为此要将以学生为本作为思想政治教育的出发点和立足点，创新教育内容与方法，创设人文关怀的校园环境氛围，开发和建设实践教育基地。[④]

中国石油大学高平发等人构建了基于党委研究工作部、二级学院、导师、辅导员、班级、社团、党支部、网上思想政治教育平台等多角色组成的网络思想政治教育体系。在体系建设中要建立沟通协作机制将网络思想政治教育工作落到实处，通过创新教育理念、创新宣传载体、创新教育布局等措施来优化高校研究生思想政治教育体系。[⑤]

研究生辅导员的工作投入是影响研究生思想政治教育工作效果的重要因素。中国科学技术大学王高峰等人运用工作要求—资源模型理论，对研究生辅导员的组织公正感、心理资本、职业认同和工作投入间的关系进行了实证研究。结

---

① 刘志，许畅．研究生思想政治教育研究的前沿、热点与进路——基于 CNKI 重点期刊文献正文的归纳性主题分析［J］．思想教育研究，2018（7）：135—139.

② 刘志．研究生思想政治教育基本问题论析［J］．学位与研究生教育，2018（7）：20—27.

③ 王彬，尹璐．研究生思想政治课翻转课堂教学改革探讨［J］．学位与研究生教育，2018（5）：24—28.

④ 王干，高延安，高明国．研究生思想政治教育工作创新路径略探［J］．学校党建与思想教育，2018（24）：41—42 +45.

⑤ 高平发，龚文涛，刘笑．研究生网络思想政治教育体系的构建与优化［J］．学校党建与思想教育，2018（2）：37—38 +41.

果显示组织公正感、心理资本和职业认同是研究生辅导员工作投入的主要预测变量，职业认同和心理资本在组织公正感对工作投入的影响中起到复合式多重中介作用，但组织公正感对研究生辅导员的工作投入没有直接效果。根据实证研究结论提出了营造公正公平的工作氛围，提高研究生辅导员的心理资本水平，消除身份差异和增强职业认同等具体措施来提高研究生辅导员工作投入的对策建议。①

三、研究生党建

构建适合新时代研究生特点的党建工作体系，对于强化党建在研究生培养中的政治保障和思想保障作用具有重要意义。研究者针对当前研究生党支部建设存在的问题，提出了完善研究生党支部建设的思路。

盐城师范学院曹海浪从团体动力学理论对高校研究生党支部整体的作用、对研究生党支部成员的作用，以及在党支部凝聚力产生中的作用三方面入手。分析了团体动力学在研究生党支部活力提升中的重要作用，并提出具体的提升策略：加强研究生党支部成员的思想建设，完善研究生党支部基层组织建设，强化研究生党支部组织作风建设，开展研究生党支部校内共建工作，拓宽研究生党支部校外共建渠道。②

河海大学李枫等人认为目前研究生党支部存在设置模式不够合理，部分党支部书记精力投入不够；少数党员党性不强、对组织生活的重要性认识不足；组织生活内容不够丰富，形式有待创新，组织生活制度不够健全，保障机制不完善等问题。对此应优化支部设置模式，选配得力支部书记，加强党性教育，创新组织生活形式，优化组织生活内容，健全组织生活制度。③

清华大学任怀艺等人分析了研究生党建存在的内部优势、劣势及面临的外部机遇和挑战。基于 SWOT 分析工具构建了包括顶层规划研讨、制度建设、组织建设和队伍建设的“三个建设”，党校课程体系、实践育人体系、党群联系体系和资源支撑体系的“四套体系”，以及“互联网 + 党建”、朋辈宣讲教育、创新支部设置和党支部共建的“四项举措”的研究生党建工作体系，并结合清

---

① 王高峰，古继宝，顾明亮．提高研究生辅导员工作投入的实证研究［J］．江苏高教，2018（3）：67—71.

② 曹海浪．基于团体动力学理论的高校研究生党支部活力提升策略研究［J］．学校党建与思想教育，2018（22）：44—46.

③ 李枫，杨勇，朱林．高校研究生党支部组织生活现状调查分析［J］．学校党建与思想教育，2018（24）：28—30.

华大学党建案例提出了具体实施方案。①

第三节 研究生心理

良好的心理健康状态对研究生的学习发展和科研产出有着重要影响，对我国高等教育人才培养质量提升意义重大。2018 年度对专业认同相关问题的关注度较高，学者探讨了教育学、社会工作、思想政治教育等专业研究生专业认同情况。

一、研究生心理健康

2018 年度研究生心理健康研究聚焦于各类研究生心理健康问题，研究者多使用已有量表或自编问卷进行调查以反映研究生心理健康现状，并提出心理健康教育的意见建议。

东北农业大学周华等人采用症状自评量表及研究生压力问卷对东北农业大学 1086 名硕士研究生进行测试。结果显示农业院校硕士研究生心理健康总体状况良好。强迫、人际敏感、抑郁是 3 个最主要心理问题。提出需整合资源、加强农业院校硕士研究生心理健康教育工作，对特殊群体硕士研究生开展有针对性的心理帮扶与资助，完善农业院校硕士研究生的就业创业指导与服务体系，充分发挥导师作用构建农业院校硕士研究生社会支持体系。②

东北大学何阳等人通过调查问卷和无结构化访谈，发现多数女博士生存在社会焦虑现象。引发焦虑的原因包括博士小论文、博士大论文、就业形势、经济条件、健康状况、社交关系、课题任务和年龄等。将女博士生的社会焦虑细分为生活焦虑、发展焦虑、健康焦虑、社交焦虑与年龄焦虑。其中，发展焦虑是女博士生的主要焦虑。要缓解女博士生的发展焦虑，须加强入学教育，适当降低博士生发表小论文的毕业标准，营造女博士生的良好就业形势，尊重女博士生参与科研课题的意愿。③

---

① 任怀艺，白本锋．基于 SWOT 分析视角的研究生党建工作体系构建与实施研究［J］．学位与研究生教育，2018（5）：29—34.

② 周华．农业院校硕士研究生心理健康状况与对策建议［J］．黑龙江高教研究，2018，36（7）：140—145.

③ 何阳，孙萍，罗开文．谁能理解女博士生？——探究女博士生的社会焦虑与治理［J］．河北师范大学学报（教育科学版），2018，20（1）：56—61.

郑州大学张莹以河南某大学全日制硕士研究生为研究对象，以《工作压力测量表》和《硕士研究生专业承诺量表》为调查工具，调查结果显示全日制硕士研究生紧张程度处于低度。男性、医学类专业、无劳务费组的全日制硕士研究生易出现中度紧张，全日制硕士研究生专业承诺水平处于低水平，理工类专业、非跨专业考研组、科学研究组和中度紧张组的全日制硕士研究生易出现低水平专业承诺。①

南京大学桂龙香关注少数民族骨干计划硕士生的心理健康问题，以北京某大学的少数民族骨干计划硕士生为调查对象，从人际关系紧张与敏感、心理承受力、适应性、心理平衡性、情绪失调性、焦虑、抑郁七个维度考察了少数民族骨干计划硕士生的心理健康现状。研究发现少数民族骨干计划硕士生的心理健康总体状况堪忧，不同性别、民族、宗教信仰、家庭经济状况、人际交往情况、环境适应情况在心理健康水平上存在明显差异。从学校社会工作角度及社会生态系统理论和文化多元主义理论视角提出相应的解决对策：首先通过情感、认知、行为和环境方面的个案工作方法介入。其次通过促使接纳和认同自我、帮助建立和提升自信、促进理解和改良人际方面的小组方法介入。最后通过社区工作的介入，拓宽资源整合的路径，为少数民族骨干计划硕士生心理健康问题的解决争取资源。②

二、研究生自我认知

2018 年度对研究生自我认知的研究主要是对专业认知的研究。专业认同是社会认同的特殊形式，也是衡量个体接受和认可所学专业程度的指标。研究生对所学专业的认同程度决定着研究生基本的学习态度，具有高专业认同度有助于研究生积极主动地投入到学习中，达成培养目标。

作为跨学科报考的热门学科，教育学研究生的专业认同度引起了学者的关注。浙江师范大学毛智辉等人通过问卷调查与个别访谈的方式，对 9 所高校的 216 名跨学科教育学硕士生的专业认同现状进行了实证调查研究。研究结果表明当前跨学科教育学硕士生群体的专业认同水平总体偏低，且在性别、年级、志愿选择等方面均存在显著性差异。回归分析显示专业培养模式、导师指导以及专业就业前景是影响跨学科教育学硕士生专业认同水平的主要因素。提出了从加强心理健康教育、改革教育学相关专业培养模式、加强就业指导与规划以

① 张莹．河南某高校全日制硕士研究生紧张反应与专业承诺现况调查［D］．郑州：郑州大学，2018.

② 桂龙香．“少干计划”硕士生心理健康问题研究［D］．南京：南京大学，2018.

及完善导师指导方式等方面提升跨学科教育学硕士生专业认同水平。①

2018 年有不少硕士研究生选择研究生专业认同问题作为学位论文进行研究。研究多以调查研究为主，展示研究生专业认同现状，提出意见建议。②③④⑤⑥⑦ 详见表 6－2。

表 6－2　2018 年以研究生专业认同为选题的硕士学位论文列表

题　　目	作者	作者单位	调查对象
少年儿童组织与思想意识教育硕士研究生专业认同的调查研究	张青瑞	哈尔滨师范大学	全国思想意识教育硕士研究生 115 人
思想政治教育硕士研究生的专业认同研究——以上海高校为例	王静	华东政法大学	复旦大学、上海理工大学、华东师范大学、上海师范大学、上海外国语大学、上海财经大学和华东政法大学 7 所高校思想政治教育硕士研究生
新疆高校社会工作研究生专业认同研究	李静静	新疆大学	新疆大学、新疆师范大学社会工作专业硕士研究生 107 人
学前教育硕士研究生专业认同研究	王艳芳	洛阳师范学院	9 所高等师范院校学前教育硕士研究生 209 人
综合型院校教育学跨学科研究生专业认同研究	白庆龄	清华大学	清华大学和北京大学教育学研究生 134 人
社会工作研究生专业认同建构过程研究——以某“985 大学”2016 级社会工作研究生班为例	金若尘	北京大学	某“985 大学”社会工作研究生

① 毛智辉，眭依凡．跨学科教育学硕士生专业认同的实证研究［J］．学位与研究生教育，2018（6）：57—61.

② 张青瑞．少年儿童组织与思想意识教育硕士研究生专业认同的调查研究［D］．哈尔滨：哈尔滨师范大学，2018.

③ 王静．思想政治教育硕士研究生的专业认同研究［D］．上海：华东政法大学，2018.

④ 李静静．新疆高校社会工作研究生专业认同研究［D］．乌鲁木齐：新疆大学，2018.

⑤ 王艳芳．学前教育硕士研究生专业认同研究［D］．洛阳：洛阳师范学院，2018.

⑥ 白庆龄．综合型院校教育学跨学科研究生专业认同研究［D］．北京：清华大学，2018.

⑦ 金若尘．社会工作研究生专业认同建构过程研究——以某“985 大学”2016 级社会工作研究生班为例［D］．北京：北京大学，2018.

第四节　研究生日常行为及生活

按照研究内容的不同，分为研究生运动休闲行为、研究生婚恋行为、研究生自我管理三类。

一、研究生运动休闲行为

研究生体育锻炼行为是提升其健康水平的重要途径。但目前高校对研究生的体育锻炼重视度不够。2018 年度研究者从研究生的运动休闲动机、时间、频次、活动场所等方面反映了研究生运动休闲行为的现状。

华东师范夏祥伟等人对全国 171 所高校的 8208 名研究生进行了有关体育锻炼与健康问题的问卷调查和量表评定，从研究生体育锻炼的行为意向、行为特征、外界环境资源等方面，了解我国高校研究生体育锻炼行为情况。研究发现高校研究生的体育锻炼状况不容乐观，研究生积极的体育锻炼态度和意愿没能转化为有效的体育锻炼行为，研究生体育锻炼活动等级水平较低，高校对研究生体育锻炼的重视程度不够。提出了促进研究生体育锻炼行为和全面健康水平提升的相关建议。①

河南师范大学任浩凯调查了河南省高校全日制硕士研究生休闲体育活动开展现状，河南省高校全日制硕士研究生闲暇时间明显增多，休闲体育已成为硕士研究生在闲暇时间内的一种主要休闲方式，休闲活动的场所选择在广场、公园或免费活动场所的较多。影响休闲体育活动的内部因素包括对休闲体育的认知、收入水平、生活方式、自身价值取向。外部因素包括河南省经济发展水平、体育场地和设施、社会体育指导员状况。针对河南省高校全日制硕士研究生休闲体育发展的建议：①大力倡导积极健康的休闲体育活动；②发展多元化、民族化、趣味化、娱乐化的休闲体育项目；③加强体育场馆和设施的建设；④加强社会体育指导员队伍的建设；⑤积极开拓休闲体育市场。②

东南大学陈佩运用 Keep 软件探讨其对硕士研究生锻炼效果是否具有促进作用。将东南大学 89 名硕士研究生随机分为非 Keep 运用组和 Keep 运用组。研究

---

① 夏祥伟，黄金玲，刘单．高校研究生体育锻炼行为的实证研究［J］．华东师范大学学报（教育科学版），2018，36（5）：114—128＋169—170.

② 任浩凯．河南省高校全日制硕士研究生休闲体育行为研究［D］．新乡：河南师范大学，2018.

结果显示 Keep 软件对硕士研究生的显性健身效果和隐性健身效果具有不同程度的影响。显性健身效果包括身体质量指数有明显的改善，有效提高呼吸机能，对其力量素质（除左上肢力量）、柔韧素质和心肺耐力促进作用。同时，能够增加锻炼者每次锻炼的时间、强度和每周锻炼的频率。隐性锻炼效果是对硕士研究生锻炼态度各维度都有显著的影响，影响效果依次为行为控制感维度、主观标准维度、情感体验维度、行为习惯维度、行为意向维度、行为态度维度、行为认知维度和目标态度维度。①

二、研究生婚恋行为

研究生婚恋观是其世界观、人生观、价值观在婚恋问题上的集中反映。研究生培养单位需承担起研究生婚恋观教育的责任，将研究生婚恋观教育作为高校思想政治教育内容的重要组成部分。

辽宁师范大学施雯玉对研究生恋爱观、择偶观、婚姻观、性观念以及高校婚恋观教育现状进行调查。结果显示研究生婚恋价值观总体积极健康，能理性解决婚恋中出现的各种问题。但还有部分研究生的恋爱动机、择偶标准、婚恋责任意识以及性观念都表现出其婚恋观的多变性、复杂性。认为研究生婚恋观存在问题的原因是高校婚恋观教育理念僵化、教育内容陈旧、方法单一、保障不力。对研究生婚恋观中存在的问题，高校要加强对研究生婚恋观的教育。在婚恋观教育中，要坚持以人为本与服务学生、坚持针对性与实效性并举、坚持吸引力与感召力并重的教育原则，丰富研究生婚恋观教育内容，优化研究生婚恋观教育方法，充分发挥研究生自我教育的主体作用，形成一整套专业、权威的研究生婚恋观教育体系，培育研究生树立正确婚恋观。②

安徽大学马洋洋聚焦于“90 后”未婚女硕士的婚恋观，对恋爱观、择偶观、婚姻家庭观和性观念的认识和理解进行了调查。发现存在的问题包括恋爱过于理想化，择偶存在目的性，婚姻观念的陌生性，性观念存在偏差。认为家庭环境、父母的教育、学校在婚恋方面教育缺失、人口结构失衡等是产生婚恋观问题的原因。分别从社会、家庭、学校和“90 后”女硕士自身方面提出改善建议。③

---

① 陈佩. Keep 运用对硕士研究生健身效果影响的研究［D］. 南京：东南大学，2018.

② 施雯玉. 高校研究生婚恋观及其教育研究［D］. 大连：辽宁师范大学，2018.

③ 马洋洋. “90 后”未婚女硕士婚恋观探析［D］. 合肥：安徽大学，2018.

三、研究生自我管理

2018 年度研究集中于对研究生学习管理的研究。通过对研究生学习活动现状的展示发现问题，以期改进和提高研究生学习质量。

天津大学闫广芬等以六位在读理工科女博士为研究对象，采用质性研究方法，探究学习动力。研究发现女博士的学习动力在于主观认同，其品格支撑她们坚持完成学业。女博士用学术经历与成就昭示着女性自我意识的觉醒和自我价值的实现。①

重庆师范大学温志钱通过对重庆 N 大学学术型研究生进行实证调查发现高校学术型研究生自主学习中主要存的困境有研究生的盲目性和功利性，教师对学生指导力度不够，学校人文情境创设不够等。原因包括：①研究生知识建构上缺乏目标导向、缺乏兴趣引领和易受外界因素影响；②教师在对学生自主学习的总体规划、过程监管、效果评价上指导缺位；③高校学术氛围营造、资源整合及网络学术资源开发力度不够。基于社会建构主义理论从学术型研究生、教师及高校人文环境三个维度提出对策建议。②

南京师范大学王善苗选取 19 位教育学硕士生进行深入访谈，借鉴帕斯卡雷拉的"学生变化评定综合模型"，呈现了教育学硕士生在新生适应、专业学习、人际关系、校园环境和发展管理五方面的体验。这些学习体验受到硕士生个体因素、其他重要影响者因素、院校资源和环境因素、社会大环境因素影响。为优化教育学硕士生的学习体验，需要从院校支持层面、导师层面和研究生个人层面进行改进。③

陕西师范大学刘中玲从学习者的角度出发选取了 15 名 K 大学的在读全日制学术型理工科硕士研究生作为研究对象，并以克努兹·伊列雷斯的学习空间理论为框架分别从学校学习和教育学习、工作生活中的学习、基于网络的学习、日常学习以及休闲兴趣与草根活动五个空间来剖析学生的学习体验。④

2018 年，有不少硕士研究生选择研究生学习适应性作为学位论文进行研

① 闫广芬，尚宇菲．我为什么还要读博？——在读理工科女博士学习动力研究［J］．研究生教育研究，2018（5）：37—42.

② 温志钱．高校学术型硕士研究生自主学习的困境及对策研究［D］．重庆：重庆师范大学，2018.

③ 王善苗．教育学硕士生的学习体验研究［D］．南京：南京师范大学，2018.

④ 刘中玲．理工科学术型硕士研究生的学习体验研究［D］．西安：陕西师范大学，2018.

究。研究多以调查研究为主，展示研究生学习适应性现状，提出意见建议①②③④⑤（表6－3）。

表6－3　2018年以研究生学习适应性为选题的硕士学位论文列表

题　　目	作者	作者单位	调查对象
教育学跨学科硕士研究生学习适应过程研究	朱晓勇	华中师范大学	H高校和Z高校的7名教育学跨学科硕士生
教育学跨专业硕士研究生专业适应性研究	李菲菲	辽宁师范大学	辽宁师范大学、沈阳师范大学、山东师范大学291名教育学硕士研究生
跨学科背景教育学硕士研究生学习适应研究	高鑫	江南大学	华东师范大学、南京师范大学全日制在校学术型教育学硕士研究生290人
西安音乐学院跨学科（专业）硕士研究生学习适应调查与研究	毛可心	西安音乐学院	西安音乐学院艺术学理论、音乐学专业研究生101人
少数民族骨干研究生学习适应性研究	李东昱	中央民族大学	M大学“少数民族骨干研究生”98人

第五节　文献分布及其特点分析

一、文献分布

通过检索关键词，并根据研究内容进行再次筛选，2018年度以研究生德育为研究主题的研究文献112篇（部），具体为：著作2部，占2%；期刊论文48篇，占43%；学位论文54篇，占48%；报纸文章8篇，占7%。其中，有48

① 朱晓勇．教育学跨学科硕士研究生学习适应过程研究［D］．武汉：华中师范大学，2018.
② 李菲菲．教育学跨专业硕士研究生专业适应性研究［D］．大连：辽宁师范大学，2018.
③ 高鑫．跨学科背景教育学硕士研究生学习适应研究［D］．无锡：江南大学，2018.
④ 毛可心．西安音乐学院跨学科（专业）硕士研究生学习适应调查与研究［D］．西安：西安音乐学院，2018.
⑤ 李东昱．少数民族骨干研究生学习适应性研究［D］．北京：中央民族大学，2018.

篇（部）纳入本专题文献综述。

与往年比较，研究生德育研究文献总体数量上升，期刊论文数量大幅上升，学位论文数量有所下降，著作数量持平，新闻报道数量上升。2012—2018 年研究生德育研究文献情况如表 6－4 所示。

表 6－4　2012—2018 年研究生德育研究文献情况

（单位：篇/部）

文献类型	2012 年	2013 年	2014 年	2015 年	2015 年	2017 年	2018 年
期刊论文	17	12	28	36	31	31	48
学位论文	62	45	53	57	65	69	54
著作	0	3	6	4	5	2	2
报纸文章	0	1	5	1	5	3	8
总计	79	61	92	98	106	105	112

在期刊来源方面，48 篇期刊论文中有 11 篇来源于《学位与研究生教育》，8 篇来源于《研究生教育研究》，6 篇来源于《学校党建与思想教育》。在学位论文方面，2018 年度均为硕士学位论文，作者单位多为师范类和综合性大学。

二、专题结构

2018 年研究生德育 4 个主题文献数量分布不均，研究生教育立德树人主题第一次成为文献数量最多的主题。研究生学术道德主题文献最少。如图 6－2 所示，各个主题内部情况也存在差异。

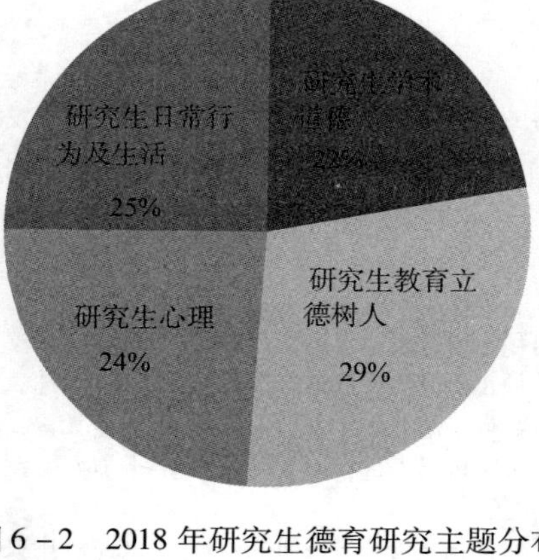

图 6－2　2018 年研究生德育研究主题分布

三、研究方法

从研究方法上看，与往年相似，研究者往往运用问卷调查、访谈等方法来反映研究生德育的现状及问题。2018 年度采用质性研究方法的研究增多。

四、研究热点及未来研究展望

在研究生学术道德主题中，文献数量减少，尤其是以学术道德为主题的学位论文数量大幅减少。2018 年度研究者着眼于某一视角如道德认知发展理论、多中心治理视角等来构建研究生学术治理体系。值得注意的是有研究关注到了在职研究生的学术失范与治理。

研究生教育立德树人主题与国家最新政策文件精神息息相关。如何增强导师对立德树人的认同感是研究热点所在。研究者分析了导师立德树人认同感的内容，并提出了增强认同感的方式方法。

在研究生心理健康主题中，与上一年度相似，“焦虑”“压力”仍是研究者最为关注的研究生心理问题。研究者运用不同量表对不同研究对象的调查研究均显示目前研究生的焦虑水平、压力水平较高。解决研究生心理健康问题需要社会、高校、导师形成合力。

研究生日常行为及生活主题具有较强的时代性，与研究生生活密切相关。随着研究生学习体验的满意程度成为评估高等教育质量的重要指标，研究生学习适应性、学习体验等学习行为是研究热点所在。研究旨在通过优化研究生学习体验，提高研究生培养质量。

随着世界多极化、经济全球化、文化多样化与社会信息化的快速发展，研究生德育工作面临着更具时代性的挑战。在推进“双一流”建设，坚持立德树人的背景下，未来研究不会仅局限于对研究生德育方式路径的探析，更会关注于研究生对德育教育的体验与反馈，以切实发挥德育工作的实效性。具体而言，第一，借助不同理论视角，设计规范研究生学术道德的新思路。第二，借助不同研究方法展现研究生思想政治教育的实效性，并探索如何发挥好思想政治教育的功能。第三，结合高校德育的具体案例，探索构建研究生德育工作新体系。

专题七

学科建设研究

学科建设是大学发展的永恒主题，是高校进行人才培养、科学研究、社会服务、文化传承创新的重要基础和平台。在学科建设工作中，学术队伍是根本，学科方向是指针，科学研究是关键，基础条件建设是保障，人才培养是最终目的。学科水平是高校核心竞争力的主要体现，对学科建设水平的研究和评估，有助于高校明确学科发展方向，打造优势学科和特色学科。本专题主要围绕一流学科建设、跨学科建设、地方高校特色学科建设、学科评估、学科建设中存在的问题及相应对策等热点展开研究。2018 年纳入学科建设专题的研究文献共 74 篇（部），包括 62 篇期刊论文，9 篇学位论文，2 篇报纸文章，1 部著作。与 2017 年的 46 篇文献相比，增加了 28 篇（部）。根据文献呈现出来的特点，2018 年度“学科建设”专题主要分为 4 部分：学科评估、地方高校学科建设、一流学科建设、学科建设存在问题与政策举措。

第一节　学科评估

通过对学科建设成效和质量进行评价，可以帮助高校了解学科现状、优势与不足，促进学科内涵式发展，提高研究生培养质量。2018 年学科评估相关文献有 19 篇（部），其中包括 2 篇学位论文，1 部著作。与 2017 年相比，2018 年学科评估的研究文献数量增加 13 篇；研究的焦点除了学科评估体系及评估方法外，还增加了学科评估存在的问题及对策研究。2018 年关于学科评估体系及评估方法的研究不再局限于对已有评估体系及评估方法的解释、分析，强调立足中国特色，服务国家和社会需求，运用多种方法，构建特色的服务型评价体系。本节采用多种定量研究方法。

一、学科评估体系及评估方法

2018 年关于学科评估体系及评估方法的研究文献有 9 篇，主要聚焦构建学科群评估体系、建立跨学科评估机制、完善学科评估指标体系和评估方法、建立中国特色的学科评估体系等。

新时代背景下，学科评估应立足中国特色，更加突出人才培养、学科个性化发展及学科群建设，基于学科分类构建合理的学科评估体系，创新学科评估方法。教育部学位中心黄宝印等人以“五个引领”“五大创新”强调建立中国特色的学科评估体系。“五个引领”即坚持把人才培养放在首位、改革师资队伍评价方法、改革学术论文评价方法、强化社会服务贡献评价、强化分类评估，构建学科评价体系的中国标准。“五大创新”即采用主观与客观评价相结合方法、创立“归属度”认定成果方法、采用绑定参评方法、采用全过程严格审慎的核查方法、采用国际同行评价方法，建立评估方法的中国模式。① 哈尔滨工业大学孙颖选取 8 个一级指标、28 个二级指标，运用访谈法、层次分析法，构建了学科群建设评估体系。提出从内部结构建设、中观环境建设、外部声誉建设等方面加强学科群建设，优化学科评估体系。② 南京大学杨频萍提出构建重教学、重过程、重特色的服务型评价体系，认为学科评估应超越工具理性，摆脱行政管理的束缚；在评估实践中回归学生主体价值，从满足学生需求的角度审视学科建设的成效，实现学科及专业评价一体化。③ 中国矿业大学方跃平构建了基于学科分类基础的学科评估指标体系，在一级学科指标基础上对二级、三级指标进一步具体化，强化学科的个性化指标设计；强化学科类型化评估主体模式的设计，加大同行专家评估及其指标的权重。④

在“双一流”建设背景下，学科评估应坚持服务国家和社会需求，重视对学科生态系统和学科生产能力的评价，提高学科评估的公正力、影响力，进一步引导高校优化学科布局。浙江大学徐贤春等人立足于学科生态系统的概念内涵，构建了聚合能力、协调能力、创新能力、进化能力四维度的学科生态系统评价模型。运用因子分析法，得到了文化生态、学术生态、资源生态、人才生态 4 个学科生态系统的主要评价因子，有助于探索学科生态系统的评价方法和

---

① 黄宝印，任超，陈燕，林梦泉．加快构建更高水平的中国特色学科评估体系［J］．中国高等教育，2018（17）：20—24.

② 孙颖．行动者网络视角下学科群建设评估体系研究［D］．哈尔滨：哈尔滨工业大学，2018.

③ 杨频萍，汪霞．“双一流”建设背景下我国学科专业评价创新研究［J］．高校教育管理，2018，12（6）：65—73.

④ 方跃平，邹放鸣．我国学科类型化评估机制的完善［J］．江苏高教，2018（7）：21—25.

评价体系。① 江西师范大学刘小强从国内外六大学科评价的指标体系出发探析了学科评价的价值取向，提出一流学科评价本质上是评价一流学科的生产能力，要充分考虑学科产品的有效性和学科的社会服务问题、学科生产的投入成本和学科建设的效益问题、学科的整体性和学科发展的可持续性问题。② 南京信息工程大学罗宏等人认为过度使用 ESI 学科分类与评价体系，会导致科技发展不均衡、“产学研”脱节、伪学术泛滥、大学教育缺失等风险，必须正确认识目前的科技评价体系和导向政策，理性看待 ESI 学科排名，正确引导学校学科布局，从而进一步服务国家战略，建设特色鲜明的一流大学。③ 上海电力学院谢冉提出跨学科研究评估应超越传统的单一学科评估的成果导向模式，重视形成性评估与总结性评估的结合；评估模式应具有灵活性和全面性，重视研究问题、研究过程与研究结果的三维一体，强调评估结果的多元性、科学性和实践性，提升跨学科研究评估的透明性和公开性。④ 教育部学位中心林梦泉等人基于“投入—产出”理论中教育绩效评价的特殊性及学科建设投入产出要素界定的复杂性，提出了学科“广义绩效评价”的新概念和新方法。在绩效评价模式研究中，提出进行绩效评价的顶层设计，使学科建设绩效评价更具现实意义和可操作性，从而更好地服务国家教育发展。⑤

二、学科评估存在的问题及完善策略

良性的学科评估应重视学科评估面临的内外部评价机制约束、正负双重向度以及学科评估引致的主要矛盾。北京大学大学高耀认为学科评估的双重机制约束“失衡”既会导致学科壁垒与学科自我保护、质量单极化及急功近利等学术效率损失，也会导致行政扩权、服务低效、强化利益机制等行政效率损失，这在一定程度上导致学科评估的“正当性”存在“合法性危机”，因此需要尊重学术研究的自发秩序，构筑良好的学科文化氛围，营造鼓励创新的研究环境，培育独立客观的第三方评估机构。⑥ 浙江大学张睦楚指出学科评估的负面向度

① 徐贤春，朱嘉赞，吴伟．一流学科生态系统的概念框架与评价模型——基于浙江大学的实证研究［J］．江苏高教，2018（9）：16—20.

② 刘小强，彭颖晖．从学科生产能力看一流学科评价［J］．高等教育研究，2018，39（11）：13—19.

③ 罗宏，周杰．ESI 学科分类与评价缺陷及其风险探讨［J］．江苏高教，2018（11）：55—59 + 63.

④ 谢冉，张兄武．重构跨学科研究评估［J］．高教发展与评估，2018，34（4）：19—26 + 104.

⑤ 林梦泉，陈燕，任超，王红梅，周天华，车金恒．约束条件下的学科建设绩效评价理论体系探究［J］．中国高教研究，2018（7）：17—21.

⑥ 高耀．学科评估机制失衡的效率损失与补偿策略——兼论一流学科建设的路径取向［J］．中国高教研究，2018（1）：23—27.

主要体现在评估模式转型期高消耗、固化马太效应以及影响学术纯善的氛围等方面。基于此，提出要在学科评估的正、负向功能之间保持一种必要的张力，摒弃排名局限，实现目的与过程的相互统一。① 常州大学王建慧探讨了双重目的学科评估引致的三对矛盾，即对象全纳与有效信息原则的矛盾、主观指标增加与强度原则的矛盾、系统发展与重点激励原则的矛盾。提出如果学科评估未来的导向依然侧重于提供决策信息与等级评定，就需要解决高校分类、主观指标合理化设计、重点激励指标选择的指向性等问题，从而降低评估结果的偏差。②

全国第四轮学科评估结果一公布，便在高等教育界引起了热议。部分学者专门研究了第四轮学科评估存在的问题和面临的挑战。吉林大学张丽莎通过历史研究法对比分析第四轮学科评估指标体系中的学术队伍、科学研究、人才培养和学术声誉四个一级指标，认为学科评估当前面临“伪第三方”评估主体独立性与公信力不足、评估指标体系泛化和固化现象突出、评估程序专业性和科学性缺失、夸大评估结果等困境，提出积极培育真正的第三方评估主体，实现公正评价，进一步完善学科评估指标体系。③ 南京大学冒荣通过分析第四轮学科评估方法与结果，指出学科评估需要面对的问题包括现行学科评估办法可能出现的评估偏差、伴随科评估不断被强化的学术资源配置上的马太效应，以及推进“双一流”建设时可能助长的学术界的急于求成的浮躁心理等。④ 常州大学金国分析了学科评估给中西部地区高校带来的负面影响，主要表现为加剧了中西部地区资源配置的不均衡以及人才流失，拉大与东部等经济发达地区学科发展的距离。⑤ 西安建筑科技大学赵立莹基于元评估模型对第四轮学科评估进行优劣分析，认为学科评估不足之处在于缺乏元评估环节和评估结果使用说明。基于此，提出教育部学位与研究生教育发展中心应自主组织终结性元评估，参照元评估策略模型实施元评估，提供元评估报告说明评估有效性，多元主体参与实现评估改进功能。⑥

学科评估应服务国家重大战略需求，创新学科评估理念和建设机制，为“双一流”建设服务并提供支持。江苏师范大学周继良等人认为在“双一流”背景下，学科评估应主动围绕中心，服务大局，从自身的发展需要出发，更重

---

① 张睦楚．必要的张力：论我国学科评估的正负向度——以教育学科为例之理性探析［J］．现代大学教育，2018（3）：28—36.

② 王建慧．学科评估双重目的引致的三对矛盾［J］．高教发展与评估，2018，34（3）：15—17.

③ 张丽莎．以“双一流建设”为导向的学科评估制度优化研究［D］．长春：吉林大学，2018.

④ 冒荣．直面学科评估的透视力和导向性［J］．高教发展与评估，2018，34（3）：5—7.

⑤ 金国．中西部高校学科建设的出路在哪里［J］．高教发展与评估，2018，34（3）：12—14.

⑥ 赵立莹．问责与改进：我国第四轮学科评估元评估［J］．学位与研究生教育，2018（2）：32—38.

要的是要对照国家的重大发展战略开展好教育评价服务。学科的评价与建设，既要注重学科既有沉淀与学术贡献，又要注重发展潜力、国家急需与重大利益、新兴及交叉领域带来的需要与创新。坚持国内评估与国际评估的制度平衡，积极引入和参与学科的国际评估与认证。① 三峡大学张继平从“质量、成效、特色、分类”的维度解析学科评估服务“双一流”建设的核心理念和价值导向。基于利益相关者理论、委托一代理理论和信息不对称理论搭建学科评估服务“双一流”建设的分析架构，通过比较借鉴、调查法进行学科评估价值取向的变迁与转向发展研究，探索建立学科评估服务“双一流”建设的机制创新策略。② 常州大学徐高明认为“双一流”建设背景下，中国学科评估工作要实现三个方面的转向：评估对象从面向全体转向突出重点，评估指标从聚焦核心要素转向更加重视系统整合，评估理念从围绕学科点转向更加关注学科体系在评估指标中注重对学科理念、学科文化、学科制度、学科认同及学科责任等“软实力”的强化，从而更好地引领一流学科的建设，服务国家战略大局。③

第二节　地方高校学科建设

在“985 高校”“211 高校”集聚大量人才、资源，拥有大批优势学科的情况下，地方高校在学科建设上与“985 高校”“211 高校”存在较大差距，主要表现为优势学科数量少、排名靠后，缺乏领军学科，直接服务国家发展战略需求能力弱，高科技成果的转化能力不强等。面对如此差距，地方高校学科建设的路径亟待创新。2018 年地方高校学科建设相关问题文献 13 篇，包括 4 篇学位论文，1 篇报纸。本节研究内容主要集中于各地区一流学科建设的政策分析及地方高校特色学科建设等方面的问题。与 2017 年相比，2018 年学者深入研究了地方高校特色学科建设存在的问题，并从不同层面、不同维度提出针对性建议。本节多采用质性研究方法。

---

① 周继良，张金龙．学科评估与一流学科建设的制度平衡［J］．高教发展与评估，2018，34（6）：1—8 +117.

② 张继平．高等教育评估的价值取向博弈：双一流建设与学科评估的视角［M］．北京：中国社会科学出版社，2018.

③ 徐高明．学科评估要引领一流学科建设［J］．高教发展与评估，2018，34（3）：8—11.

一、各地区一流学科建设的政策

在《统筹推进世界一流大学和一流学科建设总体方案的通知》和《统筹推进世界一流大学和一流学科建设实施办法（暂行）》颁布之后，地方政府纷纷制定了更有针对性的“双一流”建设实施方案，并出台配套政策支持地方高校一流学科建设。一些学者对各地一流学科建设的政策进行了研究，并结合当地具体实际情况提出地方一流学科建设的政策建议。

部分地区通过学科扶持、制度创新、寻找参照系赶超进位等策略推进一流学科建设。天津大学邓小华通过文本解读探析江苏省、福建省、湖北省、辽宁省等地方政府推进“双一流”建设的政策及行动逻辑，指出在“双一流”建设的行动路径上，地方政府基本选择了本土化的制度创新作为突破口，以创新制度安排来优化资源配置。强调地方政府应围绕大学追求真理、培育人才、传承文化和服务社会之职能和地方政府“双一流”建设的需要合理设定“双一流”建设的目标和评价指标，从而优化“双一流”建设思路。① 大连理工大学刘苗苗等人从省域的视角分析了辽宁省属高校实施的学科扶持策略，提出在资源约束和绩效考核的双重要求下，辽宁省的学科扶持策略首要思路应是“扶优扶需”，而后才是“扶特扶新”。在省域实践层面，省级政府和地方教育管理部门应以高潜力值的ESI学科作为主要扶持对象，同时适当扶持相关学科，积蓄学科聚合发展的基础和平台。② 临沂大学张伟等人从政策文本分析的视角，对山东、广东、安徽、江苏四省“双一流”发布的系列政策文本进行了定量描述和质性分析相结合的综合研究。在一流学科建设方面，四省政策文本都强调在自己学科领域寻找参照系，树立赶超意识，抢抓发展机遇，实现赶超进位。通过梳理政策视阈下“双一流”建设的战略思考、价值取向、政策着力点等核心问题，进一步凝练富有价值的政策共识，为“双一流”建设提供参考。③

部分学者立足地区特色，从学科管理、制度建设、经费投入等方面提出地方高校发展特色学科的建议。北京师范大学陈燕等人基于政策主体、政策目标、建设对象、经费投入、制度保障的框架，分析了29个省、自治区、直辖市“双一流”建设方案，据此提出进一步提升地方政策有效性的建议：落实“放管

---

① 邓小华．地方政府“双一流”建设的行动逻辑——基于地方政府“双一流”建设实施方案的分析［J］．现代教育管理，2018（3）：24—29.

② 刘苗苗，黄帅．高校学科影响力、潜力值与贡献度的省域考量——基于辽宁省属高校的学科扶持策略分析［J］．当代教育科学，2018（7）：78—82.

③ 张伟，薄存旭．“双一流”建设的价值逻辑与实践路径——基于四省“双一流”建设的系列政策文本分析［J］．现代教育管理，2018（1）：19—25.

服”，依法依章落实现代大学治理体系改革；注重高等教育体系结构系统布局，实施区域和校际错位特色发展战略；注重大学和学科发展规律，创建有序竞争的系统生态；拓展经费来源渠道，加强制度建设。① 南京信息工程大学吴立保等人以各高校提交的江苏高校优势学科建设工程二期项目总结报告为基础，系统梳理了2014—2017年江苏优势学科建设工程二期项目取得的主要成效。通过政策实效分析，建议江苏高校优势学科建设三期项目在政策方面进一步优化与完善：优化学科建设管理，创新项目遴选机制；加大支持力度，创新经费投入机制；进一步强化学科管理统筹作用，创新经费使用机制；进一步发挥学科人才聚合效应，创新人才培育机制；进一步推进学科科研成果转化，创新科研服务机制。②

二、地方高校特色学科建设

特色学科是地方高校实施特色化战略，创建办学特色，走内涵式发展道路的一个理想的突破口。地方高校要彻底改变弱势地位，增强核心竞争力，必须强化学科意识，加强学科建设，以学科为平台整合各种办学资源，实现人力资源、物质资源的共享。2018年，我国关于地方高校特色学科建设的研究比较丰富，学者们大都在国家“双一流”建设的大背景下结合当地特色，提出特色学科建设的主要内容及特色学科建设的建议。

地方高校发展特色学科首先应准确定位优势学科，从学科布局、人才队伍、资源配置等方面发力，实施特色化学科发展战略。西南大学姚姿臣通过调查四川省3所高校，发现地方高校优势学科建设存在总体资源配置缺乏重点、师资结构不合理、资金短缺且使用困难、物力资源利用率和共享率不高等问题。基于此，提出地方高校应全面评价各潜力学科、谨慎选建优势学科、科学规划学科布局；理性吸引资源投入、积极寻求稀缺资源；健全资源配置评估体系和机制；完善相关管理制度。③ 山西财经大学王慧敏在参考现有学术研究成果的基础上，通过问卷调查方法对地方财经类院校学科品牌建设的现状和影响因素进行分析，借鉴国外常春藤大学学科建设的优秀经验，提出地方财经类院校应明确学科方向，打造学校特色学科；调整学科布局，实现学科生态平衡；建设学

---

① 陈燕，车金恒，祝苏东．“双一流”建设的地方行动：基于政策的文本分析［J］．研究生教育研究，2018（4）：70—76.

② 吴立保，高凡，华玉珠．高校优势学科建设的政策效应分析——基于江苏省的案例研究［J］．学位与研究生教育，2018（10）：8—14.

③ 姚姿臣．地方高校优势学科建设中资源配置优化研究——基于四川省三所高校的调查［D］．重庆：西南大学，2018.

科队伍，选拔优秀学科带头人；加强学科管理，完善学科硬件设施；发挥高校职能，服务地方社会经济。① 广西大学黄勇荣等人认为“双一流”背景下地方高校学科调整存在学科设置盲目、师资队伍建设与学科调整不同步以及片面追求一流学科建设而忽视学科设置与地方发展的关系等问题。为此，地方高校应设置合理的“双一流”建设目标，服务地方社会经济的发展，着力打造地方优势特色学科；根据学科调整需要，加强一流学科师资队伍建设。②

地方高校在特色学科建设过程中应主动作为，以服务地方发展需要、引领地方经济社会发展为目的，依托优势学科聚合资源，将特色学科建设定位为学校争创“双一流”的出发点和落脚点。西南大学侯佛钢等人指出地方高校构建优势特色学科群应围绕优势特色学科聚合资源、依“核”建群，按照“卫星环绕”或“经纬交织”型学科组织模式建构学科群，以此搭建分阶段、多平台培养体系；设置模块课程，建立跨学科联结与实践的教师共同体；实施综合性实训，着力培养跨学科复合应用型人才。③ 浙江师范大学吴海江等人认为地方高校学科建设应该坚定不移地立足于区域经济社会发展，引导地方高校以服务为导向定位学科发展方向；以应用和特色学科为突破点，实现学科内涵的发展和质量的提升；积蓄学科后续发展动力，以提升其科技创新能力与社会服务能力。④ 广西师范大学周丽以临沂大学特色学科建设的实践为例，采用文献分析、个案研究、SWTO 分析等方法，探析了“双一流”背景下地方高校特色学科建设面临的挑战。提出地方高校在进行特色学科建设的过程中，应充分利用区域经济、文化等的特色，构建特色的学科体系，开展特色的高水平科学研究，培养特色的高质量的人才，强化特色的社会服务。⑤ 温州医科大学吕帆提出在实施特色学科战略过程中，地方高校应谋求在某些学科领域形成自己独有的优势，突出重点，集中攻坚；通过科学定位和统筹谋划，找准学科发展突破口；深度整合学科和专业布局，着力推动学校资源要素实现有效优化的配置，集中力量建设重点特色学科。⑥

---

① 王慧敏．“双一流”背景下地方财经类院校学科品牌建设路径研究［D］．太原：山西财经大学，2018.

② 黄勇荣，崔艳，龙飞飞．“双一流”背景下地方高校学科调整的合理性分析［J］．黑龙江高教研究，2018，36（7）：9—12.

③ 侯佛钢，张学敏．地方高校跨学科复合应用型人才培养的学科集群探究［J］．清华大学教育研究，2018，39（3）：99—104.

④ 吴海江，楼世洲．“入围或突围”：“双一流”建设背景下地方高校学科发展的挑战与应对［J］．教育发展研究，2018，38（Z1）：22—29.

⑤ 周丽．“双一流”建设背景下的地方高校特色学科建设研究——以临沂大学化学学科为例［D］．桂林：广西师范大学，2018.

⑥ 吕帆．地方高校要依托学科建设突围［N］．中国教育报，2018－01－16（4）.

地方高校特色学科的发展需要政府、社会、学校和学科组织的共同参与。兰州大学邢曙认为发展地方高校特色学科，政府层面应做好顶层设计，协调多方主体，增加经费投入，充分发挥公共财政的利益补偿与导向作用；社会层面应引导社会舆论，加强校企合作，使高校特色学科建设真正融入社会，在服务地方中获取学科资源、巩固学科特色；学校层面应强化特色学科意识，确立特色学科战略地位，做好特色学科发展规划，整合特色学科建设资源，壮大特色学科队伍，搭建多学科交流平台，注重特色学科建设成果转化；学科组织层面应增强特色学科队伍凝聚力，确立和凝练特色学科方向，构筑特色学科平台。①

第三节 一流学科建设

《统筹推进世界一流大学和一流学科建设总体方案》指出，高校要根据自身实际，合理选择一流大学和一流学科建设路径，科学规划、积极推进。拥有多个国内领先、国际前沿高水平学科的大学，要在多领域建设一流学科，形成一批相互支撑、协同发展的一流学科；拥有若干处于国内前列、在国际同类院校中居于优势地位的高水平学科的大学，要围绕主干学科，强化办学特色，建设若干一流学科，扩大国际影响力，带动学校进入世界同类高校前列；拥有某一高水平学科的大学，要突出学科优势，提升学科水平，进入该学科领域世界一流行列或前列。2018 年一流学科建设研究文献 18 篇，其中 2 篇学位论文，1 篇报纸文章。该节在 2018 年度学科建设领域中比较受到关注，研究文献数量较 2017 年度明显增加；部分学者在研究中增加了对一流学科建设的案例研究。本议题研究内容主要集中于一流学科建设作用及现状、一流学科建设面临的问题、一流学科建设模式及路径。本议题定量与定性研究方法并行。

一、一流学科建设作用及现状

党的十九大报告指出，加快一流大学和一流学科建设，实现高等教育内涵式发展。一流学科建设对高校和国家发展都有着重大意义。教育部教育发展研究中心张力指出加快“双一流”建设是中国建设教育强国的长期任务，是加快中国教育现代化的关键举措。加快一流大学和一流学科建设，打造一批坚持立

① 邢曙．地方高校特色学科生态化发展研究［D］．兰州大学，2018．

德树人、致力科研开发、多方服务社会、传承创新文化、国际交流合作的高地。一流大学和一流学科建设实践，不仅促进人的全面发展、服务民族复兴大业，而且向世界不断贡献中国智慧和中国方案。① 浙江大学眭依凡等人认为世界一流学科建设是世界一流大学建设的着力点和突破口，是世界一流大学建设及实现创造型人才培养和知识创新不可或缺的基础，是实现建设世界一流大学建设目标的具有操作意义的学术平台。②

部分文献专门研究了当前一流学科的建设现状和特点。苏州大学李凤玮等人考察了江苏高校一流学科的发展现状。江苏高校一流学科主要集中在工学、农学等门类，集中在历史悠久的名牌大学和行业特征突出的大学，集中在南京和苏南地区。为进一步做强江苏高校的一流学科，应统筹规划分类建设，加大投入力度，兼顾学科的多项职能，改进学科评价办法，加强学科的交叉和协同创新。③ 天津大学申超等人通过分析我国 41 所“双一流”建设高校建设方案，认为现阶段一流学科建设呈现以下特点：建设目标表述模糊性与精准性并存；总体规划注重发展优势特色学科、学科前沿领域和促进学科交叉融合；一流学科建设以学科评估榜单前列学科为主，应用学科多于基础学科，自然科学多于社会科学和人文学科；一流交叉学科群建设以榜单前列学科与未进入榜单前列学科间的交叉、基础学科与应用学科间的交叉及自然科学内部的交叉为主；具体措施强调多方面措施的协调配合，但尤其注重科研建设。④

二、一流学科建设面临的问题

随着高校一流学科建设的逐步深入，各个环节都出现了诸多难题和挑战，严重阻碍世界一流学科建设的步伐。2018 年度部分学者针对一流学科建设面临的问题进行了深入研究。

当前制约一流学科建设的因素主要是政府职能的过度行政化、功利性的评估，以及过分强调学科投入要素、成果产出等。南京大学龚放认为第四次学科评估紧扣了体现学科竞争力和影响力的核心要素，但这样的“要素分析式评估”使中国高校学科建设、学科发展态势失去了平衡与定力。为了中国高等教

---

① 张力. 新时代加快一流大学和一流学科建设的战略意义［J］. 中国高等教育，2018（5）：27—28.

② 眭依凡，李芳莹. “学科”还是“领域”：“双一流”建设背景下“一流学科”概念的理性解读［J］. 高等教育研究，2018，39（4）：23—33 +41.

③ 李凤玮，周川. 江苏高校一流学科的优势累积效应及存在问题——基于四轮学科评估数据的初步分析［J］. 江苏高教，2018（6）：12—16.

④ 申超，杨梦丽. 一流学科建设蓝图是如何描绘的——基于 41 所“双一流”建设高校建设方案的文本分析［J］. 高等教育研究，2018，39（10）：37—42.

育和学术研究的健康发展，中国的一流学科建设不能舍本逐末，当下的学科评估必须改弦更张。[①] 中南大学王洁等人提出现阶段政府职能履行的行政化导向、功利性的绩效评估及明显的资源偏向策略，严重影响高校一流学科的建设，更阻碍高等教育的生态性发展；同时，高校一流学科国际进程备受困扰。因此必须深入把握一流学科建设内涵，积极转变政府职能；强化高校学科建设自主权和主体性地位，深化高等教育生态理念的应用，更好地建设一流学科。[②] 江西师范大学刘小强等人指出一流学科不应仅仅针对学科生产投入的要素来进行建设，过分强调建设经费、硬件条件、个别高层次人才，也不应简单直接地追逐学术产出，过分强调学术成果，从而忽略了学科生产能力的提升和学科的可持续发展。建设一流学科要以系统的眼光看学科建设，更加关注学科生产的具体过程，特别关注影响学科生产能力的体制机制、学科队伍结构和学术文化等深层次因素。[③]

一流学科是在制度化与去制度化的内在张力中形成的，故面临着制度化与去制度化的矛盾。中国教育科学研究院孟照海以美国芝加哥大学社会学为例，探讨了世界一流学科发展面临的制度化与去制度化的矛盾。从制度化到去制度化，需要管理者跳出学科思维，充分发挥知名学者的学科边界跨越和知识重组能力；从去制度化到制度化，需要重视学科知识体系、学术发表体系和学术关系网络对学科话语体系的塑造。[④] 南京农业大学朱冰莹等人提出一流学科建设的技术化治理实践存在着固有困境，即非对称性评价及“制度化”与“去制度化”的内在张力。必须以变革大学制度为基点，通过转变政府支配地位、建立对等性问责体系、完善内部治理结构等策略，实现一流学科建设的深层次变革。[⑤]

三、一流学科建设模式及路径

一流学科建设是高等教育实现内涵式发展的重要举措，是一流大学建设的

---

① 龚放．一流学科建设不应舍本逐末［J］．高教发展与评估，2018，34（3）：1—4.

② 王洁，蒋灿华．高校一流学科建设必须重视的几个误区和转变［J］．高教探索，2018（9）：23—28.

③ 刘小强，彭颖晖．一流学科建设就是建设一流的学科生产能力［J］．学位与研究生教育，2018（6）：19—23.

④ 孟照海．制度化与去制度化：世界一流学科建设的内在张力——以美国芝加哥大学社会学为例［J］．中国高教研究，2018（5）：20—25.

⑤ 朱冰莹，董维春．技术治理视角下的一流学科建设：实践反思与制度重构［J］．学位与研究生教育，2018（10）：1—7.

基础和核心任务。一流学科建设模式及路径的研究主要针对一流学科建设目标、学科组织、知识生产能力等方面进行研究。

鲜明的学科特色、一流的学科文化、科学合理的学科布局、学科专业的一体化建设，有助于推进一流学科建设。浙江大学刘同舫指出新时代下建设世界一流学科必须抓住“两点一线”。所谓“两点”，就是找准一流学科建设的立足点，植根于中国大地，面向国家、区域重大发展战略需求，加强学科布局的顶层设计和科学规划；瞄准一流学科建设的制高点，明确一流学科的建设标准和目标。所谓“一线”，就是以内涵发展为主线，激活学科建设的内生动力，着力提升学科的核心竞争力。① 辽宁师范大学傅维利等人选取世界高等教育强国美国为参照对象进行研究，指出我国在布局一流学科时应充分厘清效率和公平的关系，主要将一流学科布局到世界一流大学；对非一流大学中的一流学科要以学院为单位建设相对独立的飞地，在飞地中建设有利于一流学科发展的一流文化。② 北京工业大学王超等人以北京工业大学为例，提出了地方高水平大学建设一流学科的路径。宏观上以社会经济发展的环境需求为外生动力，培育学科创新生长点；中观上实施“自上而下”与“自下而上”相结合的新型学部制，突破学科壁垒；微观上实施学科专业一体化建设，教学、科研、人才培养齐头并进。③

一流学科建设应服务国家与社会需求，凝练学科方向，加大投入力度，重视人才培养和国际交流，创新建设路径。中南大学郭天武等人通过分析我国现阶段法学建设存在的问题，提出构建法学一流学科应当致力于差异化定位，着力培养新型复合型法学人才，设计科学合理的法学核心课程授课体系；扩大教师队伍规模、优化教师队伍结构；拓展研究资源，树立跨学科、国际化的研究视角。④ 河海大学李枫等人通过分析高水平行业特色型大学学科建设现状及存在的问题，提出建设一流学科应跟踪前沿服务需求，明确学科发展方向；实施人才强校战略，打造高端学科队伍；构筑优质学科平台，提升高水平科研能力；推动文化传承创新，提升学科建设软实力；强化国际交流合作，增强学科国际

---

① 刘同舫．新时代建设一流学科应抓住“两点一线”［N］．中国教育报，2018-01-02（12）．

② 傅维利，雷云．中美一流学科的校际布局特征及对我国建设一流学科的启示［J］．教育科学，2018，34（1）：75—80．

③ 王超，樊媛，贾克斌，杜修力．地方高水平大学建设一流学科的路径——以北京工业大学为例［J］．教育研究，2018，39（8）：153—157．

④ 郭天武，严林雅．法学一流学科建设及其人才培养模式探析［J］．高教探索，2018（12）：17—24．

影响力。① 郑州大学安林静采用文献研究、统计分析和比较分析等方法，对代表Z大学一流学科建设现状的几个指标进行研究，认为建设一流学科应凝练学科方向，有目的地汇聚高水平学科团队；加大投入力度，通过多元化筹资经费的模式不断提高科研经费的投入；加强国际交流合作，助力学科发展；强化优势特色学科建设，提升学科核心竞争力。②

我国一流学科的建设，需要对照世界一流学科的标准，借鉴国外大学一流学科建设经验，创新学科发展模式，推动学科交叉融合和跨学科建设。中国矿业大学祖燕结合高水平行业特色大学的学科现状，借鉴世界一流学科建设机制，扎根中国大地，指出建设一流学科应以特色优势学科为基础，建设学科高峰；促进学科交叉融合，打造一流学科群；大力推进学科与产业对接，创新一流学科的发展模式；遵循学科内在发展规律，重构学科生态；着眼学科评价要素，提升学科建设整体水平。③ 延安大学刘瑞儒等人梳理了目前国内外影响较大的6个一流学科评价指标体系，据此构建出教育技术一流学科建设路线图。提出建设教育技术一流学科，应以世界一流学科的评价指标标准和逻辑结构为依据，以高水平的科研成果和优质的人才培养质量为核心，以国际同行的公认度、社会和用人单位对毕业生的满意度为目标，结合各校本学科发展现状、办学特色和国家需求来设计教育技术一流学科建设方案。④ 河南理工大学武学超等人借鉴悉尼大学发展经验，认为创建世界一流大学和学科一方面应增加资金投入，加强一流基础设施和学科平台建设，促进一流人才引进和培育；另一方面应依循“模式3知识生产”和“第四代科学研究”主流科研范式，在平台建设、人才培育与引进、体制机制保障等方面推动跨学科和新兴交叉学科发展。⑤

① 李枫，李萍，何丽娜. 高水平行业特色型大学一流学科建设策略分析［J］. 江苏高教，2018（11）：33—36.

② 安林静. “双一流”视域下一流学科建设研究——以Z大学为例［D］. 郑州：郑州大学，2018.

③ 祖燕. 高水平行业特色大学创建世界一流学科的机制与路径研究［D］. 徐州：中国矿业大学，2018.

④ 刘瑞儒，何海燕. 双一流视域下教育技术一流学科建设路径研究［J］. 现代教育技术，2018，28（2）：40—46.

⑤ 武学超，罗志敏. 悉尼大学世界一流学科的科研卓越发展路径［J］. 中国高校科技，2018（11）：42—46.

第四节 学科建设存在问题及策略

2018 年关于学科建设存在的问题及策略研究文献有 27 篇，其中 1 篇学位论文。与 2017 年度相比，2018 年度本节研究文献数量明显增加；学者从不同视角更深入地研究了学科建设存在的问题和建设路径。本节多采用定性研究方法。

一、学科建设存在的问题

我国学者主要针对行业类高校学科建设、省属高校学科建设、跨学科建设以及弱势学科建设等存在的问题进行了思考。

当前，行业类院校学科建设面临同质化、缺乏特色、生态环境衰变等发展困惑。南京林业大学周超等人认为林业类高校中的设计学学科正面临着低水平和同质化的发展危机，在学科特色建设的方向、资源及配套等方面也面临着挑战。① 广州医科大学曾亦斌研究“双一流”建设背景下行业性院校的学科生态治理现状，指出我国行业性院校学科建设面临学科生态环境衰变、学科生态结构耗散、学科贡献度降低、学科生态对人才的涵养能力减弱等问题。② 哈尔滨商业大学程伟等人分析了“双一流”建设背景下省属高校学科建设面临的挑战，主要表现为我国高等教育领域并没有随社会转型，实现从“身份”到“契约”的转变；在发展方式上，高校学科建设主要依赖加大政府投入的资源驱动；在发展态势上，具有“211”“985”身份的高校掌握学科建设的主导话语权以及政策和标准的制定权，其校内专家主导着学科教学指导委员会等学科管理机构。③

跨学科建设在学科制度、人才培养、资源配置上面临诸多问题与困境。厦门大学黄巨臣通过考察研究平台、学术团队、规训制度以及学科文化这四个基本维度，指出我国高校跨学科建设存在缺乏资源共享意识、不同学科背景教师整合不足、学科建设路径依赖性强以及文化对立冲突等问题。基于此，提出以

---

① 曾亦斌，王钊．“双一流”建设背景下行业性院校的学科生态治理研究［J］．江苏高教，2018（3）：25—28.

② 周超，祝遵凌．“双一流”视域下行业高校特色学科研究——以林业类高校设计学学科为例［J］．中国高校科技，2018（11）：63—65.

③ 程伟，王福友．双一流背景下省属高校学科建设面临的挑战及应对［J］．黑龙江高教研究，2018，36（4）：69—72.

效率和需求为导向、以人才培养为核心、以制度建设为保障、以文化融合为动力，突破跨学科建设的困境，助力“中国特色，世界一流”的“双一流”目标的实现。[①] 中国刑事警察学院袁广林分析了综合交叉学科的内涵、类型与价值，提出大学组织结构、资源配置方式、考核评价体系以及学术人才等因素，严重制约了综合交叉学科的发展。建设世界一流综合交叉学科，必须根据其发展规律，采取有力措施进行组织建构和制度设计，消除阻碍综合交叉学科研究的体制机制。[②] 厦门大学刘强反思当前高等教育多学科研究，提出囿于经典学科体系建构标准的严苛性要求，高等教育学陷入无以为继的困境。多学科研究中高等教育学主体性的迷失，加上对多学科研究的“误解”和“滥用”，导致我国高等教育研究面临“他学科话语的泛滥”“学科合法性的解构”和“学科功用性的质疑”等问题。[③] 江西师范大学刘志忠提出对高等教育多学科内涵的错误认识，造成高等教育多学科研究教育学视角被忽视，以致高等教育研究常面临合法性的危机。[④]

部分文献以具体学科为案例，研究了学科建设过程中存在的问题。武汉大学王声平等人提出教育管理学学科存在相关概念界定不清晰、学科性质与研究对象不明确、研究方法不完善等问题，未来研究重点主要是阐明教育管理学学科体系中的相关概念，强化理论研究与管理实践的融合；健全教育管理学方法体系，重视构建教育管理学理论体系。[⑤] 中国政法大学林乾将法律史学科放在新时代的背景下，指出法律史学科建设存在法律文献整理尚有不足、研究方法融通不够、对传统法律存在诸多“误读”、人才培养失之于宽等问题，提出在建设法治中国的进程中，中国法律史学科应该与历史学深度融合，进行基础材料的全面梳理，主动打破研究方法上的界域区隔，进行实证性研究、系统性研究。[⑥] 基于学科生态建设的视角，南京林业大学周统建总结了弱势学科在发展中遇到的种种困境，即绩效管理绑定资源投入的导向，导致弱势学科身份固化；学科制度供给不足，导致弱势学科发展异化和发展错位；学科文化薄弱，导致弱

---

① 黄巨臣．“双一流”背景下高校跨学科建设的动因、困境及对策［J］．当代教育科学，2018（6）：21—25.

② 袁广林．综合交叉学科发展的组织建构和制度设计——基于我国大学创建世界一流学科的思考［J］．学位与研究生教育，2018（7）：1—8.

③ 刘强．复杂性思维视域下高等教育多学科研究方法论的省思［J］．高校教育管理，2018，12（4）：103—110.

④ 刘志忠．高等教育多学科研究的内涵、逻辑缺失与弥补路径［J］．黑龙江高教研究，2018，36（5）：21—24.

⑤ 王声平，贺静霞．改革开放40年我国教育管理学学科体系研究的反思与展望［J］．现代教育管理，2018（12）：24—30.

⑥ 林乾．法律史学科发展之我见［J］．中国大学教学，2018（3）：44—46.

势学科发展内生动力不足。提出“双一流”建设背景下，充分尊重学科发展内在逻辑，充分激活学科内生动力，将为弱势学科释放后发优势，实现突破性发展。[①]

二、学科建设策略

关于学科建设政策措施的相关研究较为丰富，部分学者针对学科建设中存在的不同问题提出相关的建议。

推进学科建设首先需要实现学科的内涵式发展，立足中国特色，优化学科布局。吉林大学郑伟涛认为推进学科内涵式发展必须把握好学术性与社会性、动态性和适应性、继承性与创新性、系统性与导向性相结合的基本原则。在“双一流”建设背景下，系统推进学科内涵式发展须打造一流的学科群，加强队伍建设，提升人才培养质量，构建学科建设支撑体系，创新学科管理体制机制。[②] 天津商业大学李宁等人提出实现学科建设内涵式发展，应将学科建设与经济社会发展的现实问题密切联系，同时需要政府、高校、企业等多方主体协同合作，从环境建设、制度资源提供、人才培养、成果研发、企业提供需求与成果转化、试点与评估机制等几个方面进行系统化梳理与建设。[③] 南京邮电大学李峻等人提出学科建设应立足中国的现实国情与国家发展战略需要，构建中国特色学科体系；根据学校的历史沉淀、现实实力与发展潜力，重点建好几个关键学科或优势学科，营造良好的学科发展环境，推进学科内涵式发展。[④] 首都经济贸易大学王越乙等人从学科发展的历史和学科建设的内涵出发，指出学科建设应理清学科人员队伍，加强制度建设；将绩效评价变成常态，循序渐进推进学科建设；不断优化学科布局，建成有特色的学科，最终实现高校以及学科的长效发展。[⑤]

我国学科建设应借鉴国外高校学科建设的经验，尊重学科发展规律，打造优势学科。清华大学雷环等人通过对比分析中国和美国研究型大学在学科内涵、学科分类以及学科规模与学科评价等方面的差异，挖掘美国研究型大学值得我

---

① 周统建．“双一流”建设高校如何协调发展弱势学科——基于学科生态建设的视角［J］．中国高校科技，2018（10）：4—8.

② 郑伟涛．“双一流”背景下学科内涵式发展策略研究［J］．中国高校科技，2018（5）：4—7.

③ 李宁，王玉婧，陈星．创新共同体与学科内涵式建设互动研究［J］．中国高校科技，2018（9）：44—46.

④ 李峻，张珍．“双一流”建设背景下学科建设的行动逻辑与可能路径［J］．江苏高教，2018（7）：9—13.

⑤ 王越乙，杨晓蕾．“双一流”背景下以绩效为杠杆的学科建设研究［J］．黑龙江高教研究，2018，36（9）：9—12.

国学习借鉴的经验。反思我国以学科建设推动高等教育发展的战略优势与现有问题，提出尊重学科发展规律、完善学科分类、丰富学科评价方法等推进中国特色、世界一流学科建设的建议。① 河北大学刘欢欢运用文献研究、比较分析、历史研究等方法，简明梳理了美国高校人文社会学科建设的历史发展脉络。指出我国高校人文社会学科建设应聚焦新兴学科发展目标，尊重高校教研人员的主体地位；坚持学科建设理论知识的积累与创新，促进学科交叉与学科融合；推动学科群的拓展与链接，培育和打造优势特色学科。②

跨学科建设需要转变学科建设思路，实现不同学科间的深度交叉、融合，创新建设路径。华南理工大学焦磊探析了欧美国家知名大学的跨学科建制趋势，提出我国高校"双一流"建设应借鉴国外大学的学科发展经验，组织层面通过组织形式创新突破传统学科组织壁垒；制度层面制定跨学科学术制度消解传统学科主宰的学术制度障碍。③ 辽宁石油化工大学王娜等人通过考察跨学科建设中的研究平台、学术团队、教学科目、规训制度以及学科文化等维度，提出我国跨学科建设存在"资源依附式发展"和"行动滞后性发展"等问题。基于此，提出跨学科建设应优化配置组织内外部资源，推进跨学科人才培养，改革创新制度机制设计以及协调两种文化对立冲突。④ 武汉工程大学黎红以本校为例，探讨了"新工科"背景下学科转型发展路径。指出我国地方行业高校学科转型应借鉴武汉工程大学"新工科"建设经验，转变学科建设思路，积极探索学科发展的新模式；构建"一主四群"学科建设新格局，促进多学科交叉和跨学科集成；建立校院二级四层学科建设管理责任体系。⑤

具体到某类学科建设，应充分考虑当前社会的需要、学科发展的环境和该学科的特点，构建合理的学科体系。南京理工大学季卫兵基于研究生主体的视角探讨了研究生教育学的学科构建问题，提出坚持研究生的主体地位，通过锚定目标与破解问题并重、统筹需求与优化供给并抓、本土探索与异域借鉴并行，着力建构主体地位突出、诸要素相互联动与耦合的研究生教育学科体系。⑥ 江西师范大学刘小强认为在科学转型的今天，研究生教育学的学科建设在建设理

---

① 雷环，钟周，乔伟峰．"双一流"建设背景下中美研究型大学"学科"发展模式比较研究［J］．清华大学教育研究，2018，39（6）：66—73.

② 刘欢欢．美国高校人文社会学科建设研究［D］．保定：河北大学，2018.

③ 焦磊．国外知名大学跨学科建制趋势探析［J］．高等工程教育研究，2018（3）：124—129.

④ 王娜，黄巨臣．推进跨学科建设：我国世界一流大学形成的路径选择［J］．现代教育管理，2018（5）：24—29.

⑤ 黎红．"新工科"背景下学科转型发展路径探讨——以武汉工程大学为例［J］．中国高校科技，2018（7）：69—71.

⑥ 季卫兵，夏欢．我国研究生教育学的建构逻辑及其呈现——基于研究生主体的视角［J］．研究生教育研究，2018（3）：59—64.

路上应坚持学理逻辑和社会逻辑的统一；在学科理论体系上应坚持宏观理论和微观理论的共生；在学科建设力量上应坚持研究者和行动者的合作。① 东北师范大学郗厚军等人提出建构比较思想政治教育学科体系，要认识和把握好学科体系建设的知识体系、活动体系、组织体系及规训体系四个着力点，遵循学科知识内在生成的逻辑规律，形成专业人才培养制度，设立学术讲座制度，完善学科建设制度。② 江苏师范大学安涛等人研究了教育技术学发展的学科转向，认为教育技术学应超越知识本位的发展模式，注重学科思维的生成与培养；走出技术决定论的束缚，树立建构性的教育技术观，转变学科人才培养模式；借助外生的社会逻辑力量，积极寻求设计思维的沉淀与凝聚。③ 武汉理工大学李牧等人提出建设法学学科必须处理好与经济社会、其他学科以及法学学科内部各层次间的关系，实施分级建设、动态调整。国家要加强对法学学科建设的引导与评估，设立专业化的第三方指导机构，制定符合法学学科特点的建设与评估标准，建立行政、学术、社会多方参与的调整机制。④

第五节　文献分布及特点分析

2018 年度学科建设专题研究文献共计 129 篇，74 篇纳入本专题文献综述。专题共有 4 部分组成：一流学科建设、学科评估、地方高校学科建设、学科建设存在的问题及策略研究。

一、文献分布

从文献类型来看，2018 年度纳入学科建设专题的研究文献仍以学术期刊论文为主，共计 62 篇，占比为 83.7%；学位论文共 9 篇（8 篇为硕士学位论文），占比 12.2%；报纸文章 2 篇，占比为 2.7%；著作 1 部，占比为 1.4%。

---

① 刘小强．方法与路径：研究生教育学学科建设的方法论思考［J］．研究生教育研究，2018（2）：1—5.

② 郗厚军，康秀云．比较思想政治教育学科体系建设的四个着力点［J］．思想政治教育研究，2018，34（3）：68—72.

③ 安涛，周进，韩雪婧．从“知识”到“思维”：教育技术学发展的学科转向［J］．电化教育研究，2018，39（9）：17—21 +36.

④ 李牧，赵衍民．法学学科的定位与发展［J］．高教发展与评估，2018，34（5）：107—112 +118.

与往年相比，纳入学科建设专题的研究文献总体数量上升，期刊论文、学位论文、报纸和著作均有所增加。2012—2018 年纳入学科建设专题的文献情况如图 7－1 所示。

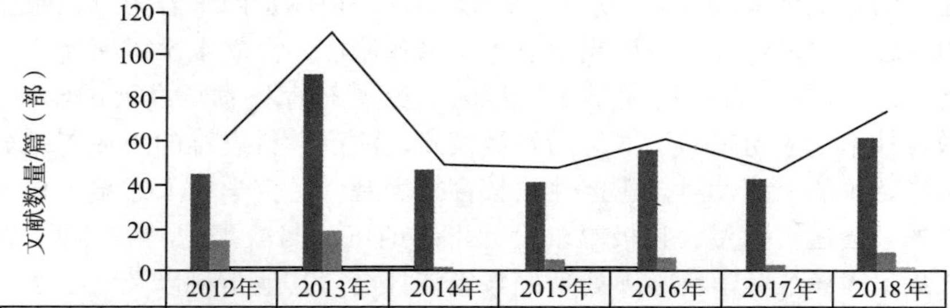

	2012年	2013年	2014年	2015年	2016年	2017年	2018年
期刊论文	45	92	47	42	56	43	62
学位论文	15	19	2	5	6	3	9
报纸文章	0	0	0	0	0	0	2
著作	1	1	0	1	0	0	1
总计	61	112	49	48	62	46	74

期刊论文 学位论文 报纸文章 著作 总计

图 7－1 2012—2018 年度专题采纳文献总体分布

从文献来源看，62 篇期刊论文中，《江苏高教》《高教发展与评估》发文最多，均为 7 篇；其次是《中国高校科技》《学位与研究生教育》等期刊。学位论文方面，2018 年度增加了哈尔滨工业大学、吉林大学、中国矿业大学、郑州大学等硕士论文来源。期刊文献来源如图 7－2 所示。

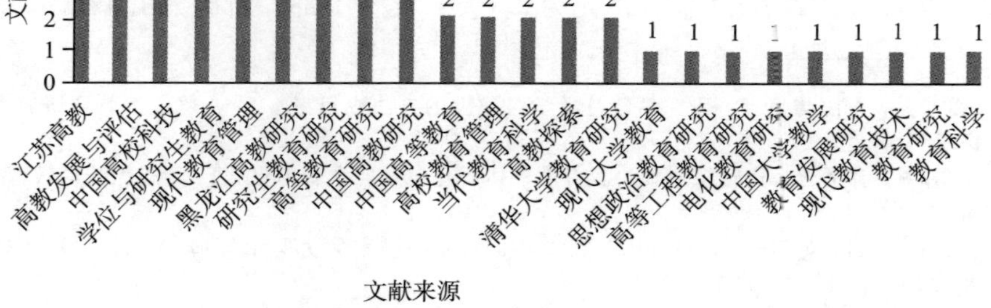

图 7－2 期刊文献来源

从文献研究主题看，学科建设存在的问题及对策研究文献最多，共计 27 篇，占比 35%；一流学科建设研究文献 13 篇，占比 17%；学科评估研究文献 19 篇，占比 25%，地方高校学科建设研究文献 18 篇，占比 23%。

从文献作者来源单位看，本专题文献作者主要来源于高等院校。浙江大学、江西师范大学发文数量最多，均为 4 篇；南京大学、常州大学发文各 3 篇；教育部学位中心、吉林大学、厦门大学、天津大学、中南大学、西南大学、浙江师范大学、南京林业大学，发文各 2 篇。

二、研究方法与研究热点

从研究方法来看，与2017 年度相比，2018 年度学科建设专题研究方法更加多样化。学科评估方面的研究，学者多采用模糊评价法、比重法、层次分析法、因子分析法等实证分析方法；地方高校学科建设、学科建设存在的问题及对策研究，学者多采用访谈法、调查法、文献资料分析法、比较研究、案例研究等定性研究方法；一流学科建设研究，学者多采用定量与定性相结合的方法。

从研究的侧重点来看，在延续 2017 年度研究主题与核心问题的基础上，2018 年度研究主题有所调整，分为学科评估、地方高校学科建设、一流学科建设、学科建设存在的问题及对策研究四部分；研究热点主要包括学科评估体系与方法、学科评估存在的问题及对策研究、一流学科评估、跨学科建设、地方高校特色学科建设、学科建设存在的问题、学科策略研究、一流学科建设模式与路径等（表 7－1）。

表 7－1　2018 年学科建设的研究热点

研究主题	研究热点
学科评估	①学科评估体系与评估方法； ②学科评估存在的问题及对策研究； ③一流学科评估
具体学科建设	①研究生教育学学科建设； ②教育学相关学科建设； ③其他学科建设； ④跨学科建设
地方高校学科建设	①各地区一流学科建设的政策研究； ②地方高校特色学科建设

续表

研究主题	研究热点
一流学科建设	①一流学科建设的作用与现状研究； ②一流学科建设存在的问题； ③一流学科建设模式与路径
学科建设存在的问题及策略研究	①学科建设存在的问题； ②学科建设策略研究

从 2011 年到 2018 年学科建设研究发展趋势看，不同年度有不同的研究侧重点。近 7 年，学科评估、学科建设存在的问题及对策研究一直是学科建设主题中的热点研究领域（表 7－2）。

表 7－2　2011—2018 年学科建设的研究热点

研究主题	2011 年	2012 年	2013 年	2014 年	2015 年	2016 年	2017 年	2018 年
学科评估	✓	✓	✓	✓	✓	✓	✓	✓
具体学科建设	✓	✓	✓	✓	✓	✓	✓	
跨学科建设			✓	✓		✓		
学科建设现状、问题及对策	✓	✓	✓	✓	✓	✓	✓	✓
学科文化建设		✓					✓	
学位授权制度	✓		✓					
学科群建设	✓							
地方高校学科建设							✓	✓
一流学科建设							✓	✓

三、研究总结与未来展望

2018 年度学科建设研究有如下四个特点。

第一，学科评估研究文献增加。一方面，全国第四轮学科评估结果一公布，便在高等教育界引起了热议。很多学者针对第四轮学科评估的评估指标、评估方法及存在的问题进行了研究；另一方面，“双一流”建设对学科评估提出了更高的要求，促进学科评估规范化、正当化，并亟须完善学科评估机制。从

2017 年学科评估相关研究来看，学者这要围绕学科评估的重要性，分析学科排名、学科建设绩效评估体系存在的问题。2018 年，学者们对学科评估的研究进一步深入，强调立足中国特色，服务国家发展需求，建立特色的服务性评估体系；部分学者从不同角度深入分析了学科评估存在的问题，并提出了相关建议。

第二，一流学科建设成为研究热点。在“双一流”建设相关政策文件支持下，高校纷纷制定一流学科建设方案，优化学科布局，打造特色学科。2018 年一流学科建设研究文献较 2017 年有所增加。研究方法上，2018 年关于一流学科的研究方法不再局限于定性研究，采用定量分析与定性分析相结合的多元研究方法；研究内容上，在教育现代化、“双一流”建设、国际化背景下，研究者立足中国特色，对一流学科的建设现状、存在的问题、模式与路径等展开研究，从而为一流学科的建设提供实质性建议。

第三，地方高校学科建设得到更多的关注。在新时代背景下，党中央赋予了高等教育新使命，开启了“双一流”建设新征程，这无疑给地方高校学科发展带来莫大的机遇。2018 年地方高校学科建设研究文献共计 18 篇，比 2017 年增加了 10 篇。在研究内容上，2018 年地方高校学科建设研究不再局限于地方高校学科建设政策的解读和学科建设内容的分析，基于地方高校学科建设的现状，立足于地方特色，学者们从多层次、多角度提出地方高校学科建设的建议。

第四，学科建设存在的问题及对策研究更加深入。与 2017 年相比，2018 年该主题的研究文献增加了 16 篇。学者从行业类高校学科建设、跨学科建设、具体学科建设等不同视角深入分析了学科建设存在的问题，并立足中国特色，借鉴国外一流大学学科建设经验，基于人才培养、科学研究、社会服务、文化创新、国际交流等不同维度，从国家、社会、高校等不同层面提出高校学科建设的建议和举措。

在“双一流”建设背景下，学科建设面临着新时代的机遇和挑战。通过对 2018 年度学科建设领域文献的深入研究，结合国家和高校发展需求，认为未来关于一流学科建设、学科评估、学科建设问题及对策的研究文献在数量上会有所提升，研究内容和方法上有所创新。未来展望如下：

第一，未来一流学科建设研究将会持续得到关注。在“双一流”建设背景和国家政策支持下，关于一流学科建设的研究将以“中国特色，世界一流”为导向，扎根中国大地，借鉴国外一流学科建设经验，促进中国特色学科建设；同时，未来将会增加一流学科建设的个案研究。

第二，未来研究文献将从不同的视角，探究学科评估和学科建设存在的问题，转变学科建设和评估思路；学科评估的研究内容不会再局限于评价指标体系的构建，将创新评估模式与评估方法，更好地服务和引领一流学科建设。

第三，未来研究文献将创新研究方法，借助更多不同的方法，对学科评估、学科建设展开深入研究；结合具体学科建设案例，从不同层面、不同位研究学科建设策略和一流学科建设模式与路径。

专题八

研究生教育管理

2018年，研究生教育管理研究除了依旧在研究生教育发展和改革、学位授权制度、高校研究生教育治理、研究生收费与奖学金制度等主题上，还增添了区域教育发展和改革的研究，减少了“互联网+”时代背景下的研究生教育、智库建设，主要原因是这两个主题的研究更聚焦人才培养、招生工作、党建工作等具体环节。通过检索关键词，并根据内容进行筛选，2018年度有关研究生教育管理的研究成果包括著作2部，期刊论文44篇，学位论文8篇，报纸文章6篇，共计60篇，入选本章51篇。2018年，研究生教育管理研究主要包括国家管理层面的研究生教育改革与发展策略；区域管理层面的省级研究生教育改革与发展策略；研究生培养单位管理层面的高校研究生教育治理、研究生教育收费与奖学金制度研究的三大主题。

第一节　国家宏观管理

2018年度，国家宏观管理研究文献共34篇，其中著作2部，期刊论文24篇，学位论文4篇，报纸文章4篇。从2018年度学者对国家宏观管理的研究情况来看，本节研究内容主要聚焦在研究生教育发展策略和研究生教育改革。本节多采用文献研究法、政策文本分析、比较研究法、模型构建、实证研究、数量研究、科学知识图谱的可视化方法、会议综述、历史研究、热点研究、跨学科研究、问卷调查、访谈研究、案例研究等研究方法。

一、研究生教育发展策略

习近平总书记在党的十九大报告中和全国教育大会上明确指出，“加快一流大学和一流学科建设，实现高等教育内涵式发展”，新时代背景下研究生教育承担着重要的责任与使命，要依靠党的思想来指导和统领全面工作。研究生教育内涵式发展应以提质增效为核心，以多元治理主体协同共治为保障，统筹协调不同区域、不同类型、不同层次的研究生教育，制定与国家战略、地方需求、产业结构调整相匹配的教育策略，大力推进建设中国特色、国际视野的研究生教育，为加快“双一流”建设做好贡献。

1. 总体发展策略

本小节展示了专家学者对研究生教育发展的总体策略。研究者们分别从党对研究生教育的领导、研究生教育高质量发展、研究生教育内涵发展、研究生教育治理、研究生教育特色发展、研究生教育热点问题研究等方面进行剖析并提出有效的发展策略。

对高校而言，当前和今后一个时期组织全体师生学习贯彻党的十九大精神是首要政治任务，要切实在学懂、弄通、做实上下功夫，自觉用党的十九大精神指导推动学校事业发展。北京工业大学谢辉认为要做好五点：①提高思想认识，全面准确把握党的十九大精神实质；②抓住难得机遇，全面开启“双一流”建设新征程；③坚持立德树人，努力培养德智体美全面发展的高素质人才；④深化综合改革，为学校进一步发展提供动力；⑤夯实党建基础，切实增强全面从严治党系统性创造性实效性。①

为加快教育现代化、建设教育强国、办好人民满意的教育，助力研究生教育高质量发展，教育部学位与研究生教育发展中心黄宝印提出“九大落实行动”：①着力加强政治建设；②着力落实立德树人根本任务；③着力研发“研究生培养质量指数”；④着力办好“研究生教育国际论坛”；⑤着力促进创新型、复合型、应用型人才培养；⑥着力构建更高水平中国特色学科评估体系；⑦着力搭建高水准学位论文评价服务平台；⑧着力建设智慧中心；⑨着力加强干部队伍建设。②

《国民经济和社会发展“十三五”规划纲要》正式提出“制定国家资历框架”，《“一带一路”建设教育行动计划》更加明确地提出“加快推进本国教育资历框架开发，助力各国学习者在不同种类和不同阶段教育之间进行转换，促进终身学习社会建设”。我国研究生教育发展的立足点已转向质量和内涵发展，而国家资格框架恰恰是“促进质量和质量提高的制度战略”。天津大学邓小华认为以表现研究生综合素质的学习结果为导向，以国际化标准为参考，以彰显研究生自主性的多元共治为手段，充分考虑各治理主体的利益诉求，最大限度

① 谢辉. 用党的十九大精神指导推动学校教育事业发展［J］. 中国高等教育，2018（2）：11—13.

② 黄宝印. 助力研究生教育高质量发展［N］. 中国教育报，2018-12-26（2）.

激发他们专用资本投入的积极性，才能从根本上提高研究生教育的质量。[①] 研究生教育内涵式发展是适应经济结构转型、调整的客观需要，其本质是实现从注重量到注重质的转变。黑龙江大学温晓亮认为研究生教育内涵式发展的策略有四条：①提升质量既是供给侧结构性改革背景下研究生教育内涵式发展的生命线，也是核心标准，更是服务国家战略需求的必然选择；②结构是研究生教育内涵式发展的基本依托；③平衡是供给侧结构性改革背景下研究生教育内涵式发展的应然追求；④制度是供给侧结构性改革背景下研究生教育内涵式发展的根本保障。[②] 南京财经大学方超等人利用我国1996—2014年省级面板数据，借鉴并改造双对数模型，探讨了研究生教育扩展、人力资本积累与劳动力收入差距的关系。为促进“十三五”发展时期的研究生教育发展，承担教育扶贫的社会服务职能，提出下列可供参考的建议：①适度扩大当前规模可依据劳动力市场的现实诉求，规模扩张应注重与产业结构调整的相行匹配。②各级政府应切实做好教育经费投入的条件保障工作，可考虑不同地区在承担研究生教育内涵式发展过程中的经济条件与实际能力，充分发挥研究生人力资本促进经济发展，缩小贫富差距的服务功能。[③]

河南大学徐晓飒认为研究生教育出现大量主体权责背离现象，是研究生教育质量下滑的根本原因，并提出四个层面的研究生教育综合治理路径：一是研究生教育的政府治理策略；二是研究生教育的高校治理策略；三是研究生教育的主体治理策略；四是研究生教育的社会治理策略。[④] 学位与教育质量保障政策是研究生教育治理体系和治理能力的重要内容，是新时代研究生教育内涵发展的核心问题。清华大学唐广军采用规范研究和实证研究相结合的方法，构建了学位与研究生教育质量保障政策的系统性研究框架。他提出政策“试点”嵌入质量保障政策制定和执行过程，具有显著的中国特色。利益的分配、增进、整合和协调是质量保障政策发展的内在逻辑。建议采用治理思维改进质量保障政策，特别是要关注质量文化建设。[⑤] 北京理工大学乔刚对研究生教育治理问题进行了深入探讨，提出分离自主模式是我国社会组织在研究生教育中有所作为的理性选择，社会组织要树立独立自主的行动理念，构建主动服务的行为意

---

① 邓小华．面向国家资格框架的研究生教育质量治理初探［J］．研究生教育研究，2018（3）：13—18.

② 温晓亮．供给侧结构性改革视域下研究生教育内涵式发展策略［J］．黑龙江高教研究，2018（9）：91—94.

③ 方超，罗英姿，黄斌．研究生教育扩展、人力资本积累与劳动力的收入差距——兼论收入差距的空间分布机制［J］．中国高教研究，2018（3）：93—98.

④ 徐晓飒．研究生教育质量提升的多元治理视域［J］．高等工程教育研究，2018（1）：131—135.

⑤ 唐广军．学位与研究生教育质量保障政策研究［D］．北京：清华大学，2018.

识，采取主动作为的行动方式，实施长效服务的行动机制。社会组织要以创新驱动为基础、完善内部治理结构，以深化改革为核心、强化自身公信力建设，以管办评分离为目标、明晰与多元主体关系，以提高服务为根本、增强核心竞争能力建设，构建多元主体和谐共治的关系。①

首届研究生教育学国际会议展现了“双一流”建设、各国研究生教育改革以及研究生教育学学科建设等领域的最新动态。北京理工大学付鸿飞等在会议综述中提出我国在进行研究生教育改革与发展过程中要深刻把握全球经济科技竞争的新趋势，借鉴世界高等教育强国的成功经验，努力建设具有中国特色的研究生教育，使研究生教育成为高端人才的聚集器，汇集和培养具有全球竞争力的顶尖人才。同时，在研究生教育改革与发展进程中要加快研究生教育学的理论研究，促进研究生教育学学科建设，为研究生教育的发展提供理论指导。②

21 世纪以来，CNKI 中有 7484 篇关于研究生教育研究的 CSSCI 来源期刊论文，清华大学王战军等人运用文献计量方法对主要发文期刊分布、核心研究机构、核心研究作者三个维度的研究现状做系统分析。研究发现，21 世纪以来被持续关注的研究热点有研究生教育基本问题、研究生教育质量研究、研究生人才培养、研究生招生与就业、研究生教育管理，在 17 年间先后被学者们高频率关注的研究热点有导师队伍建设研究、研究生德育研究、学科建设研究、研究生教育国际比较。③

2．博士研究生教育发展策略

教育现代化要引领和支撑现代化强国建设，必须优先发展。西北工业大学张炜探析了教育现代化背景下的博士生教育内涵发展，认为要适应教育现代化需求，科学预判博士研究生教育未来发展可能出现的趋势、状态和结果，优化博士研究生的区域分布、授权高校、硕博比、学术型与专业型博士的结构等，深化博士研究生教育改革，使博士研究生教育更加重视规模的适度、质量的提升、结构的优化、效益的提高、推进的公平，努力培养德智体美劳全面发展的高层次人才。④

中国博士生教育的发展已经置身于国际化和全球化的语境之中，跨国的人员流动对博士生教育发展的影响极为深刻。北京大学沈文钦基于政府统计数据、高校的毕业统计数据，以及对公派联合培养博士生的问卷调查，对“出国攻读

---

① 乔刚．社会组织在研究生教育治理中的行为模式研究［D］．北京：北京理工大学，2018.

② 付鸿飞，李明磊．“双一流”建设背景下研究生教育发展新趋势——首届研究生教育学国际会议综述［J］．学位与研究生教育，2018（1）：73—77.

③ 王战军，蓝文婷，胡德鑫，李明磊．新世纪以来我国研究生教育研究的热点与主题——基于 2000—2016 年 CSSCI 源刊文献的可视化分析［J］．研究生教育研究，2018（4）：1—8.

④ 张炜．教育现代化背景下博士生教育的内涵式发展［J］．学位与研究生教育，2018（12）：1—6.

博士学位、攻读博士学位期间出国访问学习、博士毕业生到国外从事博士后研究”的规模和效果进行了分析，并提出其影响及利弊有：①活跃的科研流动将有力促进中国科研体系和全球科研体系融合的进程，并极大地推动中国科研水平的进步；②主要的挑战包括如何吸引更多优秀的海外博士归国、如何吸引更加优质的国际博士生生源、如何提高自身博士生教育体系对国内学生和国际学生的吸引力等。③把国际经历作为人才筛选的标准时还应考虑公平性的问题。①

3．来华留学研究生教育发展策略

教育国际化是经济全球化的必然结果，是高等教育发展的必然趋势。新时代来华留学工作承担着重要的责任与使命。南京理工大学游菲等通过走访“一带一路”沿线主要生源国，分析了来华留学研究生文化背景差异现状，剖析了在语言、跨文化适应、跨文化交流、学业支持和情感认同方面面临的挑战。构建了一套多层次交融互动的留学研究生教育管理模式，从而实现留学研究生规模与质量、管理与服务并重的内涵式发展：①加强队伍建设；②完善工作体系；③促进文化融合；④发挥实践育人功效；⑤开展标杆引领。②

南京农业大学程伟华等继续对来华留学生研究教育进行研究，通过对近十余年来华留学研究生教育发展现状扫描与问题探究，发现新时代来华留学研究生教育应实现由规模扩张的“量变”向提质增效的“质变”“一部门多职能管理”的特殊化向“多部门趋同化管理”的资源融合共享和“一维学生身份”向“多维资源价值身份”转型。建议从来华留学研究生教育发展理念、培养目标和教育管理的策略推进，强化来华留学研究生教育的顶层设计、建立健全来华留学研究生教育质量保障体系，优化来华留学研究生教育的法治环境的政策保障等维度对新时代来华留学研究生教育制度重构加以探究。③

4．专业学位研究生教育发展策略

中南民族大学田恩舜等人提出在管办评分离的框架下，实现高等教育治理体系和治理能力的现代化要求政府创新管理方式，加强对研究生教育质量保障的统筹协调，建立专业学位研究生教育质量保障的监管体系，政府首先要加强立法建设，完善研究生教育法规政策体系；其次要从资格准入、过程监控、结果评估与反馈等对专业学位研究生教育进行全程监管；最后，政府应鼓励社会第三方力量积极参与专业学位研究生教育的质量评估，同时加强对评估市场的

---

① 沈文钦．全球化对中国博士生教育的影响：人员流动的视角［J］．教育发展研究，2018（9）：35—42+63.

② 游菲，张世刚，朱梦洁．不同文化背景下“一带一路”国家留学研究生教育管理模式研究［J］．黑龙江高教研究，2018（11）：63—66.

③ 程伟华，张海滨，董维春．从“规模扩张”到“提质增效”：新时代来华留学研究生教育转型与制度重构［J］．学位与研究生教育，2018（12）：32—38.

监管。①

沈阳师范大学许林以辽宁省两所高校为研究对象，采用访谈和问卷调查的方法，通过学生满意度调查，从学生的视角出发，找寻全日制专业学位研究生教育质量内部保障中的不足之处，并以全面质量管理理论为基础，揭示了全日制专业学位研究生教育的管理流程中存在的经验与不足，并提出完善的全日制专业学位研究生教育内部保障体系需要从理念、管理流程、体制机制及重视管理信息化的角度出发，不仅可以与社会需求相契合，还可以提高专业学位研究生教育质量。②

天津大学朱金明等分析了欧美教育质量认证体系特征和经验，从政策体系、组织体系、实施体系和文化体系等新视角，系统地探讨如何建立中国特色、国际视野的专业学位教育认证制度框架。并提出构建中国特色专业学位教育认证框架建议：一是建立法规政策体系有利于促进认证框架体系规范性与科学性；二是权责分明的组织体系是认证框架顺利运作的根本保障；三是灵活规范的实施体系是认证框架高效运转的重要基石；四是中国特色的文化体系是认证框架持续发展的核心精髓。③

二、研究生教育管理改革

我国要实现建成研究生教育强国的目标，不仅有赖于“双一流”建设战略的有利推进，也要依靠现代化研究生教育治理体系建设，更要以研究生教育的全面深化综合改革为核心。研究生教育改革发展已经进入了新的历史阶段，我们应该以“立足国际、服务需求、促进公平、提高质量、优化结构”为指导思想，解决好发展不平衡不充分问题，构建完善的质量保障体系，抓住“双一流”建设机遇，深化研究生教育体制机制改革，加强法制化建设，更好地发挥研究生教育对科技创新和提升国家核心竞争力的重要作用，推动研究生教育内涵发展再上新台阶。

1. 全面综合改革

本小节展示了专家学者对研究生教育综合改革的问题研究。研究者们分别从深化研究生教育系统改革、研究生教育体制机制改革、我国研究生教育的改

---

① 田恩舜，朱金明，别敦荣．专业学位研究生教育质量监管体系建设策略［J］．学位与研究生教育．2018（7）：38—42.

② 许林．全日制专业学位研究生教育质量内部保障体系建设研究［D］．沈阳：沈阳师范大学，2018.

③ 朱金明，林梦泉，何爱芬，张文艳．中国特色专业学位教育认证制度框架设计探究［J］．研究生教育研究．2018（2）：72—76.

革路径、改革开放以来研究生教育的成就和未来发展等方面进行分析，论述了研究生教育改革中出现的问题，并为研究生教育综合改革和创新发展提出了宝贵建议。

教育部学位管理与研究生教育司洪大用结合习近平总书记重要讲话和全国教育大会精神，指出了深化研究生教育系统改革的8个重点方向。一是聚焦立德树人根本任务，着力培养中国特色社会主义事业高端人才。二是强化服务需求导向，完善学科动态调整机制。三是着眼优化结构，积极稳妥地完善学位点布局。四是推进重点突破，大力发展博士专业学位教育。五是以提高质量为核心持续深化研究生培养机制改革，着力培养创新型、复合型、应用型高端人才。六是创新经费保障，完善研究生教育多元投入机制。七是强化导师引领，切实加强研究生导师队伍建设。八是研究完善“双一流”建设科学评价机制，着力医治顽瘴痼疾，坚决扭转唯论文、唯文凭、唯帽子、唯学位点、唯经费等功利化导向。①

对于我国研究生教育管理改革的理论探索，中国科学技术大学张淑林的著作《理与路——研究生教育综合改革的理论与路径》，共收录24篇公开发表的文章，系统介绍了我国推进的研究生教育综合改革，主要内容围绕研究生教育体制机制改革研究、研究生教育高端人才培养研究、研究生教育资源合理配置研究、研究生教育质量保障与评价研究、学科交叉、学位自律及“研究生教育学”学科建设研究五大部分，论述了研究生教育改革中出现的问题，在理论依据和实践路径方面为研究生教育综合改革和创新发展提供了宝贵启示。②

2018年是改革开放40周年，也是我国学位制度与研究生教育事业恢复与发展的40周年。北京理工大学王战军等人全面阐述了改革开放以来我国研究生教育的成就和未来发展展望。中国研究生教育经历了恢复发展、稳步发展、快速发展和内涵发展四个阶段，建立了具有中国特色的学位制度，实现了立足国内培养的目标，建立了完整的研究生培养体系，构建了“五位一体”的质量保障体系，扩大了我国研究生教育的国际影响力。进入新时代，我国研究生教育应在提高质量、服务需求、加强制度建设等方面发力。③ 改革开放四十年来，中国研究生教育制度体系在持续的改革发展中逐步完善。华东师范大学田贤鹏认为改革开放40年来中国高校研究生教育的制度变革突出地表现在五方面：一

---

① 洪大用．认真谱写研究生教育新篇章［N］．中国教育报，2018－12－10（2）．

② 张淑林．理与路——研究生教育综合改革的理论与路径［M］．北京：中国科学技术出版社，2018．

③ 王战军，乔刚．改革开放40年中国研究生教育的成就与展望［J］．学位与研究生教育，2018（4）：1—9．

是学位授予制度从单轨制变革为学术型与专业型双轨并行；二是招生录取制度从理论考试变革为推免、申请考核等多元化方式并存；三是学生资助制度从公费补偿变革为全面自费及多种形式奖助和激励相结合；四是就业保障制度从国家统包分配变革为双向自主选择与规划指导服务；五是培养管理制度从行政强势干预变革为基于学术自治的协同育人新机制。①

湘潭大学廖湘阳对 2017 年中国学位与研究生教育改革发展举措进行了总结，围绕《学位与研究生教育发展“十三五”规划》、世界一流大学和一流学科建设、学位授权审核、第四轮学科评估、博士研究生教育综合改革试点等，提出了关于研究生教育未来改革发展的思考。他认为研究生教育要坚持服务需求、开放发展、提高质量，围绕结构优化、体系建设、机制创新，深化政策机制、分类培养、激励机制改革，实现研究生教育向服务需求、提高质量的内涵式发展转型，全面提升研究生教育水平和学位授予质量，加快迈进研究生教育强国的步伐，为建设创新型国家和人力资本强国，全面建成小康社会发挥关键支撑作用。②

2017 年 9 月召开了主题为“研究生教育 2030：展望未来”的战略领导峰会。来自 6 大洲 16 国的代表针对未来研究生教育面临的 6 个问题发言、讨论，形成了《研究生教育 2030：展望未来行动指南》的指导性决议。西安建筑科技大学赵立莹基于“2030 行动指南”的理论基础和核心内容，探索我国研究生教育的改革路径，为我国致力于促进公平和质量提升的研究生教育改革提出以下四点建议：加强研究生培养单位国际化能力建设；利用研究生大数据建立生活周期管理系统；健全高校内部质量监控体系；跨学科培养研究生应对社会变化的能力。③

《教育部办公厅关于统筹全日制和非全日制研究生管理工作的通知》发布实施后，统筹全日制和非全日制研究生管理（以下简称“统筹管理”）迅速成为研究生教育领域的一个热点问题，受到社会广泛关注，也引发研究生教育战线工作者的热议。武汉大学宋朝阳围绕全日制和非全日制研究生统筹管理改革实践中出现的教育理念和培养方式脱节、日常管理和德育工作缺位、就业管理和创业服务滞后等问题，认为落实好国家改革举措，顺利推进研究生教育发展，需要将两种培养类型统筹考虑。在落实推进统筹管理的改革实践中，应以创新

---

① 田贤鹏．解构与重构：高校研究生教育制度变革 40 年回顾［J］．现代教育管理，2018（11）：26—32．

② 廖湘阳．2017 年中国学位与研究生教育改革发展热点述评［J］．学位与研究生教育，2018（4）：1—9．

③ 赵立莹．从 CGS《研究生教育 2030：展望未来行动指南》看我国的研究生教育改革路径［J］．学位与研究生教育，2018（3）：66—71．

发展理念为基础，以提升协同能力为保障，切实提高研究生培养质量。①

2. 研究生教育供给侧改革

研究生教育调控机制在很大程度上决定了研究生教育的发展方向、运动轨迹和发展过程，对研究生教育具有至关重要的影响。推进研究生教育调控机制改革已上升为政策高度，成为重要的国家战略行为。中国科学技术大学李璐将供给侧改革理论引入研究生教育领域研究中，实证分析了研究生教育的供需态势，深入剖析了既有调控机制的深层次问题，并构建了研究生教育调控机制改革模型，提出改革的着力点包括实行政府、培养单位、市场、社会组织多元共治；进行规模、结构、质量等供给侧与个人、社会需求侧的平衡；实现行政、法律、经济、信息多种手段共生；推进宏、中、微观制度创新等。②

北京师范大学朱玉成等人认为当前的研究生教育供给结构、供给制度不适应我国社会需求结构转换升级的需要是导致供需错配、结构失调等问题的根源所在，指出要推进研究生教育领域供给侧改革需抓住教育供给方式转变、教育供需衔接调整、教育管理制度改革三个着力点，通过改善结构、制度层面的有效供给，破解局部研究生教育结构失衡、供需错配的困局，构建、塑造和强化我国研究生教育长期稳定发展的新动力。③

南京农业大学李雪辉等人提出，我国博士研究生教育供给侧改革聚焦转型期面临的以博士研究生就业供需矛盾为表征、以内涵发展不充分以及结构发展不平衡为实质的结构失衡问题，并强调质量、结构、与需求的分头“对接”至关重要，既保质量又调结构是改革的重心，促进学术学位博士研究生教育的目标强化和大力发展专业学位博士研究生教育是供给侧改革的关键。④

3. 学位制度改革

博士硕士学位授权审核事关高校办学向高层次发展和省市高校资源配置等重要问题，备受高校重视；同时，它又关系到区域优质高等教育布局和科技平台搭建与人才竞争的大问题，颇受社会和地方政府关注。北京师范大学姚云等人重点阐述了12次学位授权审核政策新要点：制定了247个授权审核标准，坚持以高标准对开展研究生教育高校进行学位授权审核；学位授权审核实行全国统筹，根据区域和民族地区研究生教育发展特殊情况，学位授权审核标准对它

---

① 宋朝阳. 全日制与非全日制研究生统筹管理改革刍议［J］. 国家教育行政学院学报，2018（6）：22—27.

② 李璐. 供给侧改革视角下的研究生教育调控机制研究［D］. 合肥：中国科学技术大学，2018.

③ 朱玉成，周海涛. 研究生教育供给侧结构性改革透视：内涵、问题与对策［J］. 学位与研究生教育，2018（3）：54—57.

④ 李雪辉，罗英姿. 博士研究生教育供给侧改革：目标强化与方向转轨［J］. 教育发展研究，2018（9）：28—34.

们进行一定的政策倾斜；明细了国务院学位委员会和省级学位委员会在学位授权审核中的各自权责，依法落实办学自主权，对 20 所高校进行自主审核试点；在审核程序、审核人员聘选资格、公示以及申诉等方面做出明确的规定，保证学位授权审核的公正、公平和公开。①

教育部公布国务院学位委员会印发的《关于高等学校开展学位授权自主审核工作的意见》和《关于印发学位授权自主审核单位名单的通知》，清华大学、北京大学等 20 所高校被确定为首批学位授权自主审核高校，是落实加快推进高等教育领域"放管服"改革要求的关键之举。同济大学张瑞鸿指出学位点自主审核权下放意味着落实高校办学自主权已经超越了传统的资源配置自主权的界限，逐步触及了更加本质的内容和纵深的环节，但这也并不意味着自主审核高校的学位点管理权将不受制约。这对激发高校办学活力、提高学科水平、加快创新人才培养具有重大意义。② 教育部学位与研究生教育发展中心王顶明指出 2017 年启动的新一轮学位授权审核工作，既会对于现有学位授予单位起一定的倒逼作用，促使其不断提升质量和水平；又会进一步扩大省级统筹，要求省级学位管理部门科学规划区域内学位授权布局建设，分批分期有序开展审核；还会进一步扩大高校办学自主权，激发学位授予单位办学活力，引导学位授予单位注重内涵发展、形成特色优势、主动服务需求、开展高水平研究生教育。③

我国高等教育改革一直在国家行政与高校自主之间纠葛拉扯，主要表现为实然运行层面与应然规范层面的矛盾，不断在规范层面扩大高校自主权应该是我国高等教育改革的方向。东南大学孟鸿志等人认为通过学位授权与学位审核的两权分离并将学位审核权还权于高校的做法确实扩大了高校自主权，但 2018 年学位授权审核制度改革仍然存在着改革方式法治化程度较低、改革对高校平等的侵犯等一系列制度风险，需要通过采取多种举措实现风险的有效控制，即改革方式的法治化塑造，自主审核审批标准、程序和退出机制的重置，学位授权自主审核备案制以及学位授予纠纷被告资格公共职能判断标准引入。④ 湖南师范大学罗建国认为我国学位授权制度以国家价值目标为优先价值选项，这种制度安排存在"学位产权"模糊、"学术价值"偏离、"道德风险"高启等方面的问题。解决上述问题，避免价值失真的有效途径是实施学校学位制度。从国家学位到学校学位的转变策略有三：一是政府转变观念，实现职能转换；二是

---

① 姚云，钟秉林．第十二次博士硕士学位授权审核政策解析［J］．研究生教育研究．2018（4）：9—13.

② 张端鸿．学位授权自主审核推动高校内涵发展［N］．中国教育报，2018－5－8（2）.

③ 王顶明．学位授权常态化管理迈入新时代［N］．中国教育报，2018－5－15（2）.

④ 孟鸿志，张运昊．学位授权自主审核的制度架构与风险防范［J］．学位与研究生教育，2018（11）：10—20.

清晰界定“学位产权”，引入市场竞争；三是培育“第三方评估组织”市场，多方共同治理。①

4．研究生教育法制化建设

作为中华人民共和国第一部教育类法律，《中华人民共和国学位条例》自1980年经全国人大常委会审议通过以来，以立法形式构建了中国特色的学位制度，为国家教育法治化和现代化建设、学位管理与研究生教育事业可持续发展、高层次人才培养和国际教育交流与合作做出了积极贡献。教育部学位与研究生教育发展中心王顶明认为，40年来，国家经济社会发展、国际国内教育系统变革，内外部环境都发生了巨大变化，迫切需要适时修订和完善《学位条例》，修订过程中需要明确若干基本问题：需要考虑学位的本质属性，以及类型与层级的多样性和复杂性；需处理好学位管理相关主体间关系、中央和地方政府与学位授予单位的关系等。②

第二节　省级区域管理

2018年度，省级区域管理研究文献共5篇，其中期刊论文4篇，学位论文1篇。从2018年度学者对省级区域管理的研究情况来看，本节研究内容主要聚焦在升级研究生教育发展策略和研究生教育改革。本节多采用文献研究、政策文本分析、比较研究、定量分析与定性分析结合、模型构建、实证研究、数量研究、个案研究、IPA分析法等研究方法。

国家研究生教育主管部门、省级研究生教育主管部门和研究生培养单位是研究生教育管理的重要组成。省级研究生教育主管部门承担着地方研究生教育发展的重任，应该根据本地区的战略规划，结合社会经济发展与产业结构发展需求，突出区域特色，凝聚合力打造优势学科，创新研究生教育管理体制机制，深入推进省域“双一流”建设，进一步强化省级统筹，在宏观政策、环境营造和平台建设上下功夫，推动省级研究生教育内涵式发展。

伦敦大学杨力苈等人运用修正的IPA分析发现，管理者对省级学位委员会在制定研究生教育区域发展规划、组织协调“双一流”建设和开展学位论文抽检与评优等方面的工作职能相对重视；而对推动研究生教育内涵发展诸多方面

① 罗建国．我国学位授权政策价值取向的偏颇及其调整［J］．湖南师范大学教育科学学报，2018（5）：97—102.

② 王顶明．《学位条例》修订过程中需明确的几个问题［J］．中国高等教育，2018（22）：30—32.

的工作职能，如组织开展研究生课程建设、支持开展研究生导师培训与交流等的重要性认识和绩效评价相对较低。研究生教育省级统筹各项职能可采取保持现有优势职能的同时，更加注重有关研究生教育内涵发展职能的发展策略。①

内蒙古农业大学高阳以内蒙古自治区研究生教育结构为研究对象，运用文献综述法、比较研究法、定量分析与定性分析结合法等方法，基于内蒙古自治区研究生教育现状、产业发展现状、经济发展现状等相关数据，通过将内蒙古自治区研究生教育结构的现状、发展趋势以及研究生教育与产业发展相适应等方面的因素进行合理的研究、对比与分析，进而对内蒙古自治区研究生教育结构的调整提出提高高等教育整体质量，注重博士研究生发展，加强硕士研究生教育，完善学科种类以适应产业结构发展，突出区域特色研究生教育等的对策建议。②

在国家“双一流”建设政策的影响下，各省也纷纷出台配套政策支持本省高校优势学科建设和高水平大学建设。南京信息工程大学吴立保等人系统梳理了2014—2017年江苏高校优势学科建设工程二期项目在学科建设方面取得的主要成效，分析出江苏高校优势学科建设的管理体制机制和创新举措。为推进江苏高校优势学科高质量、可持续发展，提出如下对策建议：①强化政府主导作用，增强高校学科统筹权力；②建立多元投入机制，提高学科经费使用效率；③创新人才培育机制，发挥学科人才聚合效应；④完善评价指标体系，全面推进学科内涵发展；⑤促进协同创新发展，推进交叉学科建设。③

大连理工大学刘苗苗等人以辽宁省高校为例，利用ESI学科与我国一级学科映射关系，发现映射关系具有非一一对应性、非固定对应性、高校学科布局具有“遗传”作用，以及最高贡献度学科在贡献上的明显差异等特征。据此提出，作为地方政府，应该确立从“大学科”的视野，从整体布局学科发展战略、推动跨学科的发展、前瞻性的部署高峰学科、聚合力量形成学科优势；同时应适当扶持相关学科，积蓄学科聚合发展的基础和平台。针对辽宁省来讲，接近“世界一流学科”的支持和发展应是重中之重的，“潜在优势学科”也应获得长期且稳定的政策和资金扶持，具有高贡献度的学科应该是省域内一流学科建设的具体落脚点。④

---

① 杨力苈，王顶明．我国研究生教育省级统筹效果分析——基于修正的IPA分析法［J］．学位与研究生教育，2018（1）：49—55.

② 高阳．内蒙古自治区研究生教育结构研究［D］．呼和浩特：内蒙古农业大学，2018.

③ 吴立保，华玉珠，高凡．政府主导下的高校优势学科建设成效及其政策建议——以江苏省为例［J］．研究生教育研究，2018（6）：56—63.

④ 刘苗苗，黄帅．高校学科影响力、潜力值与贡献度的省域考量——基于辽宁省属高校的学科扶持策略分析［J］．当代教育科学，2018（7）：78—82.

西北大学苏林等人分析省域统筹推进“双一流”建设政策发现，各省份“双一流”建设的政策名称、文本结构、颁布时间、建设周期等方面均呈现出非常强的一致性和规范性，但缺乏不同区域发展特色、大学特色和学科特色等个性特征。总结出省域统筹推进“双一流”建设存在的重表象而轻内涵，重投入而轻培育，重规范而轻特色三大典型矛盾。并提出深入推进省域“双一流”建设实践，需要树立理论自信，实现政策创新，化解诸多矛盾。建议：①尊重大学自治和学科发展规律，理性推进“双一流”建设；②注重制度建设，避免盲目竞争；③实施错位发展战略，突出特色。①

第三节　研究生培养单位自主管理

2018 年度，研究生培养单位自主管理研究文献 12 篇，其中期刊论文 9 篇，学位论文 1 篇，报纸文章 2 篇。从 2018 年度学者对研究生培养单位自主管理的研究情况来看，本节研究内容主要聚焦在高校教育治理、研究生教育收费与奖学金方面；本节多采用文献研究、调查研究、实证研究、历史研究、比较研究、政策文本分析、模型分析、统计分析、个案研究、案例分析、问卷调查和访谈法等研究方法。

一、高校研究生教育治理

建设世界一流大学和一流学科，是党中央、国务院作出的重大战略决策。厦门大学别敦荣认为“双一流”带来了办学经费的巨额增长。在经费投入得到保证的前提下，管理改革可能是“双一流”建设能否达到目标的关键，推动“双一流”建设，离不开大学管理改革。具体来讲，要实施战略管理，构建一流的人才培养体系，建立重大成果导向的科研机制，以及建设一流的校园文化。②

一流的博士生教育，体现了一流大学人才培养的高度。清华大学姚强通过对清华大学博士生教育30 多年的梳理，归纳出博士生教育的综合改革主要在10个方面：一是将立德树人贯穿研究生教育全过程；二是全面提升博士生指导水

① 苏林，杨佳乐，高耀，王立．省域统筹推进“双一流”建设政策中的突出特点、典型矛盾及破解策略［J］．学位与研究生教育，2018（2）：38—44.

② 别敦荣．“双一流”建设与大学管理改革［J］．中国高教研究，2018（9）：1—6.

平，建设一支一流的导师队伍；三是全面推行“申请—审核”制，选拔优秀人才；四是营造学术创新环境，优化博士生的成长空间；五是积极推动培养机制改革，发掘学生的自主学习潜能；六是提升校园国际化环境，提升博士生的国际胜任力；七是推动高水平跨学科研究支撑创新人才培养；八是推动学术评价体系改革，重构质量保障体系；九是发挥博士生在人才培养和校园建设中的主人翁作用；十是建设全校师生积极参与教育教学改革的良好氛围。①

大数据时代，研究生教育管理实践既面临着诸多问题，如数据规模的扩张与数据管理水平低下间的矛盾，数据的爆炸式增长与处于朦胧状态的数据分析能力间的矛盾等；同时又面临前所未有的发展机遇，发达国家都积极抓住大数据带来的契机进行管理的革新与探索。武汉理工大学张凌云等人认为大数据时代下，主要发达国家都从学校、区域、国家与国际四个层面构建研究生教育管理大数据，提出我国研究生教育管理变革应优化大数据环境，激发高校作为；重塑研究生教育管理理念，催生高校研究生教育大数据战略；构建大数据服务模式，促进多元主体的参与协同；优化大数据平台与服务系统，增强服务与预测能力。②

成文规则作为维护高校行政权力运行或介入学术活动的重要载体、工具或手段，其效力对于大学内部治理的效果有重要作用。华东理工大学魏向苗分析得出导致目前研究生管理成文规则弱化的主要原因，针对原因提出了提升成文规则有效性的建议：①学校要重视核心规则的建设，构建系统完善的成文规则体系。②学校要构建合理合法的规则制定、执行及监督程序。③学校要加强对学生的“公民教育”，培养学生的权责意识，鼓励学生积极参与学校的民主管理。③

中央部属高校一般均为实力较强、学科特色鲜明的高校，由于有中央部委的支持，其获得的资源投入也相对较大，对这些高校进行分类研究，对更好掌握中国一流大学与高水平大学的研究生教育现状具有重要意义。中国科学技术大学彭莉君等人通过对 83 所不同类型、不同层次的中央部属高校 2009—2014 年研究生教育投入产出效率进行研究发现：非“985 工程”的中央部属高校的研究生教育投入产出效率排名均值高于“985 工程”的中央部属高校的排名均值，且非“985 工程”高校的研究生教育投入产出效率排名均值呈现逐年提高

---

① 姚强．深入推进博士生教育综合改革 全面提升博士生培养质量高度［N］．新清华，2018-01-05（7）．

② 张凌云，陈龙．大数据时代高校研究生教育管理的变革——基于发达国家实践的考察［J］．学位与研究生教育，2018（6）：33—37．

③ 魏向苗．高校研究生管理成文规则有效性的案例研究［D］．上海：华东理工大学，2018．

的趋势；地处西部地区的中央部属高校的研究生教育投入产出效率排名均值要高于地处东、中部地区的中央部属高校。为今后国家、省级和研究生培养单位合理分配研究生教育资源，提高研究生教育投入产出效率提供了重要理论依据。①

二、研究生收费与奖助政策

研究生收费与奖助政策是研究生教育改革的一项重要举措，从 2014 年开始实施，全面收费政策已执行 4 年，在完善研究生教育经费投入机制、提升研究生人才培养质量等方面均发挥着重要的作用。然而，这一政策实施过程中存在的种种问题正在影响着这一制度达成预期效用。在“双一流”建设背景下，我国研究生教育需要不断在发展中创新，不断完善研究生收费与奖学金制度，不断创造适合我国拔尖创新型人才成长的制度环境，全面激发研究生教育的活力，促进研究生教育持续健康发展。

研究生全面收费制度的实施，能够缓解国家教育经费压力，促进研究生教育资源的合理配置。山东师范大学张茂聪等人认为我国研究生国家奖学金政策具有战略遵从、科研主导、引导激励和育人为本的价值取向，但在政策落实过程中却存在政策导向作用弱化、学术追求急功近利、激励作用难以发挥、育人效果存在偏差等问题。应该正确认识政策设计的初衷，回归价值追求本真；制定科学的分类评选标准，端正科研学术风气；构建多元化宣传教育模式，增强宣传示范效应；建立有效的评价监督机制，保障政策规范执行等是实现研究生国家奖学金政策价值回归的有效路径。② 中国矿业大学李爱彬等人认为对研究生资助政策的变迁及特点研究是评估考量资助政策实施效果的基础和重要任务，随着政策问责机制研究的不断深入，追本溯源，探究政策变迁路径的规律特质是寻找突破任何制度政策约束条件的关键。并提出我国研究生资助政策变迁路径约束的破解之策，系统设计和均衡建构是基础，实现政策有效供给是关键，培育资助育人文化氛围是根本。③

北京师范大学洪柳分析了我国研究生国家奖学金现存问题，借鉴美国科学基金会研究生奖学金项目的做法和成功经验，提出了我国研究生国家奖学金现有制度的改进和完善应以国家需求为导向，体现国家发展战略；应重视基础研

① 彭莉君，余菡，白丽新，韩云炜．中央部属高校的研究生教育投入产出效率研究——基于 2009—2014 年的面板数据［J］．学位与研究生教育，2018（12）：67—172.

② 张茂聪，陈萍，范晓婷．我国研究生国家奖学金政策的价值取向分析：应然、异化及回归之道［J］．学位与研究生教育，2018（12）：27—31.

③ 李爱彬，杜晓虹．路径依赖视角下我国研究生资助政策变迁约束及破解策略［J］．研究生教育研究，2018（2）：12—17 +47.

究，加大对基础研究的倾斜，对不同高校进行分类指导，凸显研究型大学的基础研究地位；应以产出高水平的科研成果为导向，建立研究生国家奖学金的国家评审标准；应以创新驱动发展战略为导向，增设竞争性的研究生国家奖学金项目。①

2018 年度部分专家学者对研究生收费与奖助制度展开了案例研究，总结归纳出政策实施中产生的实际问题，并对此提出了有针对性的对策建议。清华大学赵岑等人基于清华大学研究生数据，研究发现明晰的奖学金评定标准以及获奖同学的榜样作用对激励效果有显著的提升作用。因此，学校要坚持和完善奖学金的激励制度，并通过奖学金种类、评定方式的多样化来满足更多学生的需求，强化在能力培养和价值塑造方面的激励效果，并要努力扩大奖学金评定的影响范围，从物质、精神、机会三个层次给予学生更大的激励作用。② 北京大学张林等人通过对北京大学研究生资助情况的调查发现，资助模式的不同、资助额度的高低对学生的学习行为模式和学生发展水平会产生不同程度的影响。并提出了进一步完善资助制度，提高教育经费使用效能，促进研究生培养质量提高的建议，如进一步扩大偿还—保障型与赠与—保障型奖学金的覆盖面；加大赠与—激励型和报偿—培养型资助的覆盖面和力度；健全专业学位研究生资助体系；进一步强化多元化资助模式。③ 天津大学张颖等人通过分析构建研究生资助体系的困境，遵循教育发展规律，运用生态学原理与方法，提出了天津大学生态化研究生资助体系的构建思路：调节资源投入，保障供需平衡；识别相关者需求，管理利益矛盾；尊重个体发展意愿，激发群体竞争意识。基于此思路探索出行之有效的与培养质量共生共荣的资助生态管理模式：调动研究生的内在动力，促进其自主性发展，发挥资助制度的激励和导向作用，是提高研究生培养质量的有效途径。④

浙江工业大学毛笛等人基于对 91 所“211 高校”全日制学术型研究生的学费与奖助体系的调查，发现各高校全面收费政策在实施过程中存在着学费差距小、资助覆盖广、公开程度不高的现象，由此产生恶性竞争加剧、筛选成本增加、信息差距扩大等问题。要完善研究生全面收费制度，提高研究生

① 洪柳．我国研究生国家奖学金制度现存问题研究——以美国科学基金会研究生国家奖学金为借鉴［J］．学位与研究生教育，2018（12）：67—72.

② 赵岑，王正位，姜静琳，隗玮．研究生奖学金制度尚需完善［N］．中国教育报，2018 - 10 - 16（8）.

③ 张林，游鳌，于津民，于佳鑫．资助制度促进了研究生的学业表现吗？——一项基于北京大学的校本调查研究［J］．学位与研究生教育，2018（2）：51—57.

④ 张颖，孙鹤，卢铮松，马德刚．高校研究生生态化资助体系的构建与实践［J］．学位与研究生教育，2018（1）：40—44.

的培养质量，需要实行差异化的学费标准，构建面向科研的奖助体系，以科研绩效为导向评定奖学金、以科研项目方式提供助学金，同时还要完善信息公示制度。①

第四节　文献分布及其特点分析

2018 年度，研究生教育管理专题主要涉及 3 个主题：国家宏观管理、省级区域管理、研究生培养单位自主管理。

一、文献分布情况

通过检索关键词，并根据内容进行筛选，入选 2018 年度研究生教育管理的文献包括著作 2 部，占 4%；期刊论文 37 篇，占 72%；学位论文 6 篇，占 12%；报纸文章 6 篇，占 12%；共计 51 篇。国家宏观管理研究文献包括著作 2 部，期刊论文 24 篇，学位论文 4 篇，报纸文章 4 篇，共计 34 篇；省级区域管理研究文献包括期刊论文 4 篇，学位论文 1 篇，共计 5 篇；研究生培养单位自主管理研究文献包括期刊论文 9 篇，学位论文 1 篇，报纸文章 2 篇，共计 12 篇。

二、文献特点分析

本专题是研究文献特点，对文献来源情况、文献内容情况、文献作者情况、文献单位情况、文献区域情况这五个方面的数据进行分析。

1. 文献来源特点

从文献来源分析，纵观 2011—2018 年，纳入本专题的文献总量由于与当年研究生教育政策密切相关，呈现较为多变的特点。其中 2014 年，为贯彻落实党的十八大和教育规划纲要精神，推动研究生教育改革发展，国务院学位委员会对研究生教育综合改革进行了系统设计和谋划，引发了研究者对研究生教育管理问题的热议。2011—2018 年入选文献的类型分布见图 8 – 1。

① 毛笛，毛建青．全日制学术型研究生全面收费的实证研究——基于 91 所“211 高校”的数据分析［J］．研究生教育研究，2018（1）：16—20 + 43.

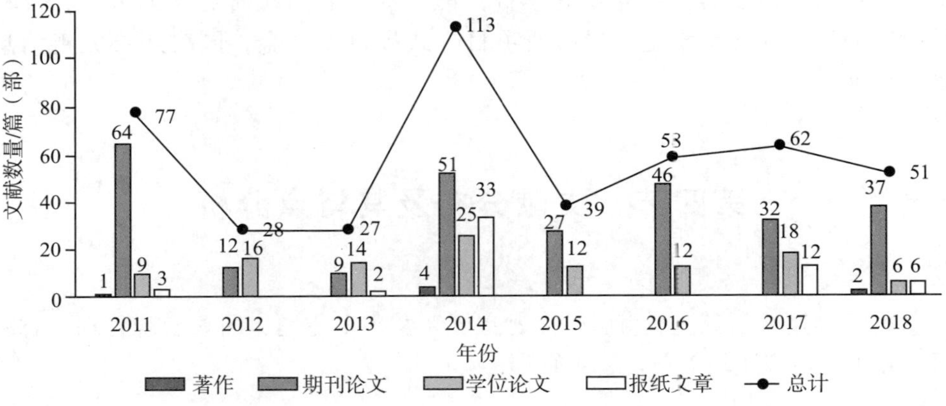

图 8－1　2011—2018 年入选文献的类型分布

2. 文献内容特点

从文献内容分析，2018 年度研究生教育管理专题的研究热点主要为研究生教育发展策略、研究生教育改革、学位制度、高校研究生教育治理和研究生收费与奖学金。2018 年度关于“双一流”建设背景下的研究生教育研究是热点，相较 2012—2017 年度的研究，2018 年度博士研究生教育发展、留学生研究生教育发展、研究生教育供给侧改革、学位授权审核制度改革、研究生教育法制化建设、高校研究生教育治理等受到了学界的高度关注，这说明研究生教育管理已经逐步走向法治化、多元主体治理的内涵式发展道路。2011—2018 年的研究生教育管理的研究热点见表 8－1。

表 8－1　2011—2018 年研究生教育管理的研究热点

年度	宏观管理体制	微观管理体制
2011	研究生教育结构调整；统筹资源配置策略；研究生资助体系改革	地方高校研究生教育发展问题；推动地方高校学位研究生教育发展；研究生教育及管理体制；研究生论文管理工作
2012	研究生教育投入体制机制建设；研究生学科专业管理体制；研究生教育资源配置与微观结构优化；研究生奖助工作制度	地方高校学科组织结构与研究生培养模式；民族院校研究生教育管理；研究生创新实践与专业实践；学术交流平台与学术组织创新；信息管理系统；学位申请人申诉权

续表

年度	宏观管理体制	微观管理体制
2013	研究生教育综合改革研究；研究生教育价值研究；高校协同创新机理研究	研究生管理部门改革实践；研究生奖助工作制度；研究生管理信息系统建设及改进；专业学位教育管理
2014	研究生教育人才培养模式改革；研究生教育质量保证及监督体系建设；“学位法”及学位制度改革	高校研究生教育综合改革实践；学术激励机制；研究生信息管理系统；研究生助教工作制度；研究生收费及奖助效果、问题及改进办法
2015	研究生教育治理；研究生教育发展策略；研究生教育管理模式	研究生教育科研管理；研究生学位授予制度研究；研究生教育学术素养管理研究；研究生奖助体系研究
2016	研究生教育发展策略；研究生教育改革	省级研究生教育发展问题；研究生教育协同问题；专业学位研究生教育；学位授权制度；智库建设；研究生教育分类发展策略；互联网＋时代下的研究生教育
2017	研究生教育发展策略；研究生教育改革	学位授权制度；智库建设；互联网＋时代下的研究生教育；高校教育治理；研究生教育收费与奖学金
2018	研究生教育发展策略；研究生教育管理改革	省级研究生教育改革与发展策略；高校研究生教育治理；研究生收费与奖学金制度

3. 文献作者特点

从文献作者分析，2018 年度研究生教育管理专题的研究成果，以第一作者署名 2 篇以上的作者有 2 位，教育部学位中心王顶明以第一作者发表了 2 篇文献：《〈学位条例〉修订过程中需明确的几个问题》和《学位授权常态化管理迈入新时代》；北京理工大学王战军以第一作者发表了 2 篇文献：《新世纪以来我国研究生教育研究的热点与主题——基于 2000—2016 年 CSSCI 源刊文献的可视化分析》和《改革开放 40 年中国研究生教育的成就与展望》。

4. 文献单位特点

表 8－2 为 2018 年度研究生教育管理研究热点单位的研究成果。从文献单位分析，入选文献在 2 篇以上的单位有 9 家。其中，清华大学入选文献最多，共 4 篇。

表 8－2　2018 年研究生教育管理研究热点单位

篇数	文献单位	第一作者	文献题目
4	清华大学	唐广军	学位与研究生教育质量保障政策研究
	清华大学	王战军	新世纪以来我国研究生教育研究的热点与主题——基于 2000—2016 年 CSSCI 源刊文献的可视化分析
	清华大学	姚强	深入推进博士生教育综合改革全面提升博士生培养质量高度
	清华大学	赵岑	研究生奖学金制度尚需完善
3	中国科学技术大学	李璐	供给侧改革视角下的研究生教育调控机制研究
	中国科学技术大学	彭莉君	中央部属高校的研究生教育投入产出效率研究——基于 2009—2014 年的面板数据
	中国科学技术大学	张淑林	理与路——研究生教育综合改革的理论与路径
3	北京理工大学	乔刚	社会组织在研究生教育治理中的行为模式研究
	北京理工大学	付鸿飞	“双一流”建设背景下研究生教育发展新趋势——首届研究生教育学国际会议综述
	北京理工大学	王战军	改革开放 40 年中国研究生教育的成就与展望
3	北京师范大学	洪柳	我国研究生国家奖学金制度现存问题研究——以美国科学基金会研究生国家奖学金为借鉴
	北京师范大学	姚云	第十二次博士硕士学位授权审核政策解析
	北京师范大学	朱玉成	研究生教育供给侧结构性改革透视：内涵、问题与对策
3	教育部学位与研究生教育发展中心	黄宝印	助力研究生教育高质量发展
	教育部学位与研究生教育发展中心	王顶明	学位授权常态化管理迈入新时代
	教育部学位与研究生教育发展中心	王顶明	《学位条例》修订过程中需明确的几个问题
3	天津大学	邓小华	面向国家资格框架的研究生教育质量治理初探
	天津大学	张颖	高校研究生生态化资助体系的构建与实践
	天津大学	朱金明	中国特色专业学位教育认证制度框架设计探究

续表

篇数	文献单位	第一作者	文献题目
2	北京大学	沈文钦	全球化对中国博士生教育的影响：人员流动的视角
	北京大学	张林	资助制度促进了研究生的学业表现吗？——一项基于北京大学的校本调查研究
	南京农业大学	程伟华	从“规模扩张”到“提质增效”：新时代来华留学研究生教育转型与制度重构
	南京农业大学	李雪辉	博士研究生教育供给侧改革：目标强化与方向转轨
	武汉大学	邱均平	中国研究生教育及学科专业评价报告
	武汉大学	宋朝阳	全日制与非全日制研究生统筹管理改革刍议

三、研究方法

2018 年度本专题在研究方法上多采用政策文本研究、文献研究、比较研究、案例研究、定性分析研究、定量分析研究、模型分析、实证分析和问卷调查等研究方法。有些研究者从政策文本研究入手，在分析并总结的基础上开展研究；有的研究者从案例研究入手，在对案例特点分析的基础上开展研究；有的研究者从访谈研究入手，在分析并归纳观点的基础上开展研究。2018 年度较前几年的研究方法，更多专家学者采用跨学科研究方法，引入法学、社会学、经济学、统计学、生态学等学科研究方法，使研究生教育管理问题研究趋于更加全面、更加系统、更加深入、更加科学、更加合理。

四、未来展望

通过对 2018 年度关于研究生教育管理的文献进行全面分析，研究发现研究生教育管理问题研究不仅与当年国家战略、教育政策等密切相关，还在不断深入研究生教育管理各项环节的改革与发展策略，呈现出更系统、更全面、更专业、更深入的研究特征。

对国家宏观管理主题，2018 年度热点集中在研究生教育政策的综合改革与发展战略，并呈现出对更具体的研究生教育管理问题进行探究；未来，研究者们可能将会持续对研究生教育政策、博士研究生教育、留学生研究生教育、专业学位研究生教育等各项环节的研究，同时加大对研究生教育法制化建设等领域的研究。省级区域管理主题中，2018 年度文献并不多，但相较于 2017 年有所增长，随着学位授权审核、学位点动态调整等工作的开展，省级研究生教育管理的地位得到了高度重视；未来，热点将会集中在与区域经济社会发展密切相关的研究生教育改革与发展领域。研究生培养单位自主管理主题中，高校研究生教育自治、研究生收费与奖学金制度的实施等仍是研究者们最为关注的问题；未来，将会涌现出更多对高校研究生教育治理的制度建设方面、管理实施方面等的新成果。

未来，对研究生教育管理的研究不会局限于政策分析、比较研究、模型构建等典型的研究方法，还会采取多元化研究方法探究研究生教育管理的现实问题，构建出更具实效、更加合理、更为科学的研究生教育治理框架。

专题九 研究生教育国际比较研究

2018年“研究生教育国际比较研究”专题共由5部分构成：研究生招生就业的国际比较、研究生教学培养模式的国际比较、研究生管理体制的国际比较、研究生教育质量保障与评估国际比较、国外高校研究生就业指导研究、文献分布及其特点分析。相较往年，2018年度该章节呈现了如下特点：第一，成果产出较为稳定。2018年我国学者在国际比较研究上投入了更多精力，产出较丰。2018年度共有115篇文献，入选本专题52篇。第二，研究范畴进一步扩展。除了国际比较传统议题，2018年度我国学者的研究触角更为广泛，特别是对研究生跨学科联合培养、专业博士培养等新议题作了研究。第三，实践指导意义增强。2018年度，学者的研究结论和政策建议更多地结合国际研究生教育经验模式和我国研究生教育实践需求展开，对我国研究生教育发展具有重要的启发指导意义，而单纯介绍国外经验的成果较少。

第一节　研究生招生就业的国际比较

研究生教育是国民教育体系的顶端，是科技第一生产力、人才第一资源的重要结合点，研究生教育对经济建设、科技振兴、拔尖人才培养和创新型国家建设起着至关重要的作用。研究生招生和就业作为研究生教育的进口和出口一直为各国学界业界所重视。2018年度共有7篇代表作入选本节，其中4篇研究主要围绕英国、美国、德国三国的招生制度、招生规模招生类型结构等问题进行了论述和比较研究，3篇研究焦点为研究生就业技能培养和就业影响因素。

一、研究生招生模式和招生规模

研究生招生是研究生教育的源头环节，招生制度对于科学选拔人才，提高研究生教育质量意义重大，我国学者分析当前世界一流大学的研究生招生制度体系、培养规模及其影响因素，找准我国研究型大学的方位，对大学发展研究生教育具有重要参考价值。

作为公认的研究生教育强国，英国、美国分别形成了完善的招生制度体系，北京航空航天大学朱鹏宇等人从招生规模与结构、选拔形式与考察内容、录取标准及工作程序三个方面对英、美两国研究生招生制度进行剖析，总结其规律与特征，并与我国现行制度进行系统比较，在坚定制度自信的基础上博采众长，提出切实可行的招生制度改革措施，更好地匹配我国研究生教育发展的需求。文章中提出我国研究生招生制度未来改革的建议：继续扩大高校办学自主权；构建面向通用能力的测试系统；推行“两段制”招考模式，提升双向选择活力。①

南京大学王世岳等人对德国应用科学大学毕业生攻读博士的权利之争进行了研究。在德国，是否具有博士学位授予权是大学与应用科学大学最为显著的差异之一。为了探索博士研究生培养的新路径，衔接应用型和学术型人才培养，德国联邦与联邦州近年来推行多项政策，让应用科学大学毕业生有机会攻读博士学位。博洛尼亚进程也为德国高等教育一体化创造了契机。但德国大学对此态度极为谨慎，招收博士研究生要求应用科学大学毕业生须专业对口，拥有优异的学习成绩，并完成预备学习，这让应用科学大学毕业生的学术进修之路漫长而艰难。应用科学大学毕业生学术进修的权利之争，反映了研究生教育改革过程中应用型和学术型人才培养衔接的艰难。②

研究生规模是各研究型大学研究生教育发展战略的重要组成部分。华中科技大学彭湃等人通过对世界排名前 500 名的中美一流研究型大学的比较，得出我国一流研究型大学研究生培养总体规模偏大，生师比偏高，但博士生培养规模偏小的结论。师资和研发经费是影响大学研究生规模的关键资源。相对美国一流研究型大学，我国大学在两种资源的支持力度上均有较大改进空间。我国大学需要找准自身研究生培养的世界方位，科学地确定培养规模。③

北京师范大学吴敏等人通过对美国专业博士学位的学科结构及其授予规模的研究可知，美国专业博士学位的学科群以应用型为主，且专业结构丰富。美国专业博士学位授予规模呈现出急剧下降和趋于稳定的阶段性发展特点，但其

---

① 朱鹏宇，马永红，林莉萍，白丽新．英美研究生招生制度对我国的启示［J］．研究生教育研究，2018（3）：84—89.

② 王世岳，秦琳．艰难的衔接：德国应用科学大学毕业生攻读博士的权利之争［J］．学位与研究生教育，2018（10）：65—71.

③ 彭湃，龚雪．一流研究型大学应培养多少研究生——基于中美数据的比较研究［J］．高等工程教育研究，2018（4）：126—131.

年增长率波动较大；各学科群或各专业领域学位授予规模表现出不均衡性，教育博士学位授予规模遥遥领先于其他专业学位授予规模。基于美国专业博士学位发展特征和我国专业博士学位现状提出如下建议：一方面，我国专业博士学位发展应立足市场需求，增设应用型专业博士学科门类，优化专业结构；另一方面，谨慎发展专业博士学位人数的规模，保障专业博士培养质量。①

二、研究生就业技能及影响因素

研究生就业日益受到教育行政部门及社会各界的关注，如何提高研究生就业竞争力是摆在研究生就业方面的一个重要难题。学者们通过介绍国外在研究生就业技能培养方面的先进经验，探究研究生就业影响因素，寻求解决路径成为学者研究的一个重点内容。

山西财经大学张卫国等人介绍了剑桥大学培养研究生创业能力的做法，即从校内创业教育支持与校外创业环境支持两个维度，构建了研究生创业能力的培养机制。具体做法是：为研究生开设系统的创业课程，采用多样化的创业课程教学方法，配备雄厚的师资队伍，打造良好的校园科技创业实践环境。同时，剑桥大学还嵌入英国政府支持架构，发掘多元校外支持网络主体，营造了研究生创业支持生态环境。认为我国高校应借鉴剑桥大学先进经验，完善研究生创业课程与教学机制，加强创业教育师资力量，优化科技创业实践环节，营造政产学联动创业支持环境。②

安徽农业大学武海峰基于美国一流高校研究生教学证书项目的研究，提出哈佛大学等一流高校借助研究生教学证书项目成功地推动了大学教师“职前阶段”，即研究生阶段的教学能力发展。研究生教学证书项目的核心在于以结构化的项目活动为载体，推动申请者主动积极地发展教学素养和教学能力：关注申请者教学素养和能力的“养成”，凸显教学素养和能力发展的过程性；侧重主题项目设计与实施，聚焦教学素养和能力发展的关键点；重视主体性激发，推动申请者在反思中发展；推崇实践浸润，推动申请者在教学实践中积累经验；注重项目结构的科学设计，兼顾基础性与发展性。③

清华大学王轶玮认为美国博士生学术职业社会化的相关研究是理解博士生

---

① 吴敏，姚云．美国专业博士学位的学科与规模特点研究［J］．学位与研究生教育，2018（8）：73—77．

② 张卫国，郝桃桃，牛晶晶．英国高校研究生创业能力培养机制及其启示——以剑桥大学为例［J］．学位与研究生教育，2018（8）：68—72．

③ 武海峰．为胜任大学教学做准备——基于美国一流高校研究生教学证书项目研究［J］．高教探索，2018（11）：33—40．

培养的具有代表性的工具，其从专业社会化的角度展示了博士生学习与发展的图景，成为了支持美国博士生教育改革的重要研究基础。文章从研究的背景入手，对其代表人物和主要观点进行概述，进而从国家、院校以及学会三方面对促进博士生学术职业社会化的实践举措做出了剖析与总结。在我国博士生教育快速发展的关键时期，关注博士生社会化对于不断改进和完善博士生的培养过程，加强博士生的学术职业准备具有重要的借鉴意义。社会化理论鼓励师生、生生交往，培养机构营造良好的学术环境，向学生传达明确的学术期望；强调家庭、朋友的支持和鼓励；同时注重专业协会联系行业与高校的辅助协调作用。①

第二节　研究生教学培养模式的国际比较

研究生教育领域中的“教学培养”涵盖课程建设、教学方法、培养模式、奖助体系等内容，其模式的科学性与否直接影响甚至决定整个研究生教育的质量。2018 年，入选“研究生教学培养模式的国际比较”主题的代表作共 30 篇，分布于课程体系建设、教学方法创新、培养模式改革、资助体系完善 4 个领域。

一、研究生课程体系建设

研究生课程教学是研究生从事专业研究的基础，也是研究生培养的一个重要组成部分，是保障研究生培养质量的必备环节，在研究生成长成才中具有全面、综合和基础性作用。重视课程学习、加强课程建设、提高课程质量，是当前深化研究生教育改革的重要和紧迫任务。课程体系改革及建设成为学者研究的一个重点，本主题收录 3 篇相关研究文献。

高质量的教师教育课程有助于培养高素质的教师。华东师范大学姜勇等人通过哈贝马斯对人类认识的三种旨趣分析的视角来理解境外教师教育课程的 3 次重要变迁。认为“知识关注”阶段的教师教育课程关注教师应具备的核心素养，包括必要的知识、关键的能力与必备的品格。“实践关注”阶段的教师教育课程注重的是教师日常的教育生活中的鲜活、动态、丰富、智慧的实践。“精神关注”阶段的教师教育课程则关心的是教师的内在精神和内心世界的洗礼与

① 王轶玮. 美国博士生学术职业社会化的相关研究与实践［J］. 高教探索，2018（11）：63—70.

升华，或者说内在心灵的成长。这对新时期我国教育硕士课程改革走向“精神关注”，关注教育硕士生的心灵转向的课程改革提供了新的思考方向和路径选择。课程改革需要平衡人文课程的学科占比，奠定深厚的人文底蕴；完善实习、见习等实践课程的制定与评估体系；定期的职业训练与心理辅导，加强教育硕士生专业认同感和职业归属感。①

南京理工大学毛晓翔等人研究了代尔夫特理工大学航空航天学院的项目教学课程的研究生助教制度。研究表明，为适应欧洲高等教育一体化发展战略和企业界对工程人才能力期望的变化，代尔夫特理工大学航空航天学院重构新学制、重新定义培养目标、开设项目教学课程。围绕项目教学的探索性、实践性和协作性等情境特征，该学院充分发挥研究生助教的优势，通过降低生师比、打造学习共同体，增强学生的学习主动性、专注度和组织效率，实现研究生和本科生的“双向”综合培养。探析该学院研究生助教制度的构建原则、岗位设置、培训课程、激励约束和评估优化机制等，对我国研究生助教制度发展具有借鉴意义：优化改进项目教学课程，提升工程实践教学的质量和水平；改革发展研究生助教制度，发挥其在人才培养中的积极作用。②

西北师范大学熊华军等人通过对名古屋大学“女性领导者养成项目”的分析可以看出，从部分来说，日本“博士课程制教育引领计划”具有6大特征：遴选的高标性、能力的导向性、过程的一体性、课程的跨学科性、保障的整合性和评估的第三方性。从整体来说，日本“博士课程制教育引领计划”具有“1、2、3、4、5”贯通的特征，即能力导向1个主线的贯通；硕士研究生和博士研究生2个时间段的贯通；政府、大学和第三方机构3个主体的贯通；校内、区域、国内和国外4个空间的贯通；课程设置、教学方法、导师指导、实践基地、科研平台5个培养要素的贯通。③

二、研究生教学方法创新

研究生教育在国家实施“科教兴国”战略、国家知识创新工程与培养高素质创新性人才方面承担着重要使命，创新研究生教学方法，提高研究生培养质量是现阶段高等教育需要重视和亟待解决的问题。我国学者针对研究教学方法

① 姜勇，柳佳炜．境外教师教育课程改革的范式变迁对我国教育硕士课程改革的启示［J］．学位与研究生教育，2018（6）：44—50.

② 毛晓翔，吴清．基于项目教学课程的研究生助教制度——代尔夫特理工大学航空航天学院的经验与启示［J］．高教探索，2018（5）：93—98.

③ 熊华军，陈怡静．日本博士课程制教育引领计划的特征——以名古屋大学“女性领导者养成项目”为个案［J］．研究生教育研究，2018（2）：83—89.

创新及导师指导能力提升进行了研究，本主题收录文献 4 篇。

教育部学位与研究生教育发展中心李征博等人认为我国专业学位研究生案例教学在案例库建设、案例教学与案例开发激励机制及案例使用等方面都存在一些亟待解决的问题，阻碍了专业学位研究生案例教学的发展。介绍了哈佛大学商学院案例教学运行模式，即由案例教学支持系统、运作系统和教学目标为核心的运行模式。围绕我国专业学位研究生案例教学运行中存在的问题，提出应协调国家相关部门、培养单位、教师及国外案例平台等机构和资源，从支持系统、运作系统和案例教学目标等方面促进我国专业学位研究生案例教学的发展。①

江苏师范大学高田钦等人探析墨尔本大学教育硕士“临床实践”实习体系，发现为加强教育硕士“临床实践”培养模式的专业实践性，促进“临床实践”中小学教师的培养，墨尔本大学通过定位明确具体的实习培养目标，搭建政府、高校、中小学三方合作保障平台，设置全面合理的实习内容安排，以及建立严格细致的考核标准等改革措施，形成了具有鲜明特色的教育硕士“临床实践”实习体系。②

研究生教育中，导师的学术指导水平是影响研究生培养质量的重要因素之一，然而对于研究生导师制度的研究在国内外都比较缺乏。清华大学王轶玮在文章中选择英国顶尖研究型大学的代表牛津大学，以其研究生导师制度为研究对象，从资格与任命、责任与角色、指导过程、质量保障和权益维护五个方面对导师制度的特征进行分析。以此对我国研究生导师制度的启示：推进研究生导师遴选机制创新，重视导师的培育与发展；明晰导师职责，建立指导过程守则；提高指导质量，完善质量保障机制建设；促进平等交往，维护研究生合法权益。③

华中师范大学姚林等人以澳大利亚高校研究生导师专业发展项目为研究对象，探讨如何实现研究生导师“专业化”。研究发现，以促进研究生导师专业化为目的，澳大利亚高校围绕研究生导师的工作实践，组织开展形式丰富多样的研究生导师专业发展项目，并及时评估专业发展项目的形式、内容、效果。澳大利亚高校的导师专业发展项目具有以下四个特点：学校和系部相结合、岗前和岗后一体化、线上和线下相融合、需求和支持相对接。借鉴澳大利亚高校

---

① 李征博，曹红波，郑月龙，胡京波．哈佛大学商学院案例教学运行模式及对我国的启示［J］．学位与研究生教育，2018（11）：66—71.

② 高田钦，蒋燕．墨尔本大学教育硕士“临床实践”实习体系探析［J］．研究生教育研究，2018（3）：90—95.

③ 王轶玮．英国顶尖研究型大学研究生导师制度及其启示——以牛津大学为例［J］．学位与研究生教育，2018（10）：71—77.

的经验，我国研究生导师专业发展不能止步于新晋导师培训的初级阶段，更要构建具有中国特色的研究生导师专业发展制度，系统、全面、持续地推动研究生导师专业化发展。①

三、研究生培养模式改革

研究生教育改革势在必行，而研究生培养模式的改革与创新成为重中之重。研究生培养模式改革就是要根据社会发展的需求，不断探索和发现在新的社会形态下适合高层次人才培养的规律和特点，从而形成符合国情，有利于研究生全面素质提高，有利于创新能力和个性发展，并能够与经济、社会和科技发展紧密结合的研究生培养模式。学者针对研究培养模式改革进行了大量的研究，产出了众多成果，共收录文献20篇。

1. 博士生培养模式

博士职业选择趋向多元化，使博士生教育面临一些挑战，聚焦“学生成功”是应对挑战的新转向。北京航空航天大学胡天助基于对加拿大麦吉尔大学博士生培养模式的探究，认为界定“学生成功”不再是传统习惯上以获得学位证书为依据，而是综合考量学生的教育结果与教育经验获取。因此，“学生成功”的要素、衡量标准、促进举措将是多元化、系统性的。麦吉尔大学认识到博士生教育存在的弊端，丰富“学生成功”内涵，聚焦学生可转移技能与健康，继而制定了“学生成功综合模式”。该模式内含学术、福利与学生生活、职业与专业发展三个方面，并凸显一些实施成效。“学生成功”是博士生教育的新旨趣所在，我国博士生教育可以从完善博士生培养方式，开展在读博士生、毕业博士调查，推进博士生职业与专业发展指导，优化博士生教育质量评价四个方面着手实现学生成功。②

北京航空航天大学孙维等人以美国佛罗里达大学在线教育技术博士项目为例，深入分析了项目的设计理念和理论基础。研究发现：①联通主义理论为在线博士教育的知识创新提供了渠道和介质；②应用探究团体理论有助于博士生在虚拟学习环境中的互动交流并最大限度地融入项目学习中；③学术性与实践性相结合的教育博士培养理念，有助于培养博士生解决问题的能力。在我国积极推进教育信息化的背景下，文章提出了对我国博士教育培养模式改革的启示：

---

① 姚林，王建梁．研究生导师“专业化”如何实现？——澳大利亚高校研究生导师专业发展项目研究［J］．学位与研究生教育，2018（8）：7—12.

② 胡天助．聚焦学生成功：博士生教育的新旨趣——基于加拿大麦吉尔大学博士生培养模式的探究［J］．学位与研究生教育，2018（5）：68—73.

第一，建立网络学习空间，变革博士教育模式；第二，提高高校教师信息技术应用能力和素养；第三，突出教育博士培养实践性的原则。①

山东大学张天舒对21世纪日本博士教育政策改革进行了研究。在高端人才培养后继乏力和科技实力相对下降的背景下，日本相继推出“21世纪COE计划”“全球COE计划”“博士教育引领计划”和“卓越大学院计划”等研究生教育改革措施。这些改革既有连续性，也有新特征：世界一流研究生院建设成为国家战略的组成部分，是国家创新体系的重要支柱；博士培养模式由“研究室封闭型”到“研究生院规范型”再到“精英组织参与开放型”；博士培养体系呈现美国化转向，强调课程结构化、培养组织化、过程国际化。对我国的启示：高等教育变革成为国家战略；博士培养模式由“研究室”到“研究生院”再到“精英组织参与”的转变；纵向打通，横向联合，优化育人环境，提升人才培养质量。②

井冈山大学王文礼介绍了约翰·霍普金斯大学在线教育博士项目。他认为作为一个创新性项目，该项目开设背景包括：学习科学的不断发展、教育技术的飞速进步、营利性教育机构的快速发展和在职人员攻读博士学位的热情高涨等。约翰·霍普金斯大学在线教育博士项目具有灵活性强、费用较低、重视培养学生的实践能力等特点。研究认为我国政府、教育部门、高校和学者们有必要加强对包括在线教育博士项目在内的在线博士生教育的研究，学习和借鉴美国在线博士生教育的经验，可以先在我国一些博士生教育开展得比较好的大学进行在线博士生教育的试点，从教育博士等专业学位入手，让更多的在职工作人员有时间、有条件攻读博士学位——如果效果良好，再考虑大范围推广。③

欧洲工业博士学位项目于2012年正式创建，目标是通过非学术部门，特别是企业参与博士生的培养，加强大学（科研院所）、企业的创新能力，井冈山大学王文礼对该项目进行了研究。欧盟委员会于2017年3月8日正式发布了《欧洲工业博士学位——提高就业能力和创新》报告，详细介绍了截至2016年3月对欧洲工业博士学位项目进行评估的结果，发现该项目对博士生和参与的机构都产生了比较大的正面影响，总体上达到了创建该项目的目的。鉴于此，在我国大力推行创新驱动发展的战略和强力推动“新工科”建设的背景下，我

① 孙维，黄旭光，马永红．美国佛罗里达大学在线教育技术博士项目设计研究及启示［J］．电化教育研究，2018，39（9）：114—122.

② 张天舒．21世纪日本博士教育政策改革研究———兼论“卓越大学院计划［J］．中国高教研究，2018（5）：98—103.

③ 王文礼．世界一流大学的创新：约翰·霍普金斯大学在线教育博士的培养模式和启示［J］．现代教育技术，2018（2）：93—99+53.

国工科博士生教育的改革方向应该是在提升学术型博士生质量的基础上，大力推广实施类似欧洲工业博士学位项目的校企联合培养博士生的项目，加强高校和工业、企业的合作，培养符合经济、社会发展的创新型人才。①

密歇根州立大学在2010年夏天开设了教育心理和教育技术混合博士项目，是世界上第一个教育技术混合博士项目，具有里程碑的重要意义。井冈山大学王文礼研究发现，该项目培养模式的特点为：招生对象为有工作经验的专业人员，主要在夏季授课，让学生通过群组模式进行学习，项目要求严格，教学是采用传统的面对面授课和在线教育两种方式。建议我国在推进博士生教育综合改革之际，可以尝试在这14所重点高校先试点开展混合博士项目，不断创新博士生教育的培养模式，顺应教育信息化的浪潮，开创互联网+教育的新局面。在试点取得成功后，再在全国范围内推广混合博士项目。②

华中师范大学姚林等对三重视角下的英国专业博士学位教育发展进行了研究。认为20世纪80年代的英国社会对“学者型专业人员”的需求、高等教育市场化下的大学自身逻辑发展以及个人专业发展需要等因素，共同催生了专业博士学位教育。近40年英国专业博士学位教育日臻成熟，对英国社会、高校、个人都产生了积极影响，形成了三位一体的正向反馈模式。当前英国专业博士项目依然面临着专业博士认可度和身份认同有待提高的问题；国内市场供大于求，专业博士项目面临“增长极限”；工读冲突、导师指导不足等困境与挑战，其根本解决措施就是更卓有成效地提升专业博士生在工作实践中的研究能力。鉴于此，我国应坚定信心并鼓励专业博士学位教育发展，规避出现类似于英国专业博士教育发展过程中的诸多问题，使之更好地服务“双一流”建设，为我国社会、经济、科技的发展添油助力。③

2. 硕士生培养模式

北京大学郭雳以北京大学和哈佛大学为例，对两校法律专业学位研究生的培养模式进行了比较。两校均以培养实践型人才为主要目标，以层层递进的培养方案帮助学生系统性地成长，兼顾国际化与本土化，积极回应时代发展的要求。通过对比，认为以北京大学为代表的我国高校在法律专业学位研究生培养中，在课程安排、方向设置等方面仍有进一步的优化空间，资源投入也需进一

① 王文礼. 欧洲工业博士学位项目的培养模式和实施效果［J］. 研究生教育研究，2018（5）：82—89.

② 王文礼. 美国密歇根州立大学教育心理和教育技术混合博士项目及其启示［J］. 高教探索，2018（9）：66—72.

③ 姚林，王建梁. 三重视角下的英国专业博士学位教育发展研究［J］. 清华大学教育研究，2018，39（4）：81—86.

步跟上，同时对办出“中国特色、世界一流”法律专业学位研究生教育应有信心。①

浙江师范大学俞婷婕对美国一流研究型大学教育硕士培养目标进行了探析。认为“致力公平”和“追求卓越”是美国一流研究型大学教育硕士培养目标表述中的高频词汇，公平、卓越的价值取向是教师角色与素质能力的基本要求。美国一流研究型大学教育硕士培养目标设置的经验可以提供如下启示与借鉴：顺应基础教育发展需求，构建理想教师角色丛；结合大学办学定位与优势，优化教育硕士培养目标；兼顾实践性与研究型，培养高素质研究型教师；适应社会和时代需要，拓展和更新培养目标的内涵。②

江苏大学张苏等人认为美国“微硕士”项目由麻省理工学院最先发起，是一项提供研究生水平课程的学位项目。该项目实行线上线下混合培养模式，学习者通过在线学习获得微硕士认证后可申请进入校园学习，进而获得正式硕士学位。微硕士项目体现了在线教育与传统高等教育的博弈与合作，在线教育开始冲击传统高等教育的核心产品——学位，以低廉高质量的教育产品抢夺高等教育市场，倒逼高校主动将在线课程纳入正式的学位项目，实现在线教育与传统学位项目的联姻。③

江苏师范大学高田钦等人介绍了澳大利亚墨尔本大学教育硕士“临床实践”培养模式在培养目标、学制设置、课程管理、实习实践、考核形式等方面的鲜明特色。审视该培养模式遵循的教育理念，反思这种模式在我国实施的可能性，提出了该培养模式的实现路径，即准确定位培养目标，制定具体的落实措施；创新学制管理，满足多样化需求；拓宽课程设置，丰富课程教学方式；建立稳定的教学实习体系，提供丰富的实践形式；实施科学严格的考核，提高学习的有效性。④

浙江师范大学鲍嵘等人以英国精英大学的实践经验为例对硕士研究生能力图景及发展进行了研究，认为能力组合是硕士生综合素质的一个侧面，英国为保持在全球高等教育的领先地位，硕士研究生教育比较重视培养学术研究能力、协作沟通能力、终身学习能力、市场准入能力与职业伦理执行能力。为达成培养硕士研究生能力图景目标，英国大学推行术业合一的导师制，提供多样化学

---

① 郭雳．中美一流法律专业学位研究生培养模式比较——以北京大学和哈佛大学为例［J］．学位与研究生教育，2018（11）：71—77.

② 俞婷婕．美国一流研究型大学教育硕士培养目标探析及启示［J］．中国高等教育，2018（21）：60—62.

③ 张苏，张忠华．美国“微硕士”学位项目评析［J］．研究生教育研究，2018（1）：91—95.

④ 高田钦，蒋燕．澳大利亚墨尔本大学教育硕士“临床实践”培养模式的解读与借鉴［J］．学位与研究生教育，2018（2）：65—71.

习环境，科学规制课程体系，行业协会参与硕士生培养，完善资源支撑。这对我国硕士研究生教育具有一定启示：因时制宜制定硕士研究生能力发展框架；合理规划硕士研究生课程教育体系；开设硕士研究生专项科学研究计划。①

河北大学李文英等人认为日本硕士专业学位研究生教育受20世纪后半期社会经济形势变化、高等教育自身发展的迫切需要以及美国专业学位研究生院的影响，于2003年正式开展。其发展经历了探索阶段、确立阶段和扩展阶段，在发展过程中逐步完善制定专门法律法规保障专硕制度体系的独立性、适时调整专硕的学科种类以适应市场的需求、兼顾传统优势学科发展和弱势特色学科的建设等优秀经验，值得我国学习借鉴。②

3. 研究生联合培养

厦门大学黄巨臣对日本研究生国际化培养机制的改革实践进行研究，认为受到国家战略与发展目标转变、产业升级与经济结构调整、人口结构与教育需求变化以及危机意识强化等因素影响，近年来，日本开始了新一轮的研究生培养机制改革，主要做法是在本土推行联合学位，通过实施严选合作标准和实行多元选拔、共同开发课程和弹性学分管理、拓展资金来源和提升师资国际化、开展学业审查和规范学位授予等措施，形成了自身鲜明的特征并取得一定成效。现阶段，我国在研究生培养机制改革过程中，可借鉴日本有益经验，重点从提供法律支持与政策保障、进行课程创新性建设与研发、建立健全教师培训制度以及实施多导师联合培养模式等方面着手，系统优化研究生教育结构并提升研究生国际化的培养质量。③

为了鼓励欧洲国家之间以及欧洲与世界其他地区在高等教育领域，特别是学生交流方面的合作，欧盟出台了伊拉斯谟系列计划，已历经30年。南京大学陈晓清等人针对伊拉斯谟系列计划中的研究生联合培养项目进行研究，总结了该项目在研究生联合培养方面的主要内容、模式特点、培养成效，并以此为基础分析了该计划对我国高校研究生联合培养的启示：参与国际大项目增加学生国际交流的渠道；强化科教融合理念创新学生国际化培养模式；利用网络新技术扩大学生的国际交流面；加大资助力度从而增加研究生海外研修机会。④

---

① 鲍嵘，朱华伟．硕士研究生能力图景及发展研究——来自英国精英大学的实践经验［J］．研究生教育研究，2018（6）：83—89.

② 李文英，陈元元．日本硕士专业学位研究生教育的发展及经验［J］．研究生教育研究，2018（4）：91—95.

③ 黄巨臣．联合学位：日本研究生国际化培养机制的改革实践及启示［J］．高教探索，2018（4）：45—51.

④ 陈晓清，孙雯．欧盟伊拉斯谟系列计划中的研究生联合培养模式研究［J］．江苏高教，2018（4）：98—103.

中国地质大学（武汉）陈翠荣等人认为密歇根大学基于“广泛而丰富”的文化教育观、“多样性、公平、包容性”的治校纲领以及“不合作就死亡”的开放性办学思想，较早开始了跨学科研究生培养的探索。其实现途径包括：强调研究生生源多样化，引导学生认识和理解不同的文化背景；跨学院聘任教师，实现跨学科师资共享；设置跨学科研究生课程、专业及项目；建立多种交流平台；吸纳研究生参与跨学科研究计划。总体而言，密歇根大学有着较为深厚的跨学科研究生培养的理念基础，通过多种途径进行了卓有成效的探索实践，已形成了一套较为成熟的跨学科研究生培养机制，对我国开展跨学科研究生培养改革具有诸多启示：我们要注重招收不同学科背景的学生，培养其开放、多学科的思维方式；完善跨学科教师评聘机制，促进不同院系师资共享；积极研制跨学科研究生课程体系，设立跨学科研究生专业与项目；畅通沟通交流渠道，鼓励研究生参与跨学科项目计划。①

兰州大学包水梅等人以普林斯顿大学为例，对美国研究型大学博士生跨学科培养的基本路径与支撑机制进行研究。该校博士生跨学科培养的基本机制是：以拓宽学生视野、促进学科间交流，解决复杂的社会及科研问题，增强学生的职业适应及转换能力为基本宗旨；以跨学科授予学位、跨学科设置研究项目和方向为基本路径；以专门的跨学科组织机构和制度建设、跨学科师资配备及跨学科提供课程作为博士生跨学科培养的支撑机制。借鉴普林斯顿大学的上述特征，我国高校博士生跨学科培养中应以尊重学生学习自由为理念，以复杂议题为依托，通过自主开发跨学科学位和跨学科项目、专门的跨学科组织机制建设、“多学科”与“大跨度”的师资与课程资源整合、“高标准”和“全渗透”的跨学科科研训练切实推进博士生的跨学科学习和研究。②

厦门大学徐岚等人基于美国IGERT项目的分析，对跨学科研究生核心能力及其培养途径进行研究。根据美国研究生教育与科研训练一体化项目划分跨学科研究生核心能力的五个维度阐述相应的培养途径，包括开展多学科和跨学科课程、建立跨学科学习社群、建设跨学科研究团队、完善跨学科导师组制和参与校外实践活动等。研究发现：IGERT项目是以研究生为中心的、围绕有潜力的跨学科研究生组织师资和其他资源，通过多样化的培养途径，建立导师和研究生的跨学科身份认同。这为我国高校在强调“双一流”学科群建设的背景下开展跨学科研究生培养提供了启示：以研究生培养为中心组织项目并与跨学科

---

① 陈翠荣，李冰倩．密歇根大学跨学科培养研究生的理念基础、实现途径及面临的挑战［J］．外国教育研究，2018，45（8）：3—14.

② 包水梅，谢心怡．美国研究型大学博士生跨学科培养的基本路径与支撑机制研究——以普林斯顿大学为例［J］．江苏高教，2018（3）：95—100.

研究紧密结合；围绕核心能力选拔有潜力的跨学科人才；落实多样化的跨学科研究生培养途径；建立教师和研究生的跨学科身份认同。①

南京师范大学林祥瑜分析了日本研究生复合型人才培养特点，认为新时期日本各研究生院致力于将复合型人才培养贯穿研究生培养的始终，并以产学联合为抓手，培养研究生的实践能力。通过开发系统化的研究生课程体系，切实推进“研究基地重点化”；依托文部科学省项目，进行研究生学位和课程改革；响应社会和产业界需求，在复合型指导体制下跨学科、跨领域培养研究生复合型人才。②

STEM 研究生的培养不只是学校的职责，还需要高校、研究机构、中小学等的合作。河南大学赵慧臣等通过解读《美国国家科学基金会 K－12 教育中的 STEM 研究生（GK－12）项目指南》，探讨 STEM 研究生合作培养的多元模式、组织结构、人员招聘、实施要素、项目评价等。文章最后提出了美国 STEM 研究生合作培养的启示，包括：注重研究生合作培养的可持续性和资金来源的多元化；建立高效的组织结构；严格选择研究生培养的合作伙伴；形成优质的合作关系；科学评价合作培养的效果等。③

四、完善研究生资助体系

研究生资助是研究生收费中保障公平、实现调控、优化结构的一个必不可少的环节和财政手段。我国正在努力建立、健全适合我国国情的具有中国特色的研究生资助政策体系，但我国现有的研究生资助政策体系还不成熟，不能很好地满足我国日益壮大的研究生教育的需要，还需要不断借鉴国外先进经验，逐渐完善我国研究生的资助体系。2018 年，有 3 篇文献对研究生资助体系的完善进行了研究。

研究生国家奖学金制度的设立对我国研究生培养质量的提升、高水平科研成果的培育以及拔尖创新型人才的培养起着重要的作用。北京师范大学洪柳认为我国研究生国家奖学金制度存在与国家需求结合不紧密，评审不尽合理，评审标准缺乏科学性、操作性、一致性，评审机制缺乏公平性，研究生国家奖学金竞争不充分等问题。分析了我国研究生国家奖学金现存问题，借鉴美国

① 徐岚，陶涛，周笑南．跨学科研究生核心能力及其培养途径——基于美国 IGERT 项目的分析［J］．学位与研究生教育，2018（5）：61—68.

② 林祥瑜．日本研究生复合型人才培养特点分析［J］．江苏高教，2018（6）：102—107.

③ 赵慧臣，马佳雯，马悦．美国 STEM 研究生合作培养的特点与启示［J］．开放教育研究，2018，24（3）：50—58.

科学基金会研究生奖学金项目的做法和成功经验，提出了创新和完善我国研究生国家奖学金制度的办法：首先是改进和完善我国研究生国家奖学金的现有制度。我国研究生国家奖学金应以国家需求为导向，体现国家发展战略；应重视基础研究，加大对基础研究的倾斜，对不同高校进行分类指导，凸显研究型大学的基础研究地位；应以产出高水平的科研成果为导向，建立国家评审标准。其次是以创新驱动发展战略为导向，增设竞争性的研究生国家奖学金项目。①

厦门大学吴薇等人总结梳理了美国研究生资助在资助规模、资助来源和资助配比三个方面的实施成效以及在联邦资助、贷款资助、资助主体和机构资助四个方面的发展趋势，在此基础上从研究生资助的入口、主体、手段、对象四个角度入手，以“开源”“融合”“优化”“定制”为原则，提出明确政府政策导向，创建多元化资助体系；强化高校主体意识，促进灵活自主资助；优化贷款配套政策，发挥其核心作用；划分资助对象，实现精准资助等完善我国研究生资助政策建议。②

中国地质大学（武汉）陈翠荣等人对美国联邦政府博士生资助的主要方式及其特点进行了分析。认为不同的资助方式对博士生的学业完成率、完成时间及学术发展情况具有不同的影响。美国是较早开展博士生资助的国家，联邦政府对博士生主要采用无偿型、有偿型和借贷型三种资助方式。考察联邦政府资助博士生的主要方式，发现其具有如下特点：根据博士生的学科、年级、类型不同，采取差异化资助方式；利用博士生资助方式引导美国顶尖人才的培养方向；针对特殊博士生群体运用相应的资助方式；多种资助方式互为补充，发挥资助的最佳效应；资助力度较大、覆盖面较广，能够满足博士生的基本生活需要。这些资助方式对我国政府完善博士生资助体系，进行精准资助具有重要的启示：政府要承担起博士生资助的主要责任，借助合理的资助方式引导拔尖人才培养；根据博士生的类别、专业、年级有针对性地实施多元化资助方式；进一步丰富资助方式、加大资助力度，免除博士生学习研究的后顾之忧；为特殊背景的博士生设立专项资助。③

---

① 洪柳．我国研究生国家奖学金制度现存问题研究——以美国科学基金会研究生国家奖学金为借鉴［J］．学位与研究生教育，2018（12）：67—72．

② 吴薇，崔亚楠．美国研究生资助政策实施成效和发展趋势探析［J］．教育科学，2018，34（4）：82—89．

③ 陈翠荣，周蕾．美国联邦政府博士生资助的主要方式及其特点分析［J］．中国高教研究，2018（1）：92—97．

第三节　研究生管理体制的国际比较

随着经济全球化的发展，人才竞争就是综合国力竞争，而研究生教育则是培养高层次的创新型、应用型人才的主要途径之一，对国民经济发展、国际科技等都具有重要的影响。随着教育体制的改革，研究生教育所呈现出的优势，使学界和社会对研究生教育体制、管理体制研究投入更多的热情。2018 年，有 11 篇文章对国外研究生教育体制进行了研究，以期对我国研究生管理体制改革提供可借鉴的经验。

一、研究生管理体制改革

当前，我国研究生教育正面临着从大国向强国的转变，面临着从外延建设向内涵建设的转型。国内外形势的深刻变化，日益凸显研究生教育的战略地位，迫切需要对研究生教育体制进行改革。我国学者通过介绍其他国家研究生教育体制改革的经验，为我国研究生教育转型和改革提供启示。

伴随着产业结构、就业结构的变化，美国博士教育的目的、结构、培养模式都随之发生变化。山东女子学院李云鹏对近百年来美国博士教育转型发展进行了研究，认为转型后的美国博士教育促进了美国社会经济的发展。我国的博士教育正在转型发展之中，迫切需要重新定位博士教育，全面规划专业博士的规模结构。建议我国积极发展专业博士教育，改变博士教育的目的、结构和培养模式，同时做好质量保障体系的建设工作。①

武汉大学王传毅等人对南非博士生教育的现状、问题及改革发展进行了研究，认为博士生教育是南非高等教育发展中的重要规划，南非博士生教育存在规模水平较低，类型结构单一和支撑条件较弱等问题；当前，南非部分高等院校正致力于高质量地扩大博士生教育规模，增设新的学位类型，以制度创新优化支撑条件水平，以多方面的改革更好地促进博士生教育发展。②

西北师范大学熊华军等人介绍了美国进行 STEM 研究生教育改革的背景，

---

① 李云鹏. 百年来美国博士教育的转型发展及其启示［J］. 高等工程教育研究，2018（4）：132—136.

② 王传毅，程哲. 南非博士生教育：现状、问题及改革［J］. 学位与研究生教育，2018（7）：72—77.

认为内寻公平、外求强大是美国 STEM 研究生教育改革的外在动因；提规模、保质量、增效益、调结构是美国 STEM 研究生教育改革的内在动因。“效率优先、更加注重公平”贯穿着美国 STEM 研究生的招生、培养、毕业三个环节，遴选优秀的学生攻读 STEM 研究生学位，严格地培养 STEM 研究生，让 STEM 研究生顺利找到合适的工作是美国 STEM 研究生教育改革的发力点。在改革过程中，政府、社会和学校各司其职，共同推进美国 STEM 研究生教育改革。①

现代智库已告别早期智库以政策研究为核心功能的定位，而是以提升全球竞争力为目标、构建多元的政策网络、强调“基于证据”的智库作用，以研究和数据为支撑在知识与政策之间发挥桥梁作用。清华大学刘雅等人对欧美研究生教育改革中“基于证据”的作用机制较有代表性的智库机构 EUA 和 CGS 的案例进行了分析。EUA 的案例揭示了教育智库如何以“项目”为依托积极介入政策过程，并与决策者、大学和其他机构构建“政策伙伴关系”而共同推动改革进程；CGS 的案例着重分析了教育智库知识—政策转化的“TVND 模型”，即现代智库如何通过政策研究（Thinking）、政策倡导（Voicing）、联系网络（Networking）、实践改进（Doing）四个维度发挥直接与间接的政策影响力。这对当前我国智库的建设都提供了有效的借鉴价值。②

西北工业大学张炜在阅读《研究生院之道》后总结了美国研究生教育的困境与出路，该书讨论了美国研究生特别是人文博士研究生教育中存在的问题，如双轨模式定位不清、课程教学脱离实际、综合考试方法欠佳、论文写作偏离培养目标、完成学业时间过长、辍学率偏高、学术就业供求矛盾等，并从历史演变、系统背景、市场作用等视角分析了原因，建议应加强道德规范、优化培养目标、改革课程教学、明确论文要求、拓宽就业选择、强化导师责任，对于了解和借鉴美国研究生教育不无裨益。③

西北工业大学张炜对中美博士研究生教育发展趋势进行了比较分析，认为进入 21 世纪，美国博士研究生教育出现了一些新变化，将大部分第一级专业学位纳入博士统计范围，博士学位授予数量持续增长，拥有博士学位授予权高校的数量不断增加，博士学位获得者中少数族裔占比进一步提升，女生人数开始超过男生。与美国相比，我国博士毕业生的年均增幅较大，但近年来增速下降，

---

① 熊华军，李燕．透视美国 STEM 研究生教育改革［J］．学位与研究生教育，2018（6）：69—75．

② 刘雅，袁本涛．“基于证据”：现代教育智库功能的提升——对欧美研究生教育改革中 EUA 和 CGS 的案例分析［J］．教育研究，2018，39（10）：76—84．

③ 张炜．美国研究生教育的困境与出路——《研究生院之道》读后感［J］．学位与研究生教育，2018（1）：67—73．

绝对与相对规模均低于美国，硕博比越来越高，理工科博士占比较大，专业博士人数较少，高校与区域分布都不平衡，国际化程度有待提高。建议进一步统筹优化规模、结构、质量和效益，实现博士研究生教育内涵式发展。①

二、研究生学位制度管理

在知识社会中，高层次人才的引育是国家发展的核心要素。如何改善研究生教育制度的顶层设计，进一步完善研究生学位制度成为全球热点，本小节共收录5篇研究生学位制度的相关文献。

上海师范大学卞翠对法国博士学位制度演变及其影响因素进行了分析，认为法国博士学位制度经历了单一学科导向的专门职业从业资格教育、职业型与学术型学位分化与贯通、多学科导向的学术型与职业化学位相统一、跨学科导向的学术性与职业性兼顾培养模式五个主要阶段。这一制度的演进是多重因素相互作用的结果，法国大学组织管理体制的传统、全球高等教育变革的宏观环境、传统高等教育双轨制塑造的特定精英观念、知识生产方式的变革四大因素共同塑造了这一演进过程。②

山西大学王莉通过对当代俄罗斯学位授予制度改革的研究，认为俄罗斯继承苏联高等教育遗产，采取了与欧美国家完全不同的学位制度，其研究生教育主要以副博士研究生教育为主。从入学基础、培养时间、毕业要求等方面看，俄罗斯副博士研究生相当于欧美国家的博士研究生，目标是培养科研和教学人才。在研究生入学人数、学位申请比例逐年下降及社会各界对研究生培养质量严重关切的背景下，俄罗斯教育与科学部针对研究生教育提出了包括调整最高学位委员会职能、优化论文答辩委员会网络、扩大培养单位学位授予权、竞争式指标分配等一系列措施。对我国的研究生学位授予制度改革的启示：建立博士学位授权点与博士招生指标协同增长的模式；提高博士生招生计划的弹性；设立博士生招生与培养综合信息平台。③

2016年，德国黑森州赋予富尔达应用科学大学博士学位授予权，该校由此成为德国第一所获独立博士学位授予权的应用科学大学。目前，德国已有3个州赋予州内部分应用科学大学相对独立的博士学位授予权，由此引发争论不断。华东师范大学郝天聪等人深入分析争议的焦点，发现应用科学大学获独立博士学位授予权的“合法性”依据。从根本上讲，这一争议源于后现代社会新旧知

---

① 张炜．中美博士研究生教育发展趋势比较分析［J］．国家教育行政学院学报，2018（5）：9—17.

② 卞翠．法国博士学位制度演变及其影响因素分析［J］．研究生教育研究，2018（5）：90—95.

③ 王莉．当代俄罗斯学位授予制度改革及启示［J］．学位与研究生教育，2018（3）：72—77.

识生产模式的斗争。并提出该争议对于我国构建现代职业教育体系以及优化高等教育结构体系的启示：我国的专业学位博士缺乏实践意识与能力的培养，亟待提高其专业性；发展技术应用型本科教育，实现基础性研究与应用性研究的有机结合。① 长江大学唐青才等人也就德国应用科学大学博士学位授予权论争的缘由与本质进行了研究。认为应用科学大学争取博士学位授予权的困境主要在于学术地位不被认同、综合性大学对其限制、潜在竞争对手存在威胁。应用科学大学博士学位授予权争论的本质涉及学校定位、培养导向、学术人员与资源竞争。应用科学大学可通过改革传统合作培养模式和发展合作培养新模式来改善争取博士学位授予权的现状。②

欧洲工程教育认证发展历史悠久，并伴随着欧洲教育一体化进程不断深入，对促进欧洲工程教育质量的持续提升和人才流动发挥着积极作用。天津大学朱金明等人以欧洲工程教育认证的发起背景、组织结构、认证标准和认证程序为切入点，与我国工程硕士专业学位教育及我国工程教育认证现状进行对比分析，并在此基础上对建立具有中国特色、国际影响的中国工程硕士教育认证体系提出了建议：建立工程硕士教育认证专门机构，构建工程硕士教育认证体系；适当时机发起工程硕士教育认证联盟，推动中国工程教育走向国际；制定工程硕士教育认证统一标准，促进中国工程硕士教育标准化；建立教育认证与职业资格制度的联系，加强工程教育与职业衔接。③

第四节　研究生教育质量保障与评估国际比较

面对高层次人才培养的新形势，提高质量是研究生教育改革和发展最核心最紧迫的任务，亟须进一步完善与研究生教育强国建设相适应、符合国情和遵循研究生教育规律的质量保障与评估体系。2018 年，学者在研究生教育质量保障与评估国际比较研究方面，共有 4 篇代表作入选本节。

---

① 郝天聪，贺艳芳．德国应用科学大学获独立博士学位授予权争议与反思［J］．比较教育研究，2018，40（1）：105—112．

② 唐青才，卢婧雯．德国应用科学大学博士学位授予权论争的缘由与本质［J］．比较教育研究，2018，40（1）：97—104．

③ 朱金明，韩婷婷，康建山．欧洲工程教育认证体系对中国工程硕士教育认证的启示［J］．学位与研究生教育，2018（7）：66—71．

一、质量保障

我国研究生教育改革与发展以研究生培养模式改革和统筹构架研究生教育质量保障体系为着力点，完善我国研究生教育质量保障体系建设是当下和今后一段时期我国研究生教育的重要任务和使命。研究欧美研究生教育强国质量保障模式，对我国研究生教育质量保障体系建设具有重要的参考借鉴价值。

武汉理工大学梁传杰介绍了美国高等教育质量保障主要由高等教育认可、高等教育认证、社会评价 3 部分组成，呈现质量保障体系外适化和完整化、质量保障主体多元化和层级化、质量保障对象系统化和全局化、质量保障标准多样化和特色化、质量保障举措制度化和规范化等特征。借鉴美国经验，我国研究生教育质量保障体系建设应建立多元化参与的研究生教育质量保障体制、以高校自我评估为核心和基础的研究生教育质量保障体系、多样化和特色化的质量保障标准体系、学位授权单位和学位授权点动态调整机制。①

上海交通大学张松等人通过数据分析，显示普林斯顿大学博士生完成学业和综合考试通过情况随时间变化而明显改变，为了揭示其时间演变的内在逻辑，从政治论和认识论两种高等教育哲学观出发，挖掘博士生完成学业情况的实质内涵。认为利益相关者基于两种不同的哲学观，在教育成本和培养质量两方面存在冲突，而博士生完成学业情况正是这种冲突的外在表现指标。在博士生培养质量保证体系框架内，建立博士生完成学业情况天平模型，解释了普林斯顿大学博士生完成学业和综合考试通过情况随时间演变的内在逻辑。认为我国大学在构建博士生分流淘汰机制时，应参考普林斯顿大学的发展经验，把博士生完成学业情况作为重要考量指标。②

南京大学郭月兰等人认为研究生作为教育的主体在质量评价中举足轻重、不可或缺，而英国研究生科研体验调查就是以研究生为中心，重点对研究生科研中的资源投入、过程管理、结果成效进行综合考评，为研究生教育质量的持续改进提供基于证据的决策支持。英国研究生科研体验调查在问卷的内容设计、结构安排与组织管理中有诸多值得学习的地方。我国研究生教育质量调查应在观念上树立以学生为中心的质量观，方法上从描述式走向实证式，实践中依靠

① 梁传杰．借鉴美国经验构建我国研究生教育质量保障体系［J］．研究生教育研究，2018（4）：84—90．

② 张松，张国栋．博士生完成学业情况中认识论与政治论的冲突与协调——普林斯顿大学博士生完成学业和综合考试情况的时间演变逻辑［J］．学位与研究生教育，2018（12）：73—77．

第三方的数据平台，实现研究生内部质量保证与外部质量检测的有机统一。①

二、质量评估

教育的竞争体现了人才的竞争，学生的质量是高等教育生存、发展的基础。建立符合研究生教育可持续发展的质量评估指标体系，是不断提高研究生教育质量的重要保证。

上海财经大学宋旭璞通过对韩国研究生教育及其质量评估体系建设的研究，发现韩国政府、高校、市场在研究生教育发展的不同阶段中扮演着恰当的角色、各司其职，很好地兼顾了外部市场需求、内部质量管控、质量信息反馈（即评估）3 个环节的协调开展。它们做到共同治理、有效合作，已形成一套多方协同参与的动态管理机制。在很多方面，对我国研究生教育乃至高等教育的改革具有借鉴意义。②

第五节　文献分布及其特点分析

一、文献分布

2018 年纳入本专题的“研究生教育国际比较”共 52 篇，文献的研究内容主要分布于研究生招生模式的国际比较、研究生教学培养模式的国际比较、研究生管理体制的国际比较、研究生教育质量保障与评估国际比较四个方面，占比分别为 13%、58%、21% 和 8%。

通过对文献来源分布情况进行分析，可发现如下特点。

1. 期刊论文情况

一是 2018 年度入选本章节的代表作中有中文文献 52 篇。二是入选文章全部为“期刊论文”。三是入选本章节的 52 篇中文代表性期刊中，《学位与研究生教育》发文最多，为 18 篇，占比 35%。之后分别为《研究生教育研究》《高教探索》《江苏高教》《比较教育研究》《高等工程教育研究》《中国高教研究》等（图 9－1）。四是“教学培养模式比较研究”为期刊论文探讨的首要主题，

① 郭月兰，汪霞．“英国研究生科研体验调查”述评［J］．高教探索，2018（5）：56—61.

② 宋旭璞．韩国研究生教育及其评价机制发展中的协同治理关系——基于政府、市场与高校的分析［J］．教师教育研究，2018，30（5）：117—122.

其次为“管理体制”“质量保障与评估”等。

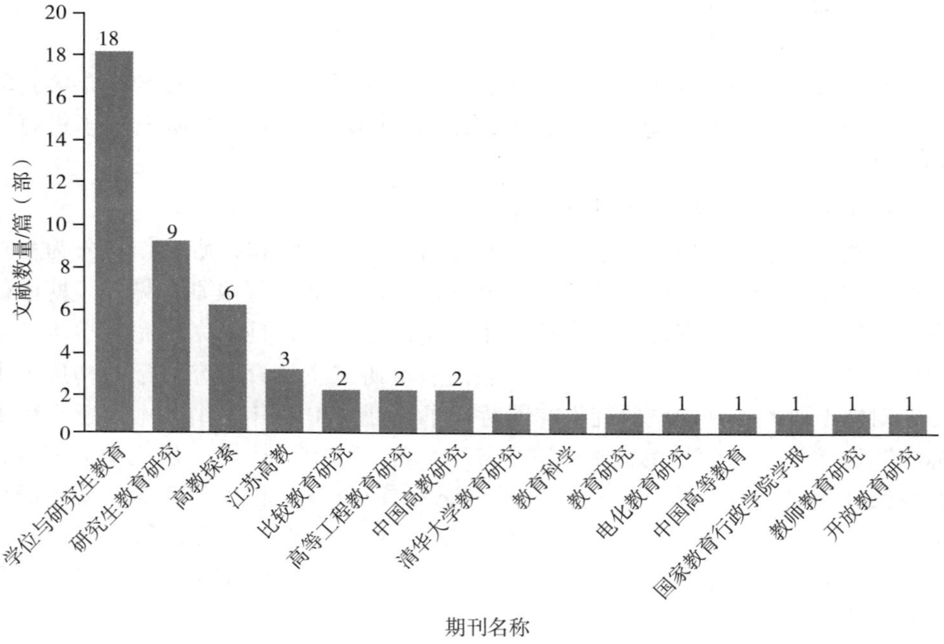

图 9－1　中文文献来源期刊

2. 文献整体情况

相较 2017 年的 56 篇，2018 年度共有 52 篇代表文献入选。其中，“教学培养模式”“管理体制”“质量保障与评估”3 个主题最受学者关注。如果从更为宏观的视角来看，2018 年入选本章节的文献主要集中于“研究生培养”领域，占 58%。这说明国家教育重点热点政策和研究生教育教学培养实践环节是学者制定研究选题、开展学术研究、产出学术成果的主要来源和发力方向。

二、研究方法

2018 年纳入本专题的研究文献所使用的研究方法与往年相比变化不大，以案例研究、调查研究和比较研究为主。其中，案例研究是本专题最常用的研究方法，共有 19 篇文献使用此方法，占 36%。这说明在目前的研究生教育国际比较研究专题中，以研究国外研究生教育领域典型案例为我国研究生教育提供借鉴，是主要研究思路与和路径。

三、研究队伍

2018 年度，仅对中文文献的研究队伍进行分析。共有 81 位作者贡献了 52 篇“研究生教育国际比较”代表性文献。对本章入选论文的研究队伍进行分析，可发现如下特点。

1. 副高职称与研究生作者占优势

在我国专业技术职称体系中，一般将高等学校教师和科研工作者分为教授（研究员）、副教授（副研究员）、讲师（助理研究员）等级别；另外，博士研究生和硕士研究生是我国未来专业技术队伍的生力军，是未完成完整学术训练但参与学术产出的准高级人才。为了全面展示研究生教育研究力量的构成，本专题对博士研究生和硕士研究生亦同时作了统计。2018 年，纳入本专题且明确标注职称（学历）信息的研究人员共有 75 名。其中，教授（研究员）15 名、副教授（副研究员）23 名、讲师（助理研究员）5 名、博士后 2 名、博士研究生 12 名、硕士研究生 17 名、本科生 1 名。由此可看出：①副教授（副研究员）和研究生是入选本专题代表性学术论文的主要作者。②副教授（副研究员）和研究生数量占比优势明显。

2. 教学科研人员是研究主力

为了更好地观察研究队伍的构成情况，本章节对研究队伍的职务及身份信息作了统计。本章将人员职务及身份分为“科研教学人员”和“行政管理人员”两类；因博士研究生和硕士研究生均以“教学科研”为主业，故将硕士、博士研究生统计为“教学科研人员”；对同时拥有行政管理身份和教学科研身份的，本章节仅对作者列入文献的第一身份进行统计。经统计，81 名教学科研和行政管理人员中，“教学科研人员”67 名，占比 82.7%，说明教学科研人员是本专题研究力量的绝对主力。

3. 高校是本专题作者的主要来源单位

经对入选本章节中文文献来自 37 个单位的 81 位作者进行分析，发现厦门大学与北京航空航天大学入选作者最多，均为 6 名；南京大学入选作者 5 名；华东师范大学、教育部学位与研究生教育发展中心入选作者为 4 名；清华大学、北京师范大学、中国地质大学、山西财经大学、浙江师范大学、西北师范大学、河南大学 7 个单位入选作者各 3 名。从作者的来源单位来看，“高等院校”是本专题作者的主要来源单位。

4. 综合性大学与师范院校是学术成果重点产出单位

以第一作者单位为基准，察看 52 篇中文学术成果的来源单位，可发现共有

33 个单位发文。其中，清华大学、厦门大学、南京大学、北京航空航天大学、井冈山大学 5 个单位发文量为 3 篇；北京师范大学、华东师范大学、浙江师范大学、华中师范大学、西北师范大学、江苏师范大学、西北工业大学、中国地质大学、教育部学位与研究生教育发展中心 9 个单位发文量为 2 篇；19 个单位发文量为 1 篇。综合性大学和师范院校是本章节代表作的重点产出单位，且此类大学多为“985 高校”“211 高校”。

四、研究热点

关于 2018 年度研究热点，本专题拟从入选的学术研究成果的国别热点、年度热点和历年热点进行统计分析，以期探寻出我国学者在“研究生教育国际比较”方面的研究倾向和关注重心。

1. 国别热点

在案例研究、文献研究和比较研究等学术论述中，一般的，引介或对比国内外案例模式的目的为学习经验、总结得失，最终服务中国的研究生教育发展实践。因入选本专题的所有文献基本具有上述特征，为了凸显国际案例，减少无效统计，本专题对国别热点进行分析时仅对中国以外的国家进行统计。2018 年度入选本专题节的 52 篇学术论文，共研究了 49 次有明确标注国家的研究生教育案例或模式。其中，“美国”是我国学者重点关注和学习的对象国，共介绍了 26 次；其次为英国、日本、德国、澳大利亚等（图 9－2）。

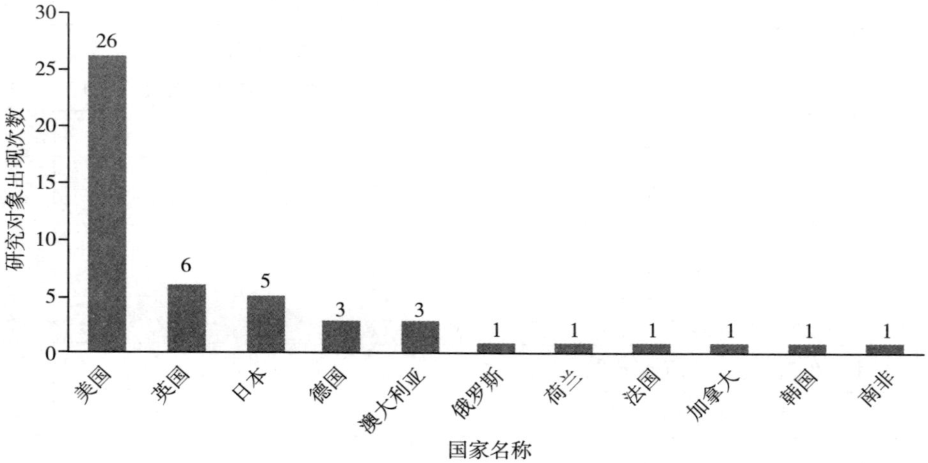

图 9－2 学者研究的国家分布

2. 年度热点

2018 年，“研究生教育国际比较研究”专题共有 4 个研究主题、10 个研究热点（表 9－1）。相较 2017 年及之前历年，2018 年度学者继续坚持对招生遴选、教学培养、联合培养、质量保障与评估等主题展开深入探索，并新增了就业指导、跨学科培养、学位管理等研究主题（表 9－2）。由此可看出，我国学者的研究视角和研究领域日益宽广，所研究的主题也与国家最新政策文件精神和研究生教育发展实践核心环节息息相关，说明我国研究生教育学界始终将“立足实践、服务需求”作为基本理念，并据此开展研究。

表 9－1　本章节 2018 年研究主题和热点

研究主题	研究热点
研究生招生研究生招生就业的国际比较	①研究生招生模式和招生规模；②研究生就业技能及影响因素
研究生教学培养模式的国际比较	①研究生课程体系建设；②研究生教学方法创新；③研究生培养模式改革；④研究生资助体系完善
研究生管理体制的国际比较	①研究生管理体制改革；②研究生学位项目管理
研究生教育质量保障与评估国际比较	①质量保障；②质量评估

表 9－2　2011—2018 年研究主题对比

研究主题	年度研究热点							
	2011	2012	2013	2014	2015	2016	2017	2018
规模、发展与结构比较	✓	✓	✓	✓			✓	✓
研究生教育管理体系比较	✓	✓	✓	✓	✓	✓	✓	✓
研究生教学培养模式的国际比较	✓	✓	✓	✓	✓	✓	✓	✓
研究生教育的国际化					✓		✓	
国外高校研究生就业指导研究					✓	✓	✓	✓
研究生招生遴选模式的国际比较					✓	✓	✓	✓
联合培养与协同育人国际比较						✓	✓	✓
研究生教育质量保障与评估国际比较					✓	✓	✓	✓

五、研究展望

第一，介绍总结国外世界一流高校的建设经验，为我国“双一流”建设提供借鉴和启示，在近几年仍将成为学者的研究热点。2018 年 8 月，教育部、财政部、国家发展改革委印发《关于高等学校加快“双一流”建设的指导意见》，要求以中国特色世界一流为核心，以高等教育内涵式发展为主线，加快一流大学和一流学科建设，实现高等教育内涵式发展，全面提高人才培养能力，提升我国高等教育整体水平。学者将在国际比较视角下，聚焦研究国外高校的研究生教育、一流高校、一流学科建设实践，总结经验和规律，为加快我国“双一流”建设提供指导意见。

第二，促进国际交流合作，探索跨学科培养模式，将成为学者们在研究生联合培养方面的研究重点。当今世界正在经历新一轮大发展大变革大调整，面对和平、发展、合作、共赢的大势，大学应进一步发挥优势，为构建人类命运共同体贡献智慧和力量。中外高校深化务实合作，密切师生交流互访，联合培养更多具备全球视野、担负社会责任、秉持科学精神的优秀人才，携手创造更多引领未来、造福世界的科研成果，共同提高高等教育治理水平，搭建深化人文交流、促进多样文明互学互鉴的桥梁纽带，这些都将成为现阶段高校发展的迫切要求和任务。

第三，“专业学位研究生教育”的国际比较研究在未来的研究中，仍须更多地关注和重视。随着我国国际地位的提升、社会经济的发展，各行各业交叉融合，市场对人才的划分愈加精细，对应用型人才的要求也越来越高，全日制专业学位在时代的召唤下，将以强劲态势大规模发展。然而，我国全日制专业学位研究生教育发展年限较短，起步晚，经验不足，学习和借鉴发达国家或地区专业学位教育发展的有益经验，有助于提升我国全日制专业学位研究生的培养质量，构建合适的全日制专业学位研究生培养模式。

专题十 “双一流”建设研究

当前，我国“双一流”建设进入首轮建设的中期阶段。2018 年 8 月，教育部、财政部、国家发展改革委印发《关于高等学校加快“双一流”建设的指导意见》（简称《指导意见》），文件内容包括“总体要求”“落实根本任务，培养社会主义建设者和接班人”“全面深化改革，探索一流大学建设之路”“强化内涵建设，打造一流学科高峰”“加强协同，形成‘双一流’建设合力”五大部分。2018 年 11 月，教育部学位管理与研究生教育司发布《关于编制“双一流”建设年度进展报告的通知》，要求建设高校自 2018 年起编制“双一流”建设报告，全面梳理建设进展。

本专题检索关键词为双一流、一流大学、一流学科。检索结果显示，2018 年“双一流”建设研究文献共计 794 篇（部），其中期刊论文 361 篇、报纸文章 370 篇、学位论文 52 篇、著作 11 部。从检索情况看，自 2015 年国务院颁布《统筹推进世界一流大学和一流学科建设总体方案》（简称《总体方案》）以来，“双一流”建设研究的文献数量呈现逐年上升的态势。经筛选，本专题采纳文献 181 篇（部），含期刊论文 132 篇、报纸文章 31 篇、学位论文 13 篇、著作 5 部。本专题分为“双一流”建设基本理论、“双一流”建设实践、“双一流”建设评价、世界一流大学发展与比较四大主题。

第一节 “双一流”建设基本理论

《指导意见》鲜明提出“‘双一流’建设以新时代中国特色社会主义思想为指导，深入贯彻落实党的十九大精神，全面贯彻落实党的教育方针，以中国特色世界一流为核心，落实立德树人根本任务，全面加强党的领导，努力建成一批中国特色社会主义标杆大学”。2018 年“双一流”建设基本理论文献涵盖理念与逻辑、特征与路径、关键要素等研究模块，涉及期刊论文64篇、报纸文章8篇、学位论文3篇、著作1部，共76篇（部），比2017年增加近30篇（部）。本节文献较多采用文献法、案例法、文本分析等方法。"双一流"建设基本理论文献有以下突出特点：第一坚持党的领导、社会主义办学方向，扎根中国大地、凸显中国特色；第二重视体制机制的改革与创新、管理方式的转变、建设路径的反思等。

一、"双一流"建设理念与逻辑

"双一流"建设基本理论的核心是建设理念与逻辑，对于推进"双一流"建设实践、"双一流"建设评价具有思想引领和理论指导作用。2018年本部分文献研究包括"双一流"建设、一流大学建设、一流学科建设的理念与逻辑，与2017年议题划分一致，但文献量增幅较大。从内容上看，本部分文献研究突出"双一流"建设坚持党的领导、中国特色、内涵式发展等政策导向，厘清中国特色与世界一流、一流大学与一流学科等关系逻辑。

1. "双一流"建设理念与逻辑

"双一流"建设必须坚持党的领导、坚持社会主义办学方向。上海交通大学张逸阳认为"双一流"建设必须坚决贯彻落实习近平新时代中国特色社会主义思想，思想政治工作作为生命线贯穿融入"双一流"建设全过程。① 教育部杜占元指出"双一流"建设是引领性工程，要坚持社会主义办学方向，落实立德树人根本任务，深化机制改革与创新，增强科技创新源头供给，提升服务社会贡献度，增强大学文化软实力，提高国际化办学水平。② 武汉大学彭宇文认为高校党建是"双一流"建设核心竞争力的应有内涵、总体举措的重要组成部分，准确把握"双一流"建设中国特色的根本要求，提高高校党建现代化治理能力，以一流党建保障"双一流"建设。③ 南昌大学喻晓社提出"双一流"建设以坚持党的领导确保建设的正确方向、锚定建设的根本任务、激发建设的要素动力；必须注重和提高政治站位，积极从党和国家工作大局出发谋划，切实贯彻党的教育方针，自觉把"四个意识""四个自信""两个维护"作为标尺和依据。④ 湖北中医药大学任娜认为高校党建与"双一流"建设协同共进应处理

① 张逸阳. 思想政治工作是"双一流"建设的生命线［J］. 学校党建与思想教育，2018（23）：33—35.

② 杜占元. 深入学习贯彻全国教育大会精神加快推进"双一流"建设［N］. 中国教育报，2018-10-23（1）.

③ 彭宇文. 以一流党建促进"双一流"建设［J］. 学校党建与思想教育，2018（4）：57—59.

④ 喻晓社. 坚持党的领导为"双一流"建设导航［N］. 中国教育报，2018-11-27（2）.

夯实基础与争创一流、继承传统与开拓创新的关系，坚持社会主义办学方向，建立中国特色社会主义学术话语体系，促进思政育人与内涵式发展的融合互动。①

“双一流”建设要擎起“中国特色”的大旗，扎根中国大地办学，实现高校内涵式发展。国家教育咨询委员会张力认为“双一流”建设生长在中国特定的土壤，不同领域、不同类型大学积极争创世界、全国、领域的一流水平，是建设教育强国的长期任务，是加快教育现代化的关键举措。② 中国教育报社储召生提出“双一流”建设应在中国特色社会主义进入新时代、社会主义新矛盾生成的历史坐标中定位。③ 华南师范大学卢晓中等人认为“双一流”建设的中国特色与世界一流具有内在的一致性，中国特色可表征、可成就世界一流，决定了中国特色世界一流大学的建设路向。④ 清华大学史静寰梳理了我国 20 世纪 50 年代以来高等教育和社会发展、国家现代化的关系，指出从“985 工程”到“双一流”建设正在由“形似”转变为“神备”，即从全面追随模仿西方大学的外形，转向在实现可比指标与西方大学比肩的基础上，打造中国大学的气质和灵魂。⑤ 华中科技大学谢冬平认为“双一流”建设扎根中国大地，实现“办在中国的大学”向“长在中国的大学”转向、从“被化”向“化人”转向。⑥ 华南师范大学刘兵飞等人指出“双一流”建设以“中国特色和世界一流”为理念、以人才培养为核心内涵、以公平竞争为实施路径、以建设一流的高等教育系统为结构特征。⑦ 曲阜师范大学庞守兴认为“双一流”建设不是朝夕之功，需要形成良好的文化氛围，创设更宽松的舆论环境。⑧

“双一流”建设应处理外部和内部关系，达到协调统一，外部关系涉及国家、社会的需求；内部关系涉及治理结构、学校文化等要素。厦门大学别敦荣提出“双一流”建设是国家和大学的共同需求，要求全员参与、共同筹划；一

---

① 任娜．论高校党建与“双一流”建设的协同共进［J］．学校党建与思想教育，2018（10）：84—85 +88.

② 张力．新时代加快一流大学和一流学科建设的战略意义［J］．中国高等教育，2018（5）：27—28.

③ 储召生．在历史坐标中定位“双一流”［N］．中国教育报，2018 - 01 - 15（5）.

④ 卢晓中，杨蕾．“双一流”建设的中国特色与世界一流［J］．国家教育行政学院学报，2018（9）：20—27.

⑤ 史静寰．“形”与“神”：兼谈中国特色世界一流大学建设之路［J］．中国高教研究，2018（3）：8—12 +23.

⑥ 谢冬平．内涵、关系与走向：双一流建设的国际化与民族化［J］．黑龙江高教研究，2018，36（11）：6—10.

⑦ 刘兵飞，郑文．“双一流”建设：传统超越之思［J］．高教探索，2018（12）：5—9.

⑧ 庞守兴．为“双一流”建设创设更宽松的舆论环境［J］．教育发展研究，2018（17）：3.

流大学和一流学科是共生关系；推动"双一流"建设实施战略管理。[①] 华中科技大学沈红等人认为"双一流"建设要厘清判断一流的维度，一流学科和一流大学之间的关系；政府与大学的关系；效率型政策推进与公平性理念彰显的关系；建设目标与绩效评价目标的关系；认定标准、建设标准、评价标准之间的关系。[②] 中山大学王旭初等人认为"双一流"建设处理国家整体布局任务与高校整体建设的关系：学科评价与产业行业服务结合起来；学科建设与人才培养统一起来；政府"放管服"改革和大学内部治理结构调整对应起来。[③] 广西师范大学贺祖斌指出"双一流"建设要求高校抓住机遇、找准定位，在学科建设、大学文化、师资队伍、社会服务方面追求卓越，加强内涵建设、提升综合实力，在不同层次、不同领域办出特色，争创一流。[④] 黄河科技学院程晓林对"双一流"建设研究文献的关键词、发文机构以及作者进行可视化分析，得出一流学科建设是一流大学建设的必要条件；一流人才培养是"双一流"建设的第一要务；"双一流"大学建设坚持"中国特色"。[⑤]

2. 一流大学建设理念与逻辑

2018 年本部分文献强调一流大学建设坚持党的领导、扎根中国大地、服务国家建设、实现"中国梦"。相比 2017 年文献数量增多，研究导向更加鲜明、内容更加聚焦。

一流大学建设要坚持中国共产党的领导、坚持正确的建设道路，以实现"中国梦"。北京大学张兴明提出以习近平关于高等教育的重要论述为指导开启中国特色世界一流大学建设新征程，坚持党对学校工作的全面领导，强化使命担当，重视大学为人民、为中国共产党治国理政、为巩固和发展中国特色社会主义制度、为改革开放和社会主义现代化建设服务。[⑥] 厦门大学张彦指出世界一流大学建设要坚持党的领导，将工作特色和制度优势转化为人才培养能力；坚定"四个自信"，走新时代中国特色社会主义教育发展道路；坚持立德树人，推进内涵式发展和质量提升。[⑦] 上海交通大学刘莉等人著的《世界一流大学建

---

① 别敦荣．"双一流"建设与大学管理改革［J］．中国高教研究，2018（9）：1—6．

② 沈红，王鹏．"双一流"建设与研究的维度［J］．中国高教研究，2018（4）：16—21．

③ 王旭初，黄达人．关于"双一流"建设若干关系的思考［J］．高等教育研究，2018，39（5）：9—13．

④ 贺祖斌．聚焦"五个卓越"加快高校"双一流"建设［N］．广西日报，2018－06－21（7）．

⑤ 程晓林．基于可视化分析的"双一流"大学建设［J］．高教发展与评估，2018，34（5）：39—45＋115．

⑥ 张兴明．以习近平关于高等教育的重要论述为指导推进中国特色世界一流大学建设［J］．学校党建与思想教育，2018（20）：55—57．

⑦ 张彦．擦亮底色　增强特色　开创世界一流大学建设新局面［J］．中国高等教育，2018（11）：13—14．

设与中国梦》围绕世界一流大学与“中国梦”这一核心问题，提出世界一流大学是创新型国家的支撑力量，在实现“中国梦”的过程中起着不可替代的作用；以解读“中国梦”为基础，阐明创新与“中国梦”的关系，探寻世界一流大学如何成为创新成功的关键力量；分析一流大学拔尖人才培养现状与影响因素、重大原始创新成果产出影响因素、一流大学重点建设评价体系、一流大学投入与产出效率，为探寻世界一流大学建设的中国模式建言献策。①

一流大学建设要扎根于中国大地、扎根于中国文化，建设有中国特色的世界一流大学。清华大学孙海涛认为新时代建设世界一流大学面临思维模式上、发展模式上、制度文化上的挑战，思维模式上“求同和求异”平衡、发展模式上“扩张和收敛”平衡、制度文化上寻求“移植和生长的平衡”。② 四川大学王建国认为建设中国特色一流高校必须扎根于中国土地，继承中国教育的优良传统，适应中国社会的需要，借鉴世界有益经验，扎实办好有中国特色的世界一流大学。③ 清华大学王晓阳认为一流大学建设学习借鉴、立足本土民族文化推陈出新，注重传统文化在当代的创造性转化。④ 上海师范大学何玉海认为建设世界一流大学根本在于提升内在品质，加强大学基本内涵建设，完善现代大学治理体系，建设中国气派的世界一流大学。⑤ 南京信息工程大学吴立保等人指出我国一流大学建设的精神祛魅，涵养一流大学精神；坚定学术志业的理念引导，培养一流精英人才；推进人类命运共同体的价值引领，培养一流大学文化。⑥ 江苏大学章维慧等人认为一流大学精神是一流大学的根基，是以探究智识、造福人类为目的的精神，是独立思考、捍卫真理、无私无畏、纯粹专注的精神；一流的大学精神涵育一流的人才、一流的学术，树立以大学师生发展为中心的理念。⑦

一流大学建设需要多元主体推进、多重元素融合、多维进路指引。南京大学龚放认为知识生产模式Ⅱ下，中国世界一流大学建设最紧要的是解决大学的见识、视野和胸襟的问题；大学领导层要以问题为导向、进行跨界行动、创建

---

① 刘莉，刘念才．世界一流大学建设与中国梦［M］．北京：上海交通大学出版社，2018．11．

② 孙海涛．新时代建设世界一流大学的挑战［J］．清华大学教育研究，2018，39（4）：105—110．

③ 王建国．扎根中国建特色一流大学［N］．中国教育报，2018－07－02（6）．

④ 王晓阳．立足中华优秀传统文化　建设中国特色世界一流大学［J］．中国高等教育，2018（7）：22—24．

⑤ 何玉海．世界一流大学建设重在提升内在品质［J］．教育研究，2018，39（1）：59—63＋82．

⑥ 吴立保，高凡．我国一流大学建设的异化与纠偏——鉴于西方学者的反思及其启示［J］．教育发展研究，2018（Z1）：14—21．

⑦ 章维慧，殷学东．以一流大学精神引领“双一流”建设［J］．高校教育管理，2018，12（1）：35—40＋47．

协同创新机制、树立为社会服务的目标。① 曲靖师范学院王飞等人提出创建世界一流大学有“形而上”和“形而下”两种逻辑，“形而上”是指遵循一流大学的文化生产能力、文化组织能力、文化表达能力、文化融汇能力、文化吸附和输出能力；“形而下”是指遵循经济发展、政治发展、社会政策三个边际的契合点和满意点。② 东北大学熊晓梅指出世界一流大学建设明确办学方向，坚持立德树人；注重师资建设，增强育人动能；优化培养体系，锻造人才力量。③ 厦门理工学院董立平阐述世界一流大学的内涵建设要着重面向全球，遴选世界一流大学校长；外引内培，打造世界一流师资队伍；立德树人，构建精英人才培养体系；兼容并包，建立世界一流的大学管理体制；开源节流，创设世界一流的办学条件与校园环境；立足基础研究，注重原创性知识产出。④ 中国教育报柴葳认为一流大学建设过程中要把握一流的体系和一流的能力，一流体系概括为一流的学科体系、人才体系、治理体系和保障体系；一流的能力是人才培养能力、科技创新能力、服务社会能力、文化传承与创新能力以及国际合作与交流能力。⑤ 吉林大学赵俊芳等人全面考察“哈军工”办学治校方略，指出建设一流大学需要有一流的大学校长、一流的师资队伍、一流的治理结构、一流的规章制度、一流的大学文化、一流的基础设施。⑥ 浙江师范大学陈星等人认为世界一流大学与城市具有共生关系，城市是一流大学产生和生长的沃土，城市没落会葬送一流大学的辉煌，中国建设世界一流大学要抓住城市化进程中的现实问题，构建“大学—政府—企业—社区”的互利共生机制。⑦

3. 一流学科建设理念与逻辑

2018年本部分文献解读一流学科建设本质，突出学科自治与建设主体发挥合力。

一流学科建设的本质在于学科知识创新、学科生产能力，树立高质量发展的理念。浙江大学眭依凡等人认为世界一流学科绝非传统意义上的学科概念，

---

① 龚放．知识生产模式Ⅱ方兴未艾：建设一流大学切勿错失良机［J］．江苏高教，2018（9）：1—8.

② 王飞，王运来．逻辑与维度：大学之所以一流的显性表达与理性支点［J］．大学教育科学，2018（2）：19—25＋123.

③ 熊晓梅．明确方向　凝心聚力　努力建设中国特色世界一流大学［J］．中国高等教育，2018（17）：7—9.

④ 董立平．世界一流大学内涵建设的理论反思［J］．国家教育行政学院学报，2018（10）：29—35.

⑤ 柴葳．体系和能力是一流大学建设的关键［N］，中国教育报，2018－03－12（3）.

⑥ 赵俊芳，刘硕．一流大学建设的历史经验与时代省思——以“哈军工”办学实践为例［J］．大学教育科学，2018（1）：4—10＋122.

⑦ 陈星，张学敏．世界一流大学与城市的共生关系及启示［J］．教育发展研究，2018，38（Z1）：1—8.

是对人类社会发展和科学技术进步具有知识贡献的研究领域；一流学科是一流大学建设的基础，是少数学科追求的目标，对财力资源有巨大依赖性；一流学科遴选与建设应瞄准发展最前沿的知识与技术、改变人类生存和发展方式的领域以及受制于发达国家的高新科学技术。① 江西师范大学刘小强等人认为一流学科建设本质上是学科生产能力的建设，明确价值导向，构建合理的体制机制、有合力的学科队伍、有激情的学术文化。② 华东师范大学田贤鹏认为一流学科建设根本是促进知识生产创新，兼有行政管理、市场需求、知识生成三种逻辑，应在遵守知识生成逻辑的基础上达成行政管理逻辑与市场需求逻辑的多重平衡与统一。③ 贵州师范大学谢妮等人指出一流学科是"双一流"建设特定的话语，一流学科建设必须反思何为一流、如何建设一流、如何评估一流的本源性机制问题。④ 浙江大学徐贤春提出一流学科生态系统是复杂有序的知识网络，具有生命周期特征，可用聚合能力、协调能力、创新能力、进化能力四个维度评价，通过因子分析方法得出学科生态系统的四个主要因子：文化生态、学术生态、资源生态、人才生态，并建立其内核结构模型与作用机制。⑤ 南京农业大学刘国瑜认为一流学科建设的核心旨归是培养高质量研究生，其源泉即开展高水平科研，因而确立与高水平科研相结合的研究生培养理念。⑥

一流学科建设要充分发挥政府、高校、社会等相关主体合力，突出学科自治。中国人民大学李立国强调"双一流"建设根据国家经济社会发展、重大战略需求、科技发展前沿确定重点建设学科，扎根中国大地，促进交叉融合的学科集成发展和原始创新。⑦ 南京农业大学朱冰莹等人反思了我国一流学科建设实践，认为形成了一元化技术治理体系，以行政权力为主导、以行政动员为驱动、以混合体制形塑的项目制为运行机制、以学科评估为保障；形成了"制度化"的促进因素，以"项目"为诱饵、以"权力"为后盾的非对称性评价，提出弱化政府的支配地位，建立多维度、对等性的问责体系，突出学科自治，形

---

① 眭依凡，李芳莹．"学科"还是"领域"："双一流"建设背景下"一流学科"概念的理性解读［J］．高等教育研究，2018，39（4）：23—33＋41．

② 刘小强，彭颖晖．一流学科建设就是建设一流的学科生产能力［J］．学位与研究生教育，2018（6）：19—23．

③ 田贤鹏．一流学科建设中的知识生产创新路径优化——基于知识生成论视角［J］．学位与研究生教育，2018（6）：7—13．

④ 谢妮，曹志峰．"一流学科"话语及其实践机制研究［J］．江苏高教，2018（7）：14—20．

⑤ 徐贤春，朱嘉赞，吴伟．一流学科生态系统的概念框架与评价模型——基于浙江大学的实证研究［J］．江苏高教，2018（9）：16—20．

⑥ 刘国瑜．一流学科建设中研究生培养与高水平科研的结合［J］．学位与研究生教育，2018（6）：14—19．

⑦ 李立国．"双一流"高校的内涵式发展道路［J］．国家教育行政学院学报，2018（9）：14—19．

成文化共识。① 中南大学王洁等人指出一流学科建设中存在政府职能行政化、学科评估功利性、资源分配偏向性的误区，阻碍一流学科建设可持续发展和生态性发展，转变政府职能，强化学科建设自主权和主体性地位，全面构建内生动力。② 山东师范大学范晓婷等人认为一流学科建设是国家教育行政部门、高校及社会三方制度变迁的结果，涉及三方联动主体的约束规范，明确权利主体边界与职责范围，把控行政权力与学术权力的泛化与异化。③ 南京农业大学刘国瑜认为世界一流学科形成与发展需要学术性与实践性融合，政府坚持择需与择优相结合的遴选标准；高校构建理论与实践结合的优势学科群；学科组织提升对接国家重大需求的能力；学者开展问题导向的原创性研究。④ 郑州大学安林静认为一流学科建设应凝练学科方向，有目的的汇聚高水平学科；强化优势特色学科建设，将学科发展与区域经济文化特色结合起来，促进特色学科的发展。⑤

二、“双一流”建设特征与路径

“双一流”建设作为新时代研究生教育改革与发展的战略，将推动我国从研究生教育大国向研究生教育强国跨越。2018 年本部分文献总结归纳“双一流”建设的共同特征、实施路径，强调“双一流”建设具有卓越性、引领性等特征，应创新机制、转变管理方式、探索新路径。相比 2017 年，本部分文献量有所减少。

“双一流”建设具有卓越性、引领性、服务性、价值追求等共同特征。北京理工大学王战军等人强调世界一流大学以立德树人为根本，以建设一流师资队伍、培养拔尖创新人才为主要任务，以事业上不断追求卓越、始终引领全球发展、强大的全球吸引力为标志，具有“校长名、师资优、学生强、经费足”四大特征。⑥ 宜宾学院田联进认为“双一流”建设实践在于实现一流学术的本真价值、社会市场变化的重大需求价值和大国复兴的国家战略价值，其内涵特

---

① 朱冰莹，董维春. 技术治理视角下的一流学科建设：实践反思与制度重构［J］. 学位与研究生教育，2018（10）：1—7.

② 王洁，蒋灿华. 高校一流学科建设必须重视的几个误区和转变［J］. 高教探索，2018（9）：23—28.

③ 范晓婷，张茂聪. 一流学科建设遵循多种制度逻辑［N］. 中国社会科学报，2018－11－01（2）.

④ 刘国瑜. 世界一流学科建设：学术性与实践性融合的视角［J］. 现代教育管理，2018（5）：19—23.

⑤ 安林静. “双一流”视域下一流学科建设研究［D］. 郑州：郑州大学，2018.

⑥ 王战军，刘静. 世界一流大学的三大标志和四大特征［J］. 中国高等教育，2018（19）：11—13.

征重在把握大学与学科的世界性规范、个性特色、类别特性及层次性。[①] 山东师范大学张伟等人分析了一流大学建设方案的文本，呈现出“工程化”建设、以学科建设思维为统领、改革与建设并驱等共性特征，建设投入力度、创新实施力度上存有显著差异，应防范政策负效应、消融政策壁垒及构建多元考评机制等。[②]

“双一流”建设面临新时代、新要求，应创新发展路径、明确高校责任、转变管理方式。南京农业大学姜璐等人构建了建设一流大学三维行动路径，目标维上要求整体布局“三步走”、目标定位“分梯队”、建设速度“分步伐”；策略维上以一流人才培养为根本、学科领军人才为引领，突出“学科群”模式凝聚学科成长，强调问题导向与原始创新；保障维上突出顶层统筹、校院两级治理、动态调整机制等。[③] 北京师范大学闫丽雯等人指出“双一流”建设大学须在坚守责任的基础上重塑高校组织愿景，摒弃传统“等、靠、要”的发展路径，以权力下移和组织结构微调重塑制度活力，以共享共建理念重塑主体能动性，迸发“双一流”建设新动能。[④] 华南农业大学潘军指出“双一流”建设方案是在“985工程”路径上的再分化与再创造，其模式由计划主导向市场主导转变，突破体制、机制的惯性，创新建设方式。[⑤] 四川大学王建国提出世界一流大学建设是国家富强和高校自身发展的内在要求，高校加快实施步伐、政府加快推进步伐、社会加快支持步伐，共同发力，积极探索建设之路。[⑥] 上海交通大学陈中润认为“双一流”建设体现了教育问责的民主、质量、法制和效率的价值，关注政府力量的转移、专业力量与市场力量的结合、市场作用机制的培育完善等。[⑦] 嘉应学院李斌琴认为一流大学管理德性实践路径包括：理念变革上从“管理”到“服务”，从制度规范到文化规范；建立开放的决策系统和程序，管理民主化；构建权力平衡的组织结构；把握“制”及

① 田联进. “双一流”三层实践价值与四维内涵特性［J］. 黑龙江高教研究，2018，36（12）：8—12.

② 张伟，张茂聪. 我国高校一流大学建设的校际经验——基于6所高校一流大学建设方案的文本分析［J］. 中国高教研究，2018（5）：26—32.

③ 姜璐，董维春，张海滨. 目标、策略与保障：我国建设世界一流大学的三维行动路径［J］. 江苏高教，2018（10）：35—40.

④ 闫丽雯，周海涛. 激发“双一流”建设的新动能［J］. 教育发展研究，2018（Z1）：9—13+29.

⑤ 潘军. 双一流建设的路径演化：一个制度创新的论域［J］. 国家教育行政学院学报，2018（2）：23—29.

⑥ 王建国. 加快中国特色世界一流大学建设的思考［J］. 中国高教研究，2018（2）：13—17.

⑦ 陈中润. 基于高等教育问责理论的“双一流”建设探析［J］. 黑龙江高教研究，2018，36（7）：5—8.

其“度”。①

三、“双一流”建设关键要素

2018 年本部分文献围绕“双一流”建设的制度与政策、人才培养、教育经费与筹款等关键要素展开研究，相比 2017 年文献量增幅较大。

“双一流”建设应以创新机制、转变管理方式、建设学校文化、制定科学合理政策为制度保障。北京师范大学钟秉林认为“双一流”建设的关键是把握建设实质和内涵，构建和完善择优遴选机制、绩效评价机制、动态调整机制、统筹协调机制、自主办学机制和监督问责机制。② 浙江工业大学张凤娟等人认为“双一流”建设政策的执行与调整过程，应该适当地引导公众参与、加强政策执行初期的宣传、提高政策后续决策过程的透明度、重视政策实施后的网络民意，提升公众认同与理解，提高政策的执行效率。③ 安徽师范大学徐赟认为“双一流”建设推进过程应优化政策工具之间的组合配置，提高政策工具与不同目标群体需求间的契合性，运用兼顾短期效益和长期目标的政策工具。④ 东北师范大学李雨宸系统分析“双一流”建设政策的内容体系、执行和环境维度，从教育公正的立场上提出建立完善公正的制度体系、重申教育公正的价值理念、改进政策工具、推动大众化政策与“双一流”建设政策并进等行动建议。⑤ 辽宁师范大学闫守轩等人认为“双一流”建设受到行政主导情结、科研导向情结、量化绩效情结及符号崇拜情结影响，理性审思构建基于三元治理结构的新型现代大学制度，促使科研与教学、社会服务及文化传承和谐共生。⑥ 同济大学李玲玲等人通过解析一流大学建设高校章程文本中有关高校治理的规定，发现党委领导下的校长负责制配套制度不完善、学术委员会的地位和作用难以彰显、师生参与学校民主管理的操作机制不健全，提出明晰党政职权的行使范围、规范各项职权的运行程序、健全高校治理的决策机制，⑦ 世界一流大

---

① 李斌琴. 一流大学需要一流的管理德性［J］. 现代教育管理，2018（3）：30—35.

② 钟秉林. 扎实推进世界一流大学和一流学科建设［J］. 教育研究，2018，39（10）：12—19.

③ 张凤娟，张明超. “双一流”政策实施后的公众反应、关注热点与反思——基于“知乎”论坛 197 条话题的数据分析［J］. 教育发展研究，2018（Z1）：30—37.

④ 徐赟. “双一流”建设中政策工具选择与运用的问题及对策［J］. 教育发展研究，2018，38（1）：26—32.

⑤ 李雨宸. 教育公正视角下的“双一流”政策研究［D］. 长春：东北师范大学，2018.

⑥ 闫守轩，郭超华，王少奇. “双一流”建设的理性审思［J］. 教育理论与实践，2018，38（21）：3—5.

⑦ 李玲玲，蔡三发. 基于章程文本分析的高校治理问题研究——以“一流大学”建设高校为例［J］. 高教探索，2018（8）：14—19.

学建设做好章程与具体规章的有效衔接，确保章程制度体系建设科学规范，构建制度执行的监管与反馈机制。[①] 江苏大学王彬等人指出一流大学建设 A 类高校校际间、层次之间文化资本水平差异显著，受到学校历史文化继承与开发、教育政策和学校内部治理等多种因素影响，应促进一流大学文化资本积累，有意识发掘学校文化资源，优化内部治理。[②] 嘉应学院李斌琴总结出地方高校要将高校管理的转变作为建设一流大学的切入点，实现从“管理大学”到“经营大学”、从“功能管理”到“战略管理”、从个人式管理到文化管理、去制度化与趋学术化同步等“四个转变”。[③]

“双一流”建设的核心是人才的培养，突出人才培养导向、人才吸引机制，提供人才培养的支撑条件。中国高等教育学会管培俊认为大学制度与人才资源是“双一流”建设目标的“车之两轮、鸟之两翼”，探索大学有效治理的模式和人才发展战略，以期对研究生教育宏观政策和一流大学建设提供决策参考。[④] 上海市教育委员会李永智认为“双一流”建设依靠一流人才，而一流人才源于一流的引育环境，坚持人才引进与自主培养并重、突出高精尖缺与吸引优秀青年人才并重、落实薪酬待遇与提供良好服务并重、政府放权松绑与高校主动作为并重。[⑤] 吉林大学何志鹏指出培养优秀人才是“双一流”建设的最终目标和最高标准，其评价标准最主要的观测因素是人才培养质量和效果。[⑥] 美国加州大学丛京生认为一流大学以培养领军型人才为中心使命，创建让领军型人才脱颖而出的最优环境，充分支持青年教师发展，激发青年教师创造力和活力。[⑦] 北京师范大学王明明认为世界一流大学国际化建设需要“经验—理论—实践”的新模式，培养世界性人才，面向世界一流水平和国际突出问题提高科研能力建设和知识产出，提出中国方案，贡献中国智慧，服务世界发展。[⑧] 四川大学姜晓萍提出“双一流”建设应明确培养什么样的人才与如何培养人才，其内核

---

① 李玲玲，蔡三发. 建设支撑一流大学成长的章程制度体系［J］. 中国高等教育，2018（17）：28—30.

② 王彬，崔玉平. 36 所 A 类一流大学文化资本层次及差异分析［J］. 国家教育行政学院学报，2018（1）：88—94.

③ 李斌琴. “双一流”建设中地方高校管理要实现“四个转变”——基于组织社会学新制度主义的视角［J］. 大学教育科学，2018（3）：71—78.

④ 管培俊. 一流大学建设的两个关键要素：制度与人［J］. 中国高教研究，2018（5）：4—9.

⑤ 李永智. 一流大学和一流学科建设离不开一流人才引育环境［J］. 中国高等教育，2018（5）：31—32.

⑥ 何志鹏. 一流大学的教学之基［J］. 中国大学教学，2018（2）：7—13.

⑦ 丛京生. 对创建一流大学的几点想法［J］. 学位与研究生教育，2018（6）：24—27.

⑧ 王明明. 国际责任与话语权：一流大学国际化建设的使命与方向［J］. 现代教育管理，2018（11）：59—64.

是落实立德树人根本任务，培养具有宽广的学术视野、强烈的创新意识、强烈的社会责任的拔尖创新人才；利用多维度的育人理念、全景式的教学体系、精细化的质量激励方式培养人才。[①] 南京大学谢阳斌等人提出“双一流”建设应以高端学术引领教学创新、以高水平教学奠定学科可持续发展的人才基础，重建科研与教学和谐发展的大学文化生态，回归育人为本的大学常态。[②] 西南大学张铭凯强调“双一流”建设应呼唤课程变革，彰显育人价值，奠基学科发展；弹性丰富的课程目标、通识贯穿的课程内容、开放场域的课程实施、多元立体的课程评价和联动组合的课程运作。[③]

“双一流”建设高校要拓宽经费渠道，吸引社会捐赠，健全社会支持长效机制。中国人民大学程天权等人认为一流大学建设激发教育基金在办学实践中的助推作用，做好顶层设计与制度保障，创新筹款形式。[④] 大连理工大学罗志敏认为“双一流”建设高校形成多样化的财政收入结构；维护校友关系，获取更多校友捐赠；建设基金会，促使其以专业化运作积累办学资金。[⑤] 北京师范大学姚云等人认为“双一流”建设大学采取多元化筹资战略，利用校友捐赠，加强校企合作、争取企业投资，制定大学筹资年度规划。[⑥] 上海交通大学杨希指出一流大学建设有助于建设高校吸引政府的科研经费，但对企事业单位的科研经费有“挤出效应”，因而应撬动多元主体经费投入。[⑦] 长沙师范学院张杨认为“双一流”建设中大学科技园具有高投入、高效益特征，提升学科建设、人才培养、科学研究的水平，推进成果转化、传承优秀传统文化及培育创新精神。[⑧]

---

① 姜晓萍. 一流大学拔尖创新人才培养的两个维度［J］. 中国高等教育，2018（1）：41—42.

② 谢阳斌，桑新民. 如何在“双一流”建设中促进科研与教学协同发展——国际教学学术运动的深层反思与战略谋划［J］. 教育发展研究，2018，38（7）：8—15.

③ 张铭凯. “双一流”建设与课程变革［J］. 高校教育管理，2018，12（3）：7—12＋20.

④ 程天权，杨维东. 建设世界一流大学要激发教育基金活力［J］. 中国高等教育，2018（20）：12—15.

⑤ 罗志敏. “双一流”建设高校财政收入结构亟待转型升级［N］. 中国教育报，2018－07－05（6）.

⑥ 姚云，吴宗聪. “双一流”大学建设的筹资功能新解［J］. 大学教育科学，2018（1）：25—28＋125.

⑦ 杨希. 一流大学建设的效果可持续吗？——高校经费累积效应及其对科研产出的影响研究［J］. 教育与经济，2018（1）：80—87.

⑧ 张扬. 大学科技园如何在“双一流”建设中发挥作用［J］. 当代教育论坛，2018（4）：76—82.

第二节　“双一流”建设实践

2018 年，地方政府和高校陆续公布了“双一流”建设方案。国家批复各建设高校的建设方案之后，高校“双一流”建设正式启动。“双一流”建设实践研究主要分为区域层面和高校层面。本节文献数量共计 52 篇（部），包括期刊论文 24 篇、报纸文章 23 篇、学位论文 4 篇和著作 1 部。研究方法主要是文本分析、经验总结等。

一、区域“双一流”建设实践

随着区域“双一流”建设方案颁布，相比 2017 年，2018 年度研究区域“双一流”建设政策文本的文献显著增加。本部分的区域特指省、自治区、直辖市。2018 年文献分为“双一流”建设文本分析研究、区域一流大学建设研究和区域一流学科建设研究。

区域“双一流”建设研究围绕政策实践、经验借鉴等展开。北京理工大学王战军主编的《世界一流大学世界一流学科建设政策汇编》整理汇总了 48 份“双一流”建设政策文件，集中展现国家和地方“双一流”建设的政策、思路、办法，为监测“双一流”建设进程做信息参考。[①] 西北大学苏林等人认为省域统筹推进“双一流”建设政策具有理想导向型、外部推动型和资金投入型三大突出特点，其典型矛盾是重表象而轻内涵、重投入而轻培育、重规范而轻特色，其策略选择包括尊重大学自治和学科发展规律、注重制度建设和实施错位发展战略。[②] 华东师范大学崔海丽认为地方政府参与“双一流”建设的重要驱动力量是教育资源竞争、经济发展竞争以及政绩竞争，其战略目标达成应厘清地方政府职能边界、加强中央政府宏观调控、合理规范地方政府间竞争行为。[③] 青岛大学孙百才等人总结了中国香港建设世界一流大学的经验，指出内地“双一流”建设实施全方位的质量保障措施、建立绩效导向和多元竞争的拨款制度、

---

① 王战军. 世界一流大学世界一流学科建设政策汇编［M］. 北京：中国科学技术出版社，2018.

② 苏林，杨佳乐，高耀，王立. 省域统筹推进“双一流”建设政策中的突出特点、典型矛盾及破解策略［J］. 学位与研究生教育，2018（2）：38—44.

③ 崔海丽. “双一流”建设中的地方政府竞争行为分析［J］. 江苏高教，2018（6）：17—22 + 87.

实现教育国际化和本土化的和谐发展。[①] 南京师范大学董一秋运用 DEA 模型研究了江苏 15 所"双一流"建设高校的科研效率，提出部分高校适当扩大科研规模、加强内部管理、提高科研成果在教育领域和商业领域的转化率、构建科学可行的科研绩效评价体系。[②]

部分文献分析了"双一流"建设政策文本并提出建议。北京师范大学陈燕等人使用文本分析法研究了 29 个区域的"双一流"建设方案，认为提升地方政策有效性的措施包括落实"放管服"，依法依章落实现代大学治理体系改革；注重教育体系结构系统布局，实施区域和校际错位特色发展战略；注重大学和学科发展规律，创建有序竞争的系统生态；拓展经费来源渠道，加强制度建设。[③] 山东师范大学张伟等人分析了 26 个区域的"双一流"建设政策文本，其政策重心在于防范制度惰性、"马太效应"等政策负效应；防范政策的非理性倾向；强化政策协同，消融政策壁垒；构建"多主体、多层次、多维度"的政策考评机制。[④] 郑州大学柳利峰研究了 21 个区域的"双一流"建设政策文本，提出明确"双一流"建设的内涵实质；地方结合实际合理制定目标；处理"人"与"才"之间的关系；完善资金投入机制。[⑤] 天津大学邓小华研究了九个区域的"双一流"建设实施方案，发现地方政府建设的逻辑起点是"大学作为服务站"，而行动坐标是数量化的目标定位，逻辑起点和行动坐标之间存在形式合理性与实质合理性的冲突。[⑥] 临沂大学张伟等人专门研究了山东、安徽、广东和江苏的"双一流"建设政策文本，发现"双一流"建设具有战略遵从和市场化的鲜明价值取向，形成了改革推进、进位赶超、自主化和差异化的实践策略，而政策推进谨防窄化建设内涵、过度管理主义和漠视中国特色三种倾向。[⑦]

部分文献结合区域实际状况，提出了建设地方一流大学的建议。河南省教

---

① 孙百才，徐宁. 香港建设"世界一流大学"的质量保障措施与政策经验 [J]. 清华大学教育研究，2018，39 (1)：75—83.

② 董一秋. 基于 DEA 模型江苏高校入选"双一流"高校科研绩效研究 [D]. 南京：南京师范大学，2018.

③ 陈燕，车金恒，祝苏东. "双一流"建设的地方行动：基于政策的文本分析 [J]. 研究生教育研究，2018 (4)：70—76.

④ 张伟，张茂聪. 我国"双一流"建设的省际政策比较——基于 26 省"双一流"实施意见的文本分析 [J]. 高等教育管理，2018，12 (4)：19—26.

⑤ 柳利峰. 我国"双一流"建设的政策研究——基于部分地区政策文本的分析 [D]. 郑州：郑州大学，2018.

⑥ 邓小华. 地方政府"双一流"建设的行动逻辑——基于地方政府"双一流"建设实施方案的分析 [J]. 现代教育管理，2018 (3)：24—29.

⑦ 张伟，薄存旭. "双一流"的价值逻辑与实践路径——基于四省"双一流"建设的系列政策文本分析 [J]. 现代教育管理，2018 (1)：19—25.

育厅郑邦山指出本省以“双一流”建设为引领，确立教育局部高端突破战略，实现教育水平整体提升。① 郑州大学周倩等人认为河南省“双一流”建设需要实施非均衡式的重点建设策略，主动争取中央政府更多支持，积极引进培养用好高层次人才，整合多学科资源打造一流学科。② 西安建筑科技大学平雪花提出陕西省创建一流大学的对策，包括坚守办学理念，创办具有陕西特色的一流大学；改革人才培养模式，培养服务地方的创新型人才；完善师资队伍建设，打造一流教师团队；明确学科方向，创办具有陕西特色的学科；推进机制体制创新，形成内外部共同治理。③

部分区域“双一流”建设着重加强一流学科建设。江苏省教育厅葛道凯指出本省构建了学科建设四级体系，包括“世界一流建设学科、江苏省优势学科、江苏省重点学科、校级特色学科”，并从坚持特色、办出水平、完善机制等方面推动建设。④ 苏州大学李凤玮等人界定了江苏省一流学科的操作性定义，即前三轮学科评估进入前十名、第四轮进入 A 级的学科，指出统筹规划分类建设、加大投入力度、改进学科评价办法、加强学科交叉和协同创新。⑤ 兰州大学李昱卓研究了西部欠发达地区高校医院的一流学科建设，提出把握时代脉搏，抓住发展机遇，以一流学科建设为契机带动地区医疗卫生机构发展。⑥

二、高校“双一流”建设实践

高校“双一流”建设实践分为一流大学建设实践和一流学科建设实践。相较 2017 年，2018 年度“双一流”建设高校重视将中国特色与一流大学建设结合，扎根中国大地建设世界一流大学。

1. 一流大学建设实践

一流大学建设实践研究围绕一流大学建设高校实践、一流学科建设高校实践和地方高校实践展开。

一流大学建设高校积极贯彻习近平新时代中国特色社会主义思想，努力推动中国特色世界一流大学建设实践。清华大学邱勇等人指出学校坚持党的领导、

① 郑邦山．以“双一流”建设带动全省高教水平整体提升［N］．中国教育报，2018-12-06（1）．

② 周倩，靳培培，崔来廷，刘俊仁．经济相对落后地区“双一流”建设的理性思考与现实选择［J］．现代大学教育，2018（1）：71—78+112．

③ 平雪花．陕西省属高水平大学创建一流大学对策研究［D］．西安：西安科技大学，2018．

④ 葛道凯．新时代“双一流”建设的内涵与路径［J］．中国高等教育，2018（5）：29—30．

⑤ 李凤玮，周川．江苏高校一流学科的优势累积效应及存在问题——基于四轮学科评估数据的初步分析［J］．江苏高教，2018（6）：12—16．

⑥ 李昱卓．西部欠发达地区高校医院一流学科建设问题研究［D］．兰州：兰州大学，2018．

立德树人、扎根中国大地建设世界一流大学。① 吉林大学杨振斌论述到建设中国特色世界一流大学要始终不渝地坚持马克思主义的指导地位，坚定不移地走新时代中国特色社会主义教育发展之路，从“永葆底色、坚守本色、构建特色、增强特色”出发，坚持用内涵式发展全面推进高校“双一流”建设进程。② 浙江大学邹晓东指出学校总目标是坚定不移地向世界一流大学迈进；工作总要求是“立足浙江、面向全国、走向世界”；办学定位是培养造就社会主义事业建设者和接班人，“双一流”建设要突出一流的要求、强调多元特色发展，从全面从严治党、全面立德树人、全面聚焦一流、全面深化改革、全面开放合作、全面优化支撑六个方面推进。③ 中国人民大学靳诺认为建设中国特色世界一流大学需要树立办学自信，坚持办学正确政治方向、建设高素质教师队伍、形成高水平人才培养体系。④ 中国人民大学刘伟提出学校建设中国特色世界一流大学培养社会主义建设者和接班人，将立德树人的成效作为检验学校一切工作的根本标准；⑤ 将全面推进“双一流”建设作为学校的奋斗目标，坚持特色、弘扬传统、做强人文社会科学。⑥ 北京师范大学董奇指出学校扎根中国大地，以习近平新时代中国特色社会主义思想为指引，开展教师教育创新、整合优质教育资源、加强学科交叉、推进国际教育交流与合作等，加快建设综合性、研究型、教师教育领先的中国特色世界一流大学。⑦ 东南大学左惟论述到学校把学习贯彻总书记讲话作为当前和今后一段时期的重要政治任务，坚持正确办学方向，擦亮马克思主义指导思想底色，突出培育践行社会主义核心价值观亮色，彰显一流大学的中国特色，着力培养德智体美全面发展的社会主义建设者和接班人，培养担当民族复兴大任的时代新人。⑧ 中国科学技术大学杨金龙指出学校建设“中国特色、科大风格、世界一流”的大学，坚持人才培养的“红专并进”、推进学科布局的“转型升级”、实现科学探索的“并跑领跑”、践行服务

---

① 邱勇，陈旭．改革创新，开放奋进，永远向前——写在“迈向一流——清华大学庆祝改革开放40周年展览”开幕之际［N］．新清华，2018－12－14（1）．

② 杨振斌．努力建设中国特色世界一流大学［J］．中国高等教育，2018（17）：4—6．

③ 邹晓东．扎根中国大地，勇攀世界高峰——浙江大学建设中国特色世界一流大学的思考和实践［J］．江苏高教，2018（7）：1—4．

④ 靳诺．牢记使命，抓住根本，建设中国特色世界一流大学［J］．中国高等教育（10）：10—12．

⑤ 刘伟．培养社会主义建设者和接班人，建设中国特色世界一流大学［J］．中国高等教育，2018（Z2）：4—8．

⑥ 刘伟．弘扬传统凝练特色，推进“双一流”［N］．中国教育报，2018－01－15（5）．

⑦ 董奇．加快建设综合性、研究型、教师教育领先的中国特色世界一流大学［J］．中国高等教育，2018（Z1）：25—26．

⑧ 左惟．擦亮底色，突出亮色，彰显特色，培养一流领军人才践行一流大学使命［J］．中国高等教育，2018（Z3）：15—16．

社会的“顶天立地”、传承办学模式的“科教融合”。[①] 西北工业大学王凡华等人指出学校建设一流大学探索军民深度融合发展的“西工大路径”，成为陕西高校军民深度融合发展的重要支撑力量。[②] 郑州大学牛书成指出学校建设一流大学坚持学科水平提升工程、人才强校工程、国际化战略推进工程；深化人才培养结构改革、科研创新体制改革、人事制度改革；打造文化传承创新体系、社会服务体系、组织领导体系。[③]

一流学科建设高校结合学校特色展开建设实践。西藏大学欧珠等人指出学校建设具有中国特色、西藏特点的一流民族大学，从加强党的领导、抓牢根本任务、遵循基本原则、把握工作主题、提升重要使命等方面加大改革创新力度。[④] 太原理工大学吴玉程提出学校推进“双一流”建设坚持对接国家战略需求，服务山西转型发展；[⑤] 以国家需求和学科发展前沿为导向，实施学科攀升、人才培养、科技创新、人才强校、国际化战略工程。[⑥] 大连海事大学郑少南等人提出建设世界一流海事大学服务交通强国、海洋强国战略。[⑦] 北京工业大学谢辉提出学校建设“立足北京”、体现“京韵京味”的“北京特色”一流大学，围绕北京需要打造一流学科群。[⑧] 中国传媒大学陈文申总结到学校从握紧“方向盘”、用好“辩证法”、抓实“贯通线”三方面出发，建设中国特色世界一流大学。[⑨] 中南财经政法大学秉承“办特色、创一流”的发展理念，形成财经、政法深度融通，多学科协调互动的良性生态体系。[⑩] 南京林业大学刘奕琳等人认为学校秉承“树木树人、创业创新”的办学理念，坚持传承与弘扬、守正与创新、顶天与立地、立德与树人的内生发展路径，形成“内生促内涵、内涵促

---

① 杨金龙. 责任、使命、作为：新时代一流大学建设的探索与实践［J］. 学位与研究生教育，2018（9）：1—5.

② 王凡华，赵珍. 军民深度融合发展，助推一流大学建设［N］. 西安日报，2018－04－21（3）.

③ 牛书成. 扎实推进一流大学建设［N］. 河南日报，2018－12－29（5）.

④ 欧珠，刘凯. 全面贯彻落实习近平总书记贺信精神，建设具有中国特色、西藏特色的一流民族大学［N］. 西藏日报（汉），2018－11－05（6）.

⑤ 吴玉程. 服务地方转型发展，扎实推进“双一流”建设［N］. 中国教育报，2018－01－11（12）.

⑥ 吴玉程，黄庆学. 大力实施“五大战略”，扎实推进“双一流”建设［N］. 中国教育报，2018－05－10（12）.

⑦ 郑少南，孙玉清. 认真学习贯彻全国教育大会精神，扬帆世界一流海事大学建设新航程［N］. 中国交通报，2018－10－16（4）.

⑧ 谢辉. 望百年，“北京特色”一流大学起锚［N］. 中国教育报，2018－02－05（3）.

⑨ 陈文申. 发挥思想政治工作优势，建设中国特色世界一流大学［J］. 中国高等教育，2018（19）：7—8.

⑩ 佚名. 财经、政法融通，争创世界一流［N］. 中国社会科学报，2018－01－08（8）.

发展、发展强内生"的集约循环效应。①

地方高校提出深入推进"双一流"建设的对策，努力推动地方高校向一流大学迈进。中国教育学会高书国认为地方高校通过"双一流"建设，全方位提升办学理念、办学行为和办学品质，办出有世界水平的高品质地方高等院校。②江苏大学袁寿其认为学校深入推进"双一流"建设和高水平研究型大学建设，进一步解放思想，推动内涵发展、质量全面提升。③中国民航大学景一宏指出学校推进民航特色"双一流"建设，坚持"立足民航、服务社会、面向世界"的办学定位和"崇尚严实、致能致用"的办学特色。④西藏民族大学刘凯指出建设有中国特色、西藏特点的一流综合性民族大学，坚持党的教育方针和社会主义办学方向，立足陕西、面向西藏、服务国家的办学服务定位。⑤广西医科大学刘友谊提出学校坚持党建，突出实干导向，坚持顶层设计与统筹推进、组织建设与师资队伍、制度建设与一流学科建设三个"相结合"，推动国内一流地方医科大学建设发展。⑥杭州师范大学提出学校坚持以立德树人为根本任务，以教育供给侧改革为指引，向一流综合性大学转型发展。⑦台州学院崔凤军总结学校建设一流应用型大学必须要有一流的胸襟、一流的学科、一流的师资和一流的制度。⑧

2. 一流学科建设实践

一流学科建设实践研究围绕一流学科建设政策文本分析、一流学科建设高校实践和具体学科建设途径展开。

部分文献专门研究了一流学科建设的相关政策文本，分析了高校一流学科建设过程中的问题，并提出建议。天津大学申超等人通过分析我国41所"双一流"建设高校建设方案文本，指出一流学科建设呈现出建设目标表述模糊性与精准性并存、总体规划注重发展优势特色学科等特点，结合高校自身的历史、

---

① 刘奕琳，周统建，高江勇. 内生发展视域下的地方院校"双一流"建设［J］. 中国高等教育，2018（21）：48—50.

② 高书国. 地方高校是"双一流"建设重要参与者［N］. 中国教育报，2018-01-17（4）.

③ 袁寿其. 啃下"硬骨头"，建设"双一流"［N］. 新华日报，2018-07-03（12）.

④ 景一宏. 弘扬传统强化特色，推进民航特色"双一流"［N］. 中国民航报，2018-01-25（7）.

⑤ 刘凯. 大力实施转型创新发展战略，争创一流综合性民族大学［N］. 西藏日报（汉），2018-10-14（6）.

⑥ 刘友谊. 以新时代党建要求统领地方医科大学"双一流"建设［N］. 广西日报，2018-12-25（10）.

⑦ 杭州师范大学. 从地方高校迈向一流综合性大学——杭州师范大学转型发展的成功实践［N］. 中国教育报，2018-05-09（7）.

⑧ 崔凤军. 努力把台州学院建设成为一流应用型大学［N］. 台州日报，2018-09-12（5）.

定位、学科结构、发展特色等因素进行学科布局。① 上海师范大学张继龙等人认为高校“双一流”建设方案的核心是学科发展规划，作为学科发展战略的历史映射和细致呈现，制定兼有精心设计与紧急应变的特征；实施以组织支持和项目引导为突出特点；评估以结果导向和持续追踪为主要特色；有效性需要检视规划背后的战略思维、控制强度、逻辑遵循、共识程度等。② 天津大学宋亚峰等人认为一流大学建设高校学科布局呈现门类齐全、冷热不均；基础应用并举、理工社交融；冷门学科、特色突出的特征，提出培育健康的学科生态环境，优化“学科链”建设，通过优势学科的自我生长、院系合作产生新的交叉学科、校校合作产生新的整合学科、国家战略和社会需求以及技术难题催生新特色学科。③

一流学科建设高校充分发挥学科特色，推动学科发展。北京化工大学谭天伟指出学校推进一流学科建设立足学科特色，以国家重大需求为牵引、以创新型人才培养为中心、以建设高层次创新人才队伍为抓手，增强科学研究核心竞争力，深化全球合作。④ 广州中医药大学林辉指出学校构建一流学科实施体系体现统一性、系统性、协同性、科学性、有效性和可行性原则，其关键环节包括思想观念要新、体制机制要活、人才队伍要强、学术水平要高和协调创新要通。⑤ 安徽大学李仁群指出学校建设中国特色世界一流学科将“讲忠诚”“严纪律”和“立政德”作为原则。⑥ 广州中医药大学张建华指出学校打造一流学科建设高峰优化整合资源配置、充实学科专业队伍、加强学科团队建设、强化学科平台建设、凝炼学科方向、聚焦学科重大重点项目，推动学科协调发展。⑦

部分高校积极探索具体学科的一流建设途径。中山大学郭天武等人指出法学一流学科建设以完善法学人才培养模式为重心、以具备核心竞争力为目标、以国际化视野为导向；着力培养新型复合型法学人才、设计科学的法学核心课

---

① 申超，杨梦丽．一流学科建设蓝图是如何描绘的——基于41所“双一流”建设高校建设方案的文本分析［J］．高等教育研究，2018，39（10）：37—42．

② 张继龙，陈廷柱．“双一流”建设中的学科发展规划：战略、管理及有效性——基于两所一流大学建设高校的案例分析［J］．中国高教研究，2018（7）：22—29．

③ 宋亚峰，王世斌，郄海霞．我国一流大学建设高校的学科布局与生成机理［J］．江苏高教，2018（9）：9—15．

④ 谭天伟．立足学科特色，增强核心竞争力，推进北京化工大学一流学科建设［J］．高等工程教育研究，2018（6）：87—91．

⑤ 林辉．统筹协调，加快推进一流学科建设［N］．中国中医药报，2018－03－07（3）．

⑥ 李仁群．以新时代新担当作为奋力开创中国特色世界一流学科建设高校发展新局面［N］．安徽日报，2018－09－03（7）．

⑦ 张建华．牢记总书记嘱托，建设好一流学科［N］．中国中医药报，2018－04－02（6）．

程授课体系、树立跨学科与国际化的研究视角，为法学学科发展贡献中国方案。[①] 湘潭大学黄华伟提出一流法学学科的建设途径包括优化学科结构、打造学科高峰、培养卓越人才、建设一流师资、强化问题研究和加强国际合作。[②] 武汉大学龚健雅认为遥感学科建成世界一流学科应坚持"补短板、建平台、转文风、建联盟、望全球"的策略。[③]

第三节 "双一流"建设评价

《指导意见》提出"探索建立中国特色'双一流'建设的综合评价体系""鼓励开展建设过程及建设成效的监测评价"。2018 年本节文献共 16 篇（部），其中期刊论文 12 篇、学位论文 3 篇、著作 1 部，比 2017 年增加 4 篇（部）。2018 年度文献研究包含一流大学建设评价和一流学科建设评价两个主题，研究方法主要采用实证研究、比较分析等。本节文献集中研究中国特色"双一流"建设的评价理念、评价方法、指标体系等。

一、一流大学建设评价

2018 年本部分文献关注的重点集中在一流大学建设的评价体系、评价理念、第三方评价等。

部分文献构建了具有中国特色的一流大学建设评价体系，并展开了实证分析。北京理工大学王战军等人构建了世界一流大学建设成效评价体系，以促进我国建成高等教育强国为评价目标，以国家经济社会发展重点战略和新时代高等教育使命为评价导向，坚持国际视野、中国特色和第三方评价等视角，采取"融通中外、简约可行"的评价策略，使用中国特色与国际评价、定性评价与定量评价、动态评价与周期性评价、长期建设目标达成情况与年度建设成效评价等"四个结合"的评价方法，围绕达成度、贡献度、支撑度、引领度、满意度五个评价维度，监测我国世界一流大学的建设状态。[④] 中国科学技术大学崔

① 郭天武，严林雅．法学一流学科建设及其人才培养模式探析［J］．高教探索，2018（12）：17—24．

② 黄华伟．加快推进一流法学学科建设［N］．中国社会科学报，2018－06－19（1）．

③ 龚健雅．建设新时代世界一流学科［N］．中国测绘报，2018－07－13（3）．

④ 王战军，刘静．构建中国特色评价体系　推进世界一流大学建设［J］．清华大学教育研究，2018，39（6）：58—65．

育宝在借鉴 15 个全球性与区域性大学排名指标体系的基础上，结合一流大学建设评价时代诉求，基于可量化、可比性、可持续的原则，依据“双一流”建设政策文件、高校“双一流”建设方案并邀请专家论证，建构了我国世界一流大学建设综合评价指标体系，其中一级指标包括人才培育、科学研究、社会贡献；二级指标包括学生培育、教师培育、国家科学技术奖、教育部人文社科奖和高质量论文，分析了我国一流大学建设高校的特征，使用层位分析方法，基于学科领域、区域范围、全国范围三阶段遴选出 41 所高校作为建设的高校。① 武汉大学邱均平在其著作《世界一流大学和一流学科评价研究报告 2017—2018》中构建了世界一流大学评价指标体系，其中一级指标包括师资力量、教学水平、科研能力、声誉影响力；二级指标包括专职教师、高被引科学家、杰出校友、进入 ESI 排行学科、发表论文、篇均被引次、国际合作论文、发明专利、网络影响力、高被引论文，评选出 2017 年世界一流大学综合竞争力和中国一流大学竞争力排行榜。② 上海交通大学鲁世林等人提出“双一流”大学建设的监测机制涵盖建设目标、利益主体、监测方法、监测结果等；评估体系涉及人才培养、科学研究、社会服务和文化传承创新等，评估指标包括师资质量、雇主声誉、重大奖项、国际化水平、研究规模、研究质量、国家战略需求、教研环境、产学合作、特色学科。③ 中国科学技术大学崔育宝等人构建了一流大学建设高校杰出学术人才培育评价体系。其中，一级指标包括学生和教师两个方面的杰出学术人才培育；二级指标包括获中国科学院院士、中国工程院院士和长江学者称号的校友和教师。评价结果显示一流大学建设高校在区域布局上持续分化，在院校发展上实力悬殊，马太效应明显，提出推进“双一流”建设要重视学术生态平衡、质量保障充分；发展结构平衡、动态调整充分。④ 天津大学黄建国等人从科研投入和产出两个方面构建了包括研究与发展人员、科技经费支出、论文、专著、成果获奖、国家级奖、技术转让收入等在内的评价指标体系，针对 2010—2015 年 41 所一流大学建设高校科研数据，运用 Super-SBM 方法静态分析了样本高校的科研效率，并利用 Malmquist 指数模型动态分析了科研效率变化，发现造成样本高校科研效率下降

---

① 崔育宝. 我国“世界一流大学”建设评价研究［D］. 合肥：中国科学技术大学，2018.

② 邱均平. 世界一流大学和一流学科评价研究报告 2017—2018［M］. 北京：科学出版社，2018.

③ 鲁世林，冯用军. “双一流”大学建设的监测机制与评估标准探究［J］. 黑龙江高教研究，2018，36（10）：1—5.

④ 崔育宝，李金龙，裴旭，赵强强. 我国“一流大学建设高校”杰出学术人才培育评价［J］. 现代大学教育，2018（6）：74—81.

的主要原因是技术退步。[①]

部分文献论述了一流大学建设的评价理念、原则及第三方评价的标准等。南京大学曹志峰指出世界一流大学评价范式应批判并超越技术理性，其价值理性在于回归大学之道、坚守大学之本和重塑大学之魂，即维护“学术自由、大学自治”的价值传统；秉承“立德树人、人才培养”的价值基础；构建“多元开放、追求卓越”的价值取向。[②] 武汉理工大学梅雄杰等人提出“双一流”建设评价需要研究评价指标体系的本体理论，区分一流大学和一流学科的评价模式，确立以国家、社会需求为价值导向的评价体系。[③] 西南大学陈恩伦等人论述了“双一流”建设第三方评价的标准、实施原则、结果运用，其中评价标准重心在于一流师资队伍建设、创新人才培养、科研水平提升、社会服务水平提高和文化传承创新，评价实施原则做到公正客观，保证价值无涉；体现政策指向，保证合规合法；具备专业性，保证权威可信；兼顾质量与公平，保证科学实效。[④]

一流大学建设评价可借助世界一流大学排名体系寻找与世界一流大学的差距。中国科学技术大学张淑林等人分析了中国、美国、英国、德国、日本在ARWU、THES、QS和UNWR四大排名体系中的总体表现与结构差距，发现我国大学进入“四大排名体系”的总量靠前、名次靠后；教学、卓越科研及影响力差距明显且理念落后；国际吸引力差、社会服务参与度高，指出一流大学建设加大资源投入、推进教师考核评价体制改革、转变国际化与社会服务理念。[⑤] 北京航空航天大学夏国萍等人研究了我国大学在ARWU、THES、QS三大排行榜中的排名情况，指出我国一流大学建设中面临着科研论文产出与科技成果转化、人才培养目标与教育质量、欧美标准体系与中国特色文化、重点建设高校与高等教育系统的四重关系，其着力方向是对接国家战略需要，优化科研评价体系；衔接欧美指标体系，构建中国特色标准。[⑥] 湖南大学王蕊比较分析THES、QS、US News以及ARWU等世界大学排行榜的理念与目的、方法、指标

---

① 黄建国，袁伟灿. 世界一流大学建设高校科研效率评价［J］. 黑龙江高教研究，2018（8）：11—15.

② 曹志峰. 超越技术理性 回归大学之道——世界一流大学评价问题与反思［J］. 研究生教育研究，2018（5）：23—28.

③ 梅雄杰，李志峰. 本体与模式：“双一流”建设评价体系研究述评［J］. 现代大学教育，2018（2）：76—84.

④ 陈恩伦，龚洪. “双一流”建设第三方评价的实施构想［J］. 大学教育科学，2018（3）：44—50.

⑤ 张淑林，崔育宝，李金龙，裴旭. 大学排名视角下的我国“世界一流大学”建设现状、差距与路径［J］. 清华大学教育研究，2018，39（1）：24—34.

⑥ 夏国萍，管恩浩. 建设世界一流大学亟待处理好四重关系——基于三大世界大学排行榜的视角［J］. 高校教育管理，2018，12（4）：27—35.

体系及其相似性和差异性，提出我国“双一流”建设高校评价加强国际化思维、构建适合自身的国际化评价指标体系。①

二、一流学科建设评价

2018 年本部分入选文献论述了一流学科建设的评价模式、实践向路、评价指标体系等。

一流学科建设的评价需创新评价模式与实践向路。南京农业大学朱冰莹等人提出一流学科建设评价的核心向路是用真实性评价改造符号化评价，符号化评价表现为政府及社会对一流学科建设成效的立场与姿态，虽有强化大学及学科的绩效责任与竞争意识等积极效应，但局限在于外在导向的显性评价忽视建设成效评价中的隐性机制，刚性划一的评价标准抑制着建设实践创新的可能性；真实性评价目的在于改进，强调“学科人”参与的全面、全过程及全方位评价，其实践路径包括强化自我评价与常态评价、建立更为柔性的评价标准与方法。② 南京大学曹志峰等人从内涵、指标体系和过程分析了 QS、THE、CWCU、US News 等世界大学学科评价模式，认为兼顾多元利益主体的信息需求；指标体系设计覆盖面广，突出衡量学科水平的核心要素；数据收集和处理过程科学、合理和规范，保证评价结果质量，提出建立一流的投入标准，强化对人力资源的投入；完善一流的管理机制，推进对学科特色的建设；追求一流的产出成果，创新评价成果质量。③

少量文献构建了中国特色的世界一流学科评估指标体系。延安大学刘瑞儒等人研究了世界一流学科建设中期绩效评估，依据政策文件提出的一流学科建设重点任务，同时借鉴国内外学科排名指标体系，设计了中期绩效评估等级考核表，具体评估内容、一级指标、二级指标见表 10－1，采用特尔斐法确定指标的重要程度和相应的权重系数。④ 中国科学技术大学李燕构建了世界一流理学学科评价指标体系，结合专家意见，确定的一级指标为学科声誉、学科条件、学科环境、学科产出；二级指标为教学声誉、学术声誉、师资队伍、生源质量、资源投入、学科生态、文化氛围、国际交流、科研产出、人才培养和社会贡献，

---

① 王蕊．四大世界大学排行的比较研究［D］．长沙：湖南大学，2018.

② 朱冰莹，董维春．从“符号化评价”到“真实性评价”：一流学科建设评价的核心向路［J］．学位与研究生教育，2018（6）：1—6.

③ 曹志峰，汪霞．世界一流大学重点学科评价模式的比较分析［J］．江苏高教，2018（1）：13—18.

④ 刘瑞儒，何海燕．世界一流学科建设中期绩效考核评估研究［J］．研究生教育研究，2018（2）：60—66.

采用层次分析法确定评价指标权重。① 武汉大学邱均平在其著作《世界一流大学和一流学科评价研究报告 2017—2018》中构建了世界一流学科评价指标体系，其中一级指标包括师资力量、教学水平、科研能力、声誉影响力；二级指标包括专职教师、高被引科学家、杰出校友、ESI 学科、论文及篇均被引、国际合作论文、发明专利、网络影响力、高被引论文等，评选了世界一流学科。②

表 10－1　世界一流学科建设中期绩效评估等级考核表

评估内容	一级指标	二级指标	选项要求	参考权重	评估等级					得分
					优秀5	良好4	中等3	合格2	不合格1	
学科建设指导思想	目标定位	学科定位与发展规划	M	1.0						
	建设思路	思想观念	M	0.5						
		中心地位	M	0.5						
师资队伍与科研团队	队伍结构	整体结构与发展趋势	M	1.0						
		青年科研教学人员	M	0.4						
	学科骨干	学科带头人	M	0.8						
		高被引科学家数	E	1.0						
		科研骨干	M	0.5						
科研成果水平	科研成果	科研水平	M	1.0						
		论文数量	M	0.7						
		论文质量	M	0.8						
		出版专著	E	0.6						
		出版教材	O	0.4						
	科研获奖	科研获奖数量与质量	O	1.0						
	科研项目	科研项目数量与质量	M	0.8						
	申请专利	专利数量质量	E	0.8						
	成果转化	成果转化数量效益	E	0.5						

① 李燕. 世界一流学科评价及建设研究［D］. 合肥：中国科学技术大学，2018.

② 邱均平. 世界一流大学和一流学科评价研究报告 2017—2018［M］. 北京：科学出版社，2018.

续表

评估内容	一级指标	二级指标	选项要求	参考权重	评估等级					得分
					优秀5	良好4	中等3	合格2	不合格1	
人才培养	培养过程	课程教学	M	0.7						
		导师指导	M	0.6						
		研究生国际交流	E	0.5						
		双语教学	E	0.5						
		生均经费	O	0.5						
	在校生	学生选择	O	0.4						
		学位论文	M	1.0						
		优秀在校生	E	0.4						
		授予学位数	M	0.4						
		科研学习风气	M	0.6						
	毕业生	优秀毕业生	O	0.8						
	雇主评价	用人单位评价	M	1.0						
社会服务与文化传承	社会服务与文化传承贡献	社会服务特色与文化传承贡献	O	0.5						
国际视野	国际合作交流	国际合作交流	E	0.8						
学科建设条件与利用	科研环境	科研环境建设	M	0.8						
	平台基地	科研平台基地数量与层次	M	0.8						
	科研经费	科研经费投入	M	0.7						
	文献资源	研究文献数量与质量	M	0.8						
学科组织	学科建设管理体制运行机制	管理体制	M	0.5						
		运行机制	M	0.5						
学科声誉	学科声誉	学科声誉评价	M	1.0						

备注：字母 M、O 和 E 分别指必选项、可选项和鼓励选项

第四节 世界一流大学发展与比较

2018年本节继续保持世界一流大学发展与世界一流大学比较两个主题，入选文献共37篇（部），含期刊论文32篇、学位论文3篇、著作2部，比2017年文献增加5篇（部）。研究方法主要采用比较研究、个案研究和文本分析等。从国别上，2018年研究对象涉及美国、法国、英国、韩国、加拿大、法国、德国、日本、韩国、俄罗斯、印度、澳大利亚、瑞士、新加坡等国家。

一、世界一流大学发展

世界一流大学发展文献研究总体上分为美国和其他国家两类，其他国家涵盖英国、日本、澳大利亚、加拿大、俄罗斯、瑞士、新加坡、德国。

1. 美国世界一流大学

2018年本部分文献研究聚焦美国世界一流大学发展的经验、世界一流学科的影响要素。

部分文献研究美国世界一流大学发展、管理等。上海交通大学郭宝宇等人认为美国一流大学黄金发展期的经验可归结为：政府的国家战略指明发展方向；智囊团的决策咨询设计发展路径；国家科学基金会、国防部、卫生部、农业部、原子能委员会、国家航空航天局六大机构经费支持提供发展保障；提出我国一流大学建设坚持以政府为主导；合理分配资源，重点关注基础学科和研究生教育；重视高水平专业咨询。① 浙江大学林成华等人阐述了美国一流大学“筹款人”角色模型，包括校长、首席发展官、发展事务官、志愿者等，“筹款人”的基本特征是专业化、职业化，提出我国发挥校长“筹款人”角色、加强大学专业“筹款人”队伍建设、完善大学筹款志愿者动员管理体系、扶持大学筹款第三方行业组织发展。② 北京教育学院王聪使用2010—2015年美国一流大学的商业R&D经费、大学科研产出、本科教学成果的面板数据，使用固定效应分析模型分析了商业科研经费投入对成果产出和教学质量的影响机制，指出我国建

① 郭宝宇，冯倬琳. 美国一流大学“黄金发展期”的经验和启示［J］. 外国教育研究，2018，45（8）：15—27.

② 林成华，胡炜. 美国一流大学“筹款人”角色模型与启示［J］. 中国高等教育，2018（Z2）：75—78.

设一流大学的进程中可适当扩大商业 R&D 经费在研发经费中的占比，但要注意协调大学学术与商业市场化之间的关系。[①] 武汉理工大学李志峰等人认为美国一流大学教师岗位工作特征包括有限性和多样性的统一、工作描述和职位说明的统一、整体性和规范性的统一，提出我国调整大学教师队伍结构化失衡状态，促进与学术工作结构相匹配的教师队伍结构转型；消解教学科研岗位结构设置的单一化和同质化现象，依据学术分工实现岗位专业化分类管理，强化学术劳动力市场在教师资源配置过程中的作用，科学设置不同层次类型的学术岗位群。[②]

部分文献使用案例法研究美国一流大学的发展。斯坦福大学石毓智在其著作《斯坦福的创新力：来自世界一流大学的启示》中从教育理念、校园文化、师生追求等方面展现了斯坦福大学的创新力，并提出世界一流大学评判标准为获得 10 个以上诺贝尔奖、拥有一批世界级大师、拥有开辟新学科的领军人物、创作影响世界科普著作的教师队伍、吸引全世界慕名访问。[③] 井冈山大学王文礼从培养目的、课程、导师、评价等论述了约翰·霍普金斯大学在线教育博士项目的培养模式，其中博士生导师负责监督和指导博士生完成候选资格及论文要求；博士生导师委员会协助评价博士生候选资格的要求。[④] 武汉理工大学李志峰等人以 MIT 为例分析了世界一流大学教师队伍的结构与分类管理逻辑，指出其教师队伍结构以专任教师为核心、教学主导型教师和科研主导型教师为支撑；学术工作和学术岗位相匹配；多种聘任方式相融合的“洋葱型”结构特征，认为市场驱动的分类管理促进了以岗位职责为中心的多元化和差异性的教师队伍结构的形成，强化了学术岗位群的专业化。[⑤] 浙江师范大学刘爱生以范德堡大学的宿舍楼更名事件为例，阐述了美国一流大学校长如何展现道德领导力，认为校长道德领导力表现为坚持良知，维护大学精神；以身作则，敢于承担风险；高瞻远瞩，保护大学与公众的最佳利益。[⑥]

部分文献剖析了美国世界一流学科的影响要素。杭州师范大学芦艳以麻省理工学院化学、加州大学伯克利分校生物学与生物化学、普林斯顿大学数学、

---

① 王聪．美国一流大学商业 R&D 经费投入对教学科研影响的实证研究——基于 2010—2015 年的面板数据分析［J］．现代教育管理，2018（10）：115—121．

② 李志峰，刘智慧，周玉容．美国一流大学教师岗位工作分析的特征与启示［J］．国家教育行政学院学报，2018（7）：88—94．

③ 石毓智．斯坦福的创新力：来自世界一流大学的启示［M］．北京：科学出版社，2018．

④ 王文礼．世界一流大学的创新：约翰·霍普金斯大学在线教育博士的培养模式和启示［J］．现代教育技术，2018，28（2）：93—99＋53．

⑤ 李志峰，汪洋．世界一流大学教师队伍的结构与分类管理逻辑——以 MIT 为案例［J］．教师教育研究，2018，30（1）：116—123．

⑥ 刘爱生．美国一流大学校长如何展现道德领导力——以范德堡大学的宿舍楼更名事件为例［J］．高教探索，2018（6）：50—54．

芝加哥大学物理学、哥伦比亚大学教育学、斯坦福大学法学等一流学科为例，提出其影响要素包括追求学术卓越与优异的学科发展理念；办学者的胆识、眼光促成学科突破口的选择；拥有杰出学术创造力的领军人物；世界一流标志性成果、学科后备人才；注重多学科融合的跨学科研究；充分利用国家政策和社会力量等。① 中国教育科学研究院孟照海以美国哥伦比亚大学为例分析了一流大学学科布局调整策略，指出20世纪70年代以来一流大学更多地采用“有选择的卓越”策略，依据学科地位、学术声誉和市场需求等确定优先发展的学科、裁撤质量不高的学科、重建既有的学科，通过学科资源的重新配置维护和提升学术地位，形成比较优势；推进学科发展统筹短期利益和长远利益，兼顾学科的特色与综合性，重视跨学科研究；推动大学学科布局服务于“以人才培养为核心”。② 浙江大学孙贵平等人以劳拉·斯皮尔曼基金会支持芝加哥大学社会科学研究为例，指出民间自发资助行为保证了研究自由，资助主体的开拓性价值理念影响了大学科研的视域及方法。③ 中国教育科学研究院孟照海以美国芝加哥大学社会学为例，提出世界一流学科建设的内在张力是制度化与去制度化，管理者应跳出学科思维，充分发挥知名学者的学科边界跨越和知识重组能力；重视学科知识体系、学术发表体系和学术关系网络对学科话语体系的塑造。④

2. 其他国家世界一流大学

2018年本部分文献论述了英国、日本、澳大利亚、加拿大、俄罗斯和瑞士等国家世界一流大学的发展路径、发展理念、典型特点等。

部分文献从国家层面阐述了世界一流大学创建。西北大学高黎分析了俄罗斯世界一流大学建设的路径，包括组建国际委员会，实行专家治校；选择适切大学，进行理性追赶；增设双学位/全英文课程，加速课程国际化；提供论文发表支持，提高成果国际“能见度”。⑤ 浙江大学陈瑞英详细说明了日本创建世界一流大学的“全球顶级大学计划”政策，其主导思想是目标明确、公平竞争、信息透明、动态调整，提出我国“双一流”建设坚持政府主导，力推“开放”；确定目标，明确指标；公平透明，动态调整。⑥ 郑州工商学院梁会青等人分析

---

① 芦艳，庞青山．世界一流学科形成的影响要素研究［J］．大学教育科学，2018（2）：89—94．

② 孟照海．有选择的卓越：世界一流大学的学科布局调整策略——以美国哥伦比亚大学为例［J］．高等教育研究，2018，39（3）：30—36．

③ 孙贵平，邹源椋．社会资源支持下的美国一流学科建设——以劳拉·斯皮尔曼基金会对芝加哥大学社会科学研究的支持为例［J］．高教探索，2018（4）：32—38．

④ 孟照海．制度化与去制度化：世界一流学科建设的内在张力——以美国芝加哥大学社会学为例［J］．中国高教研究，2018（5）：20—25．

⑤ 高黎．俄罗斯世界一流大学建设路径探析［J］．比较教育研究，2018，40（3）：62—69．

⑥ 陈瑞英．日本创建世界一流大学的政策措施：“全球顶级大学计划”［J］．比较教育研究，2018，40（3）：54—61＋69．

了瑞士世界一流大学建设路径，主要包括网络治理模式下高度的大学自治；全方位的开放化、国际化战略；以研究和创新为导向的发展战略；以政府资助为主体的、充足的财政资源；以创新型人才培养为核心，坚守卓越的教学质量。①

部分文献从大学层面论述了世界一流大学的发展。华南理工大学彭新一等人以伦敦帝国学院为例，阐述了英国世界一流大学在育人与师资、科研与学科、内部治理的经验做法，认为“双一流”建设过程中在理论层面上重新认识大学使命，规划学校发展战略；构建大学专业化管理；学科建设明确定位、特色发展、注重优势；人才培养模式进行深层次改革。② 清华大学林健等人以滑铁卢大学为例，分析加拿大一流大学发展特色，形成了以合作教育为特色的办学理念，包括课堂学习与工作实践深度融合的人才培养理念、企业家精神引领创新创业的教育教学理念、建立不同利益相关者的合作共赢理念。③ 贵州师范大学廖菁菁以日本东北大学为例，指出日本建设世界一流大学的主要战略措施，主要有国立大学法人化改革、持续推进的卓越中心计划，并从政府和大学两个层面阐述了东北大学综合实力提升的主要原因，提出我国“双一流”建设落实高校办学自主权；提升大学战略规划的有效性；推进国际化办学；完善科研体制机制改革。④ 上海师范大学张欣亮等人分析了澳大利亚新南威尔士大学的战略及实践，指出其战略模式是以建校使命为理念、时代目标为指向、战略规划为行动指南，认为我国“双一流”建设处理大学内部管理和社会外部监控的关系，构建政府、学校、社会之间新型的共同治理关系和话语共识，为大学战略规划的运作与实现提供保障。⑤ 西南大学吕芳从国际竞争、外部保障、学校潜能和内在挑战四个维度使用SWOT矩阵模型分析了墨尔本大学建设世界一流大学的发展策略，认为我国“双一流”建设回归育人本位，凸显职能纽带的作用；打破界限，实现跨学科人才培养；着眼社会需要，强化全球责任意识；重视一流评估，落实战略的实施效果；增进校友参与，拓展校友文化。⑥

部分文献论述了世界一流学科的发展。北京师范大学洪成文将世界一流学科发展的国际经验归结为大时运大气势的发展机遇；自由而富有创造性的学术

---

① 梁会青，魏红. 瑞士世界一流大学建设路径探析［J］. 江苏高教，2018（3）：101—107.

② 彭新一，宋雪龄. 世界一流大学鉴借——以英国伦敦帝国学院的办学理念与实践为例［J］. 中国高校科技，2018（10）：9—12.

③ 林健，王煦樟. 特色办学成就一流大学——以滑铁卢大学为例［J］. 中国高教研究，2018（4）：22—28.

④ 廖菁菁. 日本建设世界一流大学的战略及实践——以日本东北大学为例［J］. 当代教育科学，2018（5）：86—91+96.

⑤ 张欣亮，童玲红，苏庆伟. 澳大利亚新南威尔士大学创建世界一流大学的战略与实践鉴析［J］. 现代大学教育，2018（1）：46—56.

⑥ 吕芳. 墨尔本大学建设世界一流大学研究［D］. 重庆：西南大学，2018.

氛围；代际发展的可持续性保障；科学关怀的人类根本性疾苦。[①] 吉林大学阮蓁蓁等人将新加坡世界一流大学学科建设特征总结为学科门类齐全、国际化程度高、重视人才培养、着眼全球且拥有一流的生源。[②] 华中农业大学陈新忠等人以德国霍恩海姆大学有机农业和食品系统专业为例，分析了德国世界一流学科硕士人才培养经验，包括响应产业需求、面向产业发展、走出产教困境，指出我国一流学科建设中产教融合是双赢选择。[③] 河南理工大学武学超等人将悉尼大学世界一流学科科研卓越发展路径总结为创建一流科研平台；引进和培育一流科研人才；建立全方位科研协同关系；加强一流科研治理能力建设。[④] 浙江大学赵倩等人以伦敦大学学院文理学位项目为例论述了英国世界一流大学引领型人才培养模式，其中培养理念指领导与沟通能力以及灵活性、创新性能力，提出我国“双一流”建设明确引领型人才培养理念，推进人才培养模式创新；整合教育资源与要素。[⑤]

二、世界一流大学比较

2018 年本部分文献比较了国内外世界一流大学的发展理念、战略规划以及世界一流学科的发展。

部分文献对比分析了国外世界一流大学的发展。南京大学汪霞等人在其著作《世界一流大学案例研究：高质量的秘密》选取了美国、英国、加拿大、澳大利亚等国家的 16 所世界一流大学，全方位揭示了办学理念、师资队伍、管理体系、专业设置、课程结构、国际化战略、教学保障、经费投入、科研管理，认为世界一流大学高质量的秘密在于秉持先进的办学理念、创建一流的师资队伍、实施全方位的国际化战略、巨大的研究投入、充足的办学经费、完善的质量监控与管理、校企合作与社会服务。[⑥] 国家教育行政学院李虔从办学历史、治理模式和政府角色三个维度考察了美国、韩国、土耳其和拉美的一流私立大学发展模式，总结为“先发—自然成熟”的美国模式、“先发—政府指导”的韩

① 洪成文．世界一流学科发展有哪些国际经验［J］．中国高等教育，2018（5）：1.

② 阮蓁蓁，孟祥臣．新加坡世界一流大学学科建设的特征［J］．中国高校科技，2018（Z1）：49—52.

③ 陈新忠，张亮．世界一流学科人才培养的经验与启示——以德国霍恩海姆大学有机农业和食品系统专业为例［J］．高等工程教育研究，2018（4）：101—106.

④ 武学超，罗志敏．悉尼大学世界一流学科的科研卓越发展路径［J］．中国高校科技，2018（11）：42—46.

⑤ 赵倩，宋永华，伍宸．世界一流大学引领型人才培养模式创新研究——以伦敦大学学院的文理学位项目为例［J］．高等工程教育研究，2018（1）：95—101.

⑥ 汪霞，顾露雯．世界一流大学案例研究：高质量的秘密［M］．南京：南京大学出版社，2018.

国模式、“后发—基金会主导”的土耳其模式和“异质—政府放任”的拉美模式。①

部分文献比较分析了国内外世界一流大学的战略发展及规划等。哈尔滨工业大学刘盛从动态视角分析牛津大学、帝国理工学院、卡内基梅隆大学、佐治亚理工学院和香港科技大学五所世界一流大学不同时期的战略规划文本，指出我国研究型大学战略规划体现传承性、重视战略重点和核心竞争力、重塑大学内外关系、推动文化建设与创新。② 上海交通大学陈丽媛等人比较分析了中国上海交通大学、美国密歇根大学、日本东京大学、中国台湾清华大学四所大学的投入模式，指出我国形成了以中央政府主导、重点建设经费支持为特色的投入模式，保障公共经费投入总量稳定增长、积极推动重点建设经费的动态支持、实现经费来源多元化、积极建构质优价高的学费收入体系、增加科研经费中的竞争性经费比例。③ 华东师范大学张庆君等人使用 2012—2016 年《泰晤士报》世界大学排名数据，深入分析了我国 C9 高校与十所世界一流大学名次波动因素，其影响程度依次为教学、研究、论文引用，并指出高校理性运用排名数据，结合学校现实基础，制定针对性的发展战略。④ 西南大学李碧静选取我国 C9 高校和美国常春藤联盟大学，使用 QS、THE、ARWU 和 US NEWS 等世界大学排名数据，比较了中美一流大学的教育质量、教师质量、科研成果、国际化程度的竞争力，指出我国“双一流”建设构建教育质量文化，调整优化教育结构；提高教师收入，建立高水平的师资队伍；增强自主创新能力，完善科研评价体系；扩大对外开放，形成中文语言话语权。⑤ 江苏大学王宝玺等人以日本东京大学、新加坡国立大学和中国香港科技大学为例分析了亚洲世界一流大学建设特点，具体为：政府直接设立高校并拨款；服务于国家和地区发展需要；引进与培养人才相结合；实施“重点研究领域”的发展战略。⑥

部分文献对比了国内外世界一流学科的发展。大连理工大学何晓芳等人利用 QS 学科排名数据，对比分析麻省理工学院、斯坦福大学、哈佛大学、剑桥大学、加州理工学院、牛津大学、伦敦大学学院、苏黎世联邦理工学院、伦敦帝

---

① 李庋．国外一流私立大学发展的多元模式研究——基于对美国、韩国、土耳其和拉美经验的考察［J］．外国教育研究，2018，45（8）：44—55.

② 刘盛．基于文本分析的世界一流大学战略规划演化机理研究［D］．哈尔滨工业大学，2018.

③ 陈丽媛，祁翔．世界一流大学投入模式研究——基于中国、美国、日本与中国台湾地区的比较［J］．高等教育研究，2018，39（9）：100—106.

④ 张庆君，江育恒．C9 高校与世界一流大学的名次波动趋势比较——基于《泰晤士报》世界大学排名［J］．高教发展与评估，2018，34（6）：9—22 + 117—118.

⑤ 李碧静．中美一流大学教育竞争力的比较研究［D］．重庆：西南大学，2018.

⑥ 王宝玺，于晴．亚洲世界一流大学建设的特点及启示——以东京大学、新加坡国立大学和香港科技大学为例［J］．高校教育管理，2018，12（6）：57—64.

国理工学院、芝加哥大学10所世界一流大学的学科布局，指出其基础学科规模相对较大，内部差异明显；主干应用学科重点突出，工学占主导；应用学科规模相对较小，但特色鲜明，呈现出均衡发展型和非均衡发展型两种学科发展模式，在错峰发展和同型竞争中实现各自学科发展特色。① 中国教育科学研究院孟照海以斯坦福大学和加州大学伯克利分校工程学科为例分析了世界一流学科的形成归因，认为学科发展方向更加符合知识演进趋势；学科发展战略更加聚焦；学科资源获取方式更加多元；学科制度环境得益于学校应用传统和简化的组织结构。② 中国科学技术大学李燕等人研究了普林斯顿大学物理学和麻省理工学院化学的学科发展历史、生源质量、人才培养、师资队伍、科研投入与产出等，总结出世界一流学科的主要特征是创新引领、大师云集、英才辈出、成果卓著、声誉斐然和积淀深厚。③ 辽宁师范大学傅维利等人提出中美一流学科的总体校际布局特征是美国高校总体实力和一流学科的聚集度均超过中国，认为中国一流学科建设充分厘清效率和公平的关系，将一流学科布局到一流大学，对非一流大学的一流学科以学院为单位建设相对独立的飞地，进行适度的文化隔离和文化重建，从而产生溢出和拉升效应。④ 延安大学孙刚成等人研究了哈佛大学教育学院、哥伦比亚大学师范学院和多伦多大学安大略教育研究院等一流大学教育学院，指出重视有机结合理论和实践，培养实用型人才；重视发展国际化、开放交流等。⑤

第五节　文献分布及其特点分析

本专题涉及“双一流”建设的基本理论、实践、评价以及发展与比较，研究内容包括“双一流”建设的理念与逻辑、特征与路径、关键要素；“双一流”建设的区域实践、高校实践；一流大学和一流学科建设评价；世界一流大学发

① 何晓芳，王洋．世界一流大学学科结构及发展模式研究——基于QS学科排名基础数据的分析[J]．现代教育管理，2018（11）：65—69．

② 孟照海．世界一流学科是如何形成的——基于斯坦福大学和加州大学伯克利分校工程学科的比较［J］．比较教育研究，2018，40（3）：70—76．

③ 李燕，陈伟，张淑林，方俊．世界一流学科的特征探析［J］．学位与研究生教育，2018（7）：18—23．

④ 傅维利，雷云．中美一流学科的校际布局特征及对我国建设一流学科的启示［J］．教育科学，2018，34（1）：75—80．

⑤ 孙刚成，左晶晶．世界一流大学教育学院的价值追求与特点分析［J］．黑龙江高教研究，2018，36（7）：13—18．

展与比较。

一、检索文献分析

2018年，本专题检索文献794篇（部），其中期刊论文361篇、报纸文章370篇、学位论文52篇、著作11部。

1. 文献总体分析

图10－1显示，自2015年发布《总体方案》以来，“双一流”建设研究的文献量呈快速上升趋势。从分文献类别看，期刊论文、报纸文章和学位论文均快速增长。从比例上看，2018年期刊论文、报纸文章、学位论文、著作分别占45.5%、46.6%、6.5%、1.4%。

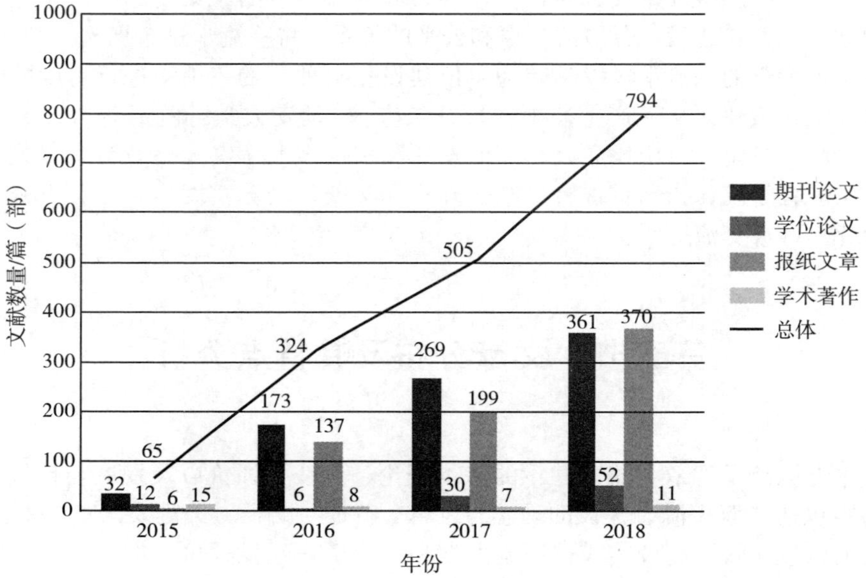

图10－1　2015—2018年“双一流”建设文献变化趋势

2. 按文献作者统计

（1）期刊论文

2018年“双一流”建设文献中，发表两篇及以上期刊论文的第一作者共22人（表10－2）。其中，东北师范大学杨朔镔发表4篇，厦门大学别敦荣等7人均发表3篇，北京理工大学王战军等14人均发表2篇。

表 10－2　2018 年发表两篇及以上期刊论文的第一作者统计

篇数	作　者
4	杨朔镔
3	别敦荣、陈乐、董云川、李斌琴、孟照海、徐娟、张伟
2	王战军、曹志峰、洪柳、姜华、李玲玲、李志峰、刘国瑜、刘瑞儒、刘小强、孙刚成、涂阳军、王超、谢冬平、朱冰莹

（2）著作

2018 年，出版“双一流”建设相关研究著作的第一作者共计 10 人。其中，北京交通大学张星臣出版两部著作；张旺熹、张继平、王战军、汪霞、石毓智、商丽浩、邱均平、刘莉、李和章各出版 1 部著作。

3. 按作者机构统计

（1）期刊论文

表 10－3 统计了 2018 年发表 5 篇及以上“双一流”建设研究期刊论文的第一作者所在研究机构。统计显示，北京师范大学发文 17 篇，位居第一；南京大学发文 11 篇，排名第二；浙江大学、清华大学、厦门大学均发文 10 篇，排名第三。

表 10－3　2018 年发表 5 篇及以上期刊论文的第一作者所在机构统计

发文数量	研究机构
17	北京师范大学
11	南京大学
10	浙江大学、清华大学、厦门大学
8	上海交通大学、华中科技大学
7	北京大学、北京理工大学
5	中国人民大学、东北师范大学

（2）学位授予单位

表 10－4 统计了 2018 年以“双一流”建设研究为主题的学位论文作者所在学位授予单位。统计表明，安徽大学的相关学位论文数量最多，达到 9 篇。

表 10－4　2018 年学位授予单位统计

发文数量	研究机构
9	安徽大学

续表

发文数量	研究机构
4	兰州大学、郑州大学
3	湖南大学
2	广西师范大学、华东师范大学、吉林大学、南昌大学、陕西师范大学、西南大学、中国科学技术大学

注：不区分博士学位论文和硕士学位论文

（3）报纸文章

2018 年，发表两篇及以上“双一流”建设研究报纸文章的作者机构共计 16 家。其中，清华大学、北京师范大学和广州中医药大学的发文数量均为 3 篇；黑龙江中医药大学、江苏大学、教育部学位与研究生教育发展中心、南昌大学、太原理工大学、同济大学、西安交通大学、西藏大学、西藏民族大学、湘潭大学、浙江师范大学、中国科学院、中国人民大学各发文 2 篇。

4. 按载文统计

（1）期刊论文

表 10 -5 统计了 2018 年“双一流”建设研究领域刊载论文数量 5 篇及以上的期刊。统计显示，《江苏高教》《中国高等教育》和《黑龙江高教研究》的载文数量位居前三位，均在 30 篇以上。《中国高教研究》和《现代教育管理》分别排在第四位、第五位。2018 年，排名前十的期刊载文数量共计 220 篇，占期刊论文总数的 60. 9% 。

表 10 -5　2018 年刊载 5 篇及以上论文的期刊统计

篇数	期刊名称
38	江苏高教
37	中国高等教育
32	黑龙江高教研究
22	中国高教研究
20	现代教育管理
17	国家教育行政学院学报、学位与研究生教育
15	中国高校科技
14	高校教育管理、教育发展研究
13	高等教育研究

续表

篇数	期刊名称
12	高教探索、现代大学教育
11	大学教育科学
10	研究生教育研究
9	高等工程教育研究、高教发展与评估
8	教育研究、当代教育科学
6	比较教育研究
5	清华大学教育研究、学校党建与思想教育

（2）报纸文章

笔者统计了2018年刊载10篇及以上“双一流”建设研究文献的报纸发文13篇排第二位；统计表明，《中国教育报》的载文数量最多，达到70篇；《中国社会科学报》《光明日报》和《文汇报》以发文12篇居第三位；《人民日报》发文11篇、《南方日报》发文10篇分别居第四位、第五位。2018年，排名前三的报纸载文数量共计95篇，占报纸文献总量的25.7%。

二、研究总结

本专题采纳文献数量为181篇（部），含期刊论文132篇、报纸文章31篇、学位论文13篇、著作5部。入选文献以期刊为主，占72.9%；其他类型文献依次为报纸文章占17.1%、学位论文占7.2%、著作占2.8%。

本专题分为四个主题，分别为“双一流”建设基本理论、“双一流”建设实践、“双一流”建设评价、世界一流大学发展与比较。其中，基本理论文献数量最多，共76篇，占全部入选文献的42.0%；建设实践文献52篇，占28.7%；建设评价文献16篇，占8.8%；发展与比较文献37篇，占20.4%。

2015—2018年，“双一流”建设研究热度不断增加，本专题文献呈现四个特点：①研究者对“双一流”建设的理论探讨和实践探索持续深入。入选的“双一流”建设基本理论文献数量最多，“双一流”建设实践文献数量次之。②研究者分析“双一流”建设政策文本，深入剖析建设实践，为推进“双一流”建设积极出谋划策。③研究者仍然热衷于展开国内外比较，借鉴其他国家世界一流大学、一流学科的发展经验，为我国“双一流”建设建言献策。④文献研究方法较多使用定性研究方法，包括文献法、比较法、案例法等，使用定量研究方法的文献在增多。

三、研究展望

结合研究发现与总结，本专题试图提出“双一流”建设研究的展望。

（1）“双一流”建设基本理论对于推进“双一流”建设实践具有思想引领和理论指导作用。因此，研究者将继续深入研究“双一流”建设的基本理论，其文献数量将会继续保持增长趋势。

（2）未来“双一流”建设研究将更加突出政策导向，积极贯彻习近平新时代中国特色社会主义思想，指导建设中国特色世界一流大学，因此对于“双一流”建设实践的研究会不断增长。另外，探讨国外世界一流大学、一流学科发展，为我国“双一流”建设提供域外经验的研究将会增多。

（3）《指导意见》提出“完善评价机制，坚持多元综合性评价，探索建立中国特色‘双一流’建设的综合评价体系”，将促使围绕“双一流”建设评价的研究进一步增长。2019 年，“双一流”建设高校将开展中期检查评估，因此关于中期评估的研究文献会随之增多。另外，建设高校开始编制“双一流”建设年度进展报告，将来围绕年度报告的文本分析研究也将增加。

附录一 2018年中国研究生教育研究要目辑览

［1］王战军，蓝文婷，胡德鑫，等. 新世纪以来我国研究生教育研究的热点与主题——基于2000—2016年CSSCI源刊文献的可视化分析［J］. 研究生教育研究，2018（4）：1—8.

［2］侯怀银，王耀伟. 研究生教育学学科的研究：历程、进展和趋势［J］. 研究生教育研究，2018（6）：23—29.

［3］沈文钦，王东芳. 20世纪90年代之前的欧美研究生教育研究——一个学术领域的起源与演变［J］. 教育学术月刊，2018（8）：26—37.

［4］董云川，李敏. 研究生教育规律初探［J］. 研究生教育研究，2018（5）：1—6.

［5］林莉萍. 当前我国研究生教育价值博弈与优化策略［J］. 现代教育管理. 2018（6）：124—128.

［6］耿有权. 论研究生教育学理论体系的新构建［J］. 研究生教育研究，2018（4）：56—59.

［7］王梅，马韶君. 研究生教育学的独立、借鉴与改造：学科属性的视角［J］. 研究生教育研究，2018（2）：6—11.

［8］季卫兵，夏欢. 我国研究生教育学的建构逻辑及其呈现——基于研究生主体的视角［J］. 研究生教育研究，2018（3）：59—64.

［9］刘小强. 方法与路径：研究生教育学学科建设的方法论思考［J］. 研究生教育研究，2018（2）：1—5.

［10］袁本涛. 研究生教育学的合法性、合理性及其挑战［J］. 学位与研究生教育，2018（7）：43—49.

［11］张立迁，袁本涛. 研究生教育学之发展理路及未来省思［J］. 研究生教育研究，2018（4）：60—65.

［12］王续琨，李丽，张崴. 从研究生教育研究走向研究生教育学［J］. 研究生教育研究，2018（3）：65—69.

[13] 丁楠，杨院. 研究生教育与劳动力市场需求有效衔接机制探究 [J]. 研究生教育研究，2018 (1)：11—15.

[14] 刘俭，刘少雪. 博士生培养目标在学术界与工业界之间的理解差异——以工科博士生培养目标为例 [J]. 高等工程教育研究，2018 (4)：113.

[15] 徐志平，沈红. 过剩还是不足? 我国博士生培养规模适切性分析 [J]. 研究生教育研究，2018 (6)：1—6.

[16] 方超，罗英姿，黄斌. 研究生教育扩展、人力资本积累与劳动力的收入差距——兼论收入差距的空间分布机制 [J]. 中国高教研究，2018 (3)：9—13.

[17] 彭湃，龚雪. 一流研究型大学应培养多少研究生——基于中美数据的比较研究 [J]. 高等工程教育研究，2018 (4)：126—131.

[18] 李海龙. 重新定义学科 [J]. 江苏高教，2018 (8)：9—15.

[19] 王建华. 以创业思维重新理解学科建设 [J]. 清华大学教育研究，2018，39 (4)：40—48.

[20] 龙宝新. 论学科的存在与建设 [J]. 高等教育研究，2018，39 (5)：52—59.

[21] 杨小丽，雷庆. 跨学科发展及演变探讨 [J]. 学位与研究生教育，2018 (4)：54—59.

[22] 刘燕，房雯，邓宇. 交叉学科方向研究生科研能力优势研究 [J]. 中国高教研究，2018 (9)：69—73.

[23] 吴伟，何秀，姜天悦，等. 多学科交叉培养研究生的困境与出路 [J]. 教育发展研究，2018，38 (21)：12—17.

[24] 陈翠荣，李冰倩. 密歇根大学跨学科培养研究生的理念基础、实现途径及面临的挑战 [J]. 外国教育研究，2018，45 (8)：3—14.

[25] 徐岚，陶涛，周笑南. 跨学科研究生核心能力及其培养途径——基于美国 IGERT 项目的分析 [J]. 学位与研究生教育，2018 (5)：61—68.

[26] 袁广林. 麻省理工学院媒体实验室跨学科研究的经验与启示 [J]. 国家教育行政学院学报，2018 (8)：81—85.

[27] 包水梅，谢心怡. 美国研究型大学博士生跨学科培养的基本路径与支撑机制研究——以普林斯顿大学为例 [J]. 江苏高教，2018 (3)：95—100.

[28] 朱永东. “双一流” 高校要重视跨学科学术组织建设——基于美国研究型大学跨学科学术组织管理模式的分析 [J]. 研究生教育研究，2018 (6)：64—69.

[29] 袁广林. 综合交叉学科发展的组织建构和制度设计——基于我国大

学创建世界一流学科的思考［J］. 学位与研究生教育，2018（7）：1—8.

［30］陈艾华，吴伟，王卫彬. 跨学科研究的协同创新机理：基于高校跨学科组织的实证分析［J］. 教育研究，2018，39（6）：70—79.

［31］张洋磊. 大学跨学科学术组织冲突的特征及其成因［J］. 高等教育研究，2018，39（7）：24—30+45.

［32］王娜，黄巨臣. 推进跨学科建设：我国世界一流大学形成的路径选择［J］. 现代教育管理，2018（5）：24—29.

［33］郭书剑. 我国高校学位点调整的意义及其影响因素——基于近两年研究生学位授权点调整的数据分析［J］. 江苏高教，2018（8）：35—40.

［34］曹昭乐. 多重制度逻辑下研究生学位授权审核基准选择倾向——基于12所高校访谈资料［J］. 研究生教育研究，2018（3）：8—12+76.

［35］范丽丽，吴瑞林. "双一流"背景下高校学位授权点申报和建设质量问题——基于专项评估和动态调整结果数据的分析［J］. 研究生教育研究，2018（5）：70—76.

［36］孟鸿志，张运昊. 学位授权自主审核的制度架构与风险防范［J］. 学位与研究生教育，2018（11）：10—20.

［37］何爱芬，赵世奎. 美国学位授权审核第三方参与机制：历程、路径与实施［J］. 研究生教育研究，2018（4）：77—83.

［38］王顶明.《学位条例》修订过程中需明确的几个问题［J］. 中国高等教育，2018（22）：30—32.

［39］林华. 内部学位授予程序的法律效力［J］. 学位与研究生教育，2018（3）：37—41.

［40］罗建国. 我国学位授权政策价值取向的偏颇及其调整［J］. 湖南师范大学教育科学学报，2018，17（5）：97—102.

［41］宋烁. 设定学位撤销条件的原则与要求［J］. 学位与研究生教育，2018（1）：61—66.

［42］李川. 学位撤销法律规定的现存问题与厘清完善——以《学位条例》的相关修订为例［J］. 学位与研究生教育，2018（11）：21—27.

［43］周佑勇. 法治视野下学位授予权的性质界定及其制度完善——兼述《学位条例》修订［J］. 学位与研究生教育，2018（11）：1—9.

［44］王霁霞，张颖. 设定学位授予条件的边界与标准——基于近三年34起学位授予案件的分析［J］. 学位与研究生教育，2018（11）：28—34.

［45］秦昀，高恒山. 高校学位纠纷处理中的正当程序研究［J］. 中国高教研究，2018（9）：53—57+103.

［46］梁传杰，邓宸．高校研究生教育质量问责：理念、标准与主体［J］．研究生教育究，2018（1）：6—10．

［47］黄宝印，王顶明．充分发挥学位中心职能助力研究生教育高质量发展［J］．学位与研究生教育，2018（3）：1—6．

［48］熊慧，杨钋．自我主导：研究生个体发展质量观新取向［J］．学位与研究生教育，2018（12）：21—26．

［49］邓小华．面向国家资格框架的研究生教育质量治理初探［J］．研究生教育研究，2018（3）：13—18．

［50］秦琳．社会科学博士论文的质量底线——基于抽检不合格论文评阅意见的分析［J］．北京大学教育评论，2018，16（1）：39—54＋187—188．

［51］陈新忠，张亮．我国研究生教育质量研究的轨迹、现状及热点——基于1986—2016年CNKI期刊的文献计量与内容分析［J］．现代教育管理，2018（6）：118—123．

［52］洪流．树立一流目标强化内涵建设推动江苏学位与研究生教育高质量发展［J］．学位与研究生教育，2018（5）：1—6．

［53］马曦．硕士生思想政治理论课学习质量：现状判析与提升策略——基于江苏省九所高校的问卷调查［J］．学位与研究生教育，2018（6）：51—56．

［54］荣利颖，邓峰．研究生教育质量保障与创新能力培养的实证分析——基于2017年全国研究生教育满意度调查［J］．教育研究，2018，39（9）：95—102．

［55］张绍丽，郑晓齐．全面质量管理在学科交叉研究生培养机制中的创新应用［J］．现代教育管理，2018（5）：123—128．

［56］刘春荣，郭海燕，张志斌．前置学校与博士学位论文质量关系的实证研究——基于北京师范大学博士学位论文匿名评审结果的分析［J］．学位与研究生教育，2018（5）：45—49．

［57］赵世奎，宋晓欣，沈文钦．博士学位论文质量与学术论文发表有关系吗？——基于165篇问题博士学位论文的分析［J］．学位与研究生教育，2018（8）：41—45．

［58］周文辉，黄欢，付鸿飞，等．2018年我国研究生满意度调查［J］．学位与研究生教育，2018（8）：33—41．

［59］胡成玉，陈翠荣，王艳银．研究生教学质量满意度调查研究［J］．黑龙江高教研究，2018，36（11）：105—108．

［60］高耀，王立，杨佳乐．学术型硕士生就读体验满意度的学科差

异——基于2016年全国研究生离校调查数据的实证研究［J］．高教探索，2018（12）：40—48．

［61］汪雅霜，付玉媛，汪霞．从院校服务转向成长收获：专业学位硕士研究生满意度实证研究［J］．中国高教研究，2018（11）：57—62．

［62］迟景明，邵宏润．博士生教育服务质量对满意度的影响机理：一项实证的研究［J］．现代教育管理，2018（5）：111—117．

［63］吴莎，张文霞，郭茜．高校研究生英语能力需求及满意度调查研究［J］．学位与研究生教育，2018（3）：47—53．

［64］洪柳．研究生全面收费政策和资助体系能让研究生满意吗？——基于全国882位学术型硕士研究生的实证研究［J］．高教探索，2018（11）：23—32．

［65］王传毅，徐冶琼，程哲．研究生教育质量指数：构建与应用［J］．学位与研究生教育，2018（12）：56—62．

［66］何秀超．努力创建研究生教育评估体系全面提升研究生人才培养质量［J］．学位与研究生教育，2018（11）：35—38．

［67］侯锡林，柳森，赵希男．基于个体优势识别的学术型研究生创新能力评价［J］．现代教育管理，2018（9）：99—105．

［68］罗英姿，刘泽文，陈小满，等．博士生教育质量IPOD评价模型构建与实证分析——基于六所高校1107名毕业博士的数据［J］．教育科学，2018，34（3）：67—74．

［69］梁传杰．研究生教育质量保障：价值取向、矛盾冲突与协调力量［J］．高等教育研究，2018，39（8）：77—85．

［70］唐广军．学位与研究生教育质量保障政策研究［D］．北京：清华大学，2018．

［71］李家新，汤俊雅．台湾地区研究生教育质量保障体系的结构与特点［J］．学位与研究生教育，2018（9）：73—77．

［72］田恩舜，朱金明，别敦荣．专业学位研究生教育质量监管体系建设策略［J］．学位与研究生教育，2018（7）：38—42．

［73］钟勇为，梁琼．研究生培养质量内部保障体系构建的误区与出路［J］．研究生教育研究，2018（2）：42—47．

［74］崔延强，曾鸣鸣，段有德，等．基于“互联网＋主文献制度”的研究生培养质量保障体系研究［J］．学位与研究生教育，2018（12）：39—44．

［75］孙百才，徐宁．香港建设“世界一流大学”的质量保障措施与政策经验［J］．清华大学教育研究，2018，39（1）：75—83．

［76］梁传杰．借鉴美国经验构建我国研究生教育质量保障体系［J］．研

究生教育研究，2018（4）：84—90.

［77］邵宏润. 科研体验调查：英国研究生教育质量保障新路径［J］. 黑龙江高教研究，2018（1）：15—18.

［78］刘宁，沈妍，赵红星，等. 知识生产模式Ⅱ视角下“3I·4C”研究生分类培养体系的构建与实践［J］. 学位与研究生教育，2018（11）：45—50.

［79］黄建洪，张洋阳. 研究生人才培养的“教学—科研”一体化模式研究［J］. 研究生教育研究，2018（6）：30—34.

［80］庄娟娟. 基于新政策背景下非全日制研究生培养研究［J］. 现代教育技术，2018，28（S1）：71—75.

［81］曹雷，才德昊，张泰居. 基于全过程与系统化思想的专业学位研究生培养研究［J］. 黑龙江高教研究，2018（1）：99—102.

［82］程永波，欧亚. 全程双元化：专业学位硕士研究生培养的路径选择［J］. 学位与研究生教育，2018（8）：46—52.

［83］罗晓庆，全力，王蕾. 专业学位研究生培养的产业教授模式研究——基于螺旋动态演化的视野［J］. 研究生教育研究，2018（1）：71—75.

［84］魏峻，姬红兵，高晓莉. 关于工程类硕士专业学位研究生培养方案改革的思考和建议［J］. 研究生教育研究，2018（3）：30—35.

［85］李枫，于洪军. 产教融合培养高层次创新型应用人才——以“双层次螺旋协同工程硕士创新能力培养模式”为例［J］. 中国高校科技，2018（7）：44—47.

［86］孙全平，韩同友，陆中会. 专业学位研究生培养协同机制构建研究——以淮阴工学院全日制工程硕士培养为例［J］. 国家教育行政学院学报，2018（6）：36—42.

［87］高夯，魏民，李广平，等. 在职业环境中培养教育硕士生——东北师范大学全日制教育硕士生培养综合改革的实践与思考［J］. 学位与研究生教育，2018（1）：7—12.

［88］郭时印，朱育锋，李尚群. 专业学位研究生实施 OFTC 培养模式的实践探索［J］. 学位与研究生教育，2018（8）：52—57.

［89］张杰，江世银，吴雪华. 校企联合培养专业硕士的模式与运行机制——基于南京 S 大学金融专业硕士培养的案例分析［J］. 大学教育科学，2018（6）：81—85.

［90］初旭新，黄玉容，杨庆. 产学研联合培养研究生基地建设模式研究——基于北京工业大学污水处理研究生联合培养实践基地的分析［J］. 学位与研究生教育，2018（10）：31—35.

[91] 吴伟，何秀，姜天悦，等. 多学科交叉培养研究生的困境与出路［J］. 教育发展研究，2018，38（21）：12—17.

[92] 张莉. 跨学科研究生培养的误区分析及对策研究［J］. 研究生教育研究，2018（5）：18—22.

[93] 郭天武，严林雅. 法学一流学科建设及其人才培养模式探析［J］. 高教探索，2018（12）：17—24.

[94] 罗红胜，蔡惠萌. 人文社会学科教育的在场与不在场——以书法艺术硕士人才培养为例［J］. 现代大学教育，2018（2）：103—111.

[95] 刁培俊. 典范牵引、实践模拟与学术入门——历史学专业人才培养模式改革新尝试［J］. 学位与研究生教育，2018（3）：24—26.

[96] 李希亮. 军队应用型研究生"三模块"培养模式研究［J］. 学位与研究生教育，2018（4）：50—53.

[97] 王海迪. 学术型博士生抱负与科研能力关系的实证研究——基于我国研究生院高校的分析［J］. 高等教育研究，2018，39（1）：56—63.

[98] 刘贤伟. 社会资本、组织邻近对校所联培博士生创新能力的影响［J］. 高教探索，2018（10）：35—42+109.

[99] 石卫林，惠文婕. 校企双导师制更有助提高全日制专硕生职业能力吗［J］. 中国高教研究，2018（10）：68—74.

[100] 刘宁宁. 不同招考方式博士生的科研创新能力存在差异吗？——基于33所研究生院高校的调查［J］. 学位与研究生教育，2018（4）：60—66.

[101] 刘扬，马荧，李名义. "一带一路"倡议下研究生国际能力的评价与提升对策研究［J］. 高校教育管理，2018，12（2）：10—16.

[102] 梁辰，陈谦明. 基于接力创新的研究生创业调查研究［J］. 学位与研究生教育，2018（4）：66—72.

[103] 李树涛，李建，刘韬. 研究生创新创业教育的模式与教学实践——以湖南大学为例［J］. 学位与研究生教育，2018（9）：22—26.

[104] 李润洲. 论研究生创新思维的培育——一种教育学的视角［J］. 学位与研究生教育，2018（10）：26—31.

[105] 曹惠民，邵慧文. 理工科高校文科研究生科研能力研究——基于某理工科高校的个案分析［J］. 中国高校科技，2018（5）：17—19.

[106] 杨柳群. 博士研究生教学学术能力的培养［J］. 研究生教育研究，2018（6）：40—45.

[107] 王焰新. 完善科教融合校企融合机制 提升研究生创新实践能力［J］. 中国高等教育，2018（Z3）：56—58.

［108］魏红亮，毛泽盛，张小荣，等．基于建构主义的经管类专业硕士创新能力培养研究［J］．现代大学教育，2018（5）：98—105．

［109］宋斌，黄伟力．思想政治教育专业硕士研究生应用能力培养路径探析［J］．国家教育行政学院学报，2018（12）：59—64．

［110］杜宁．校企联盟背景下的专业学位研究生实践能力培养研究［J］．现代教育管理，2018（3）：111—115．

［111］罗志增，王胡英，贺武华，等．推进研究生创新实践竞赛的探索与成效——以杭州电子科技大学为例［J］．学位与研究生教育，2018（1）：31—34．

［112］曹雷，才德昊．全过程与系统化：专业学位研究生实践能力提升的有效路径探析［J］．中国高教研究，2018（1）：87—91＋97．

［113］应中正，刘梦然．研究生实践育人长效机制探索［J］．国家教育行政学院学报，2018（3）：63—68．

［114］张梅珍，曹欣怡．融媒体时代研究生科技传播能力的要素解析与模式建构［J］．学位与研究生教育，2018（3）：33—36．

［115］侯锡林，柳森，赵希男．基于个体优势识别的学术型研究生创新能力评价［J］．现代教育管理，2018（9）：99—105．

［116］汪铭，陈聚涛，杨昱鹏，等．研究型教学在研究生课程教学中的应用［J］．研究生教育研究，2018（1）：33—37．

［117］张夫伟，张香兰．基于叙事的模式：非全日制教育硕士教学的实践探索——以《教育学原理》课程为例［J］．研究生教育研究，2018（6）：51—55．

［118］姚文韵，沈永建，沈亦丹．互联网发展与研究生教学改革［J］．江苏高教，2018（11）：73—76．

［119］仇鹏飞，吴俊，卞清，等．“双一流”背景下的研究生课程体系建设——南京大学学术学位硕士研究生课程改革的探索与实践［J］．学位与研究生教育，2018（9）：16—22．

［120］郑燕林，秦春生．研究生课程“探究型—混合式”教学模式的构成与教学设计［J］．现代远距离教育，2018（4）：69—75．

［121］廖英．构建研究方法类课程群　强化研究方法的教学和训练——北京师范大学研究生研究方法类课程建设的实践与思考［J］．学位与研究生教育，2018（4）：16—20．

［122］高利，宋晶，束洪春．基于辐射网状布局核心课程的研究生课程改革实践——以昆明理工大学为例［J］．学位与研究生教育，2018（2）：

22—26.

［123］范春萍，江洋，张君. 研究生“科技与工程伦理”类课程实践探索——以北京理工大学“科学道德和学术诚信”课程为例［J］. 学位与研究生教育，2018（4）：26—30.

［124］杨建坡，张梅. 高校思想政治理论课“四课联动”教学改革回顾与展望［J］. 学校党建与思想教育，2018（15）：64—66.

［125］李虹，德纯. 教育硕士专业学位研究生实践教学策略研究［J］. 黑龙江高教研究，2018，36（9）：100—103.

［126］胡瑞，朱黎，范金凤. 园艺学科研究生课程建设研究——基于对我国 29 所高校的实证分析［J］. 研究生教育研究，2018（4）：35—40 + 51.

［127］宋金波，吕一博，孙力，等. 管经专业学位研究生 3C 实践创新课程体系构建［J］. 学位与研究生教育，2018（6）：38—43.

［128］李华，张立勇，石夏榕，等. 现代教育技术专业硕士知能课程体系构建研究［J］. 电化教育研究，2018，39（4）：80—85.

［129］汪雅霜，汪霞，付玉媛. “互联网 +”时代研究生课程的发展趋势与改革策略［J］. 研究生教育研究，2018（4）：28—34.

［130］罗勇. 学位论文“同题名”现象的原因分析——以法学专业的硕士学位论文为例［J］. 学位与研究生教育，2018（1）：56—61.

［131］李润洲. 研究生学位论文写作的论证意识——一种教育学的视角［J］. 学位与研究生教育，2018（3）：19—23.

［132］温小军. 教育硕士专业学位论文选题的真实之维及其实现［J］. 研究生教育研究，2018（5）：48—52.

［133］赵军，朱梦，王子琦，等. 多元 · 标准 · 和谐——论专业学位论文的形式与规范［J］. 学位与研究生教育，2018（1）：25—30.

［134］秦琳. 社会科学博士论文的质量底线——基于抽检不合格论文评阅意见的分析［J］. 北京大学教育评论，2018，16（1）：39—54 + 187—188.

［135］岳英. 重识博士论文的价值危机：知识、技术与权力［J］. 北京大学教育评论，2018，16（1）：2—14 + 186.

［136］刘春荣，郭海燕，张志斌. 前置学校与博士学位论文质量关系的实证研究——基于北京师范大学博士学位论文匿名评审结果的分析［J］. 学位与研究生教育，2018（5）：45—49.

［137］胡彦涛，蒋悟真. 数字化时代学位论文的知识产权归属［J］. 学位与研究生教育，2018（10）：58—64.

［138］叶继红. 高校研究生学术不端行为及与论文发表制度关联性思考

[J]. 研究生教育研究，2018（5）：7—12.

[139] 喻永庆. 民国时期大夏大学导师制实施考察[J]. 高教探索，2018（10）：91—96.

[140] 王轶玮. 英国顶尖研究型大学研究生导师制度及其启示——以牛津大学为例[J]. 学位与研究生教育，2018（10）：71—77.

[141] 畅肇沁. 牛津大学导师制下学生学习模式探索及启示[J]. 中国高教研究，2018（10）：63—67.

[142] 石卫林，惠文婕. 校企双导师制更有助提高全日制专硕生职业能力吗[J]. 中国高教研究，2018（10）：68—74.

[143] 杨超，徐天伟. 全日制专业硕士学位研究生“双导师制”建设的协同机制探索——基于利益相关者的视角[J]. 研究生教育研究，2018（2）：77—82.

[144] 曹雷，才德昊. 全过程与系统化：专业学位研究生实践能力提升的有效路径探析[J]. 中国高教研究，2018（1）：87—91+97.

[145] 涂方剑，颜海. 素质导师制：大学生思想政治教育模式创新[J]. 中国高等教育，2018（6）：30—32.

[146] 盛蕾. 素质导师育人职能及实现路径[J]. 学校党建与思想教育，2018（6）：79—81.

[147] 刘念，许承光. “1+X”全程导师制在高校思想政治工作中的运用[J]. 学校党建与思想教育，2018（10）：22—23+29.

[148] 李焰，白秀琴，贺宜. 研究生团队导师制管理模式探讨[J]. 高教发展与评估，2018，34（4）：97—102+106.

[149] 许锋华，陈俊源，张斌. 杨叔子是如何指导研究生的[J]. 高等教育研究，2018，39（11）：37—44.

[150] 魏兆锋. 钱穆是如何指导研究生的？[J]. 学位与研究生教育，2018（2）：7—10.

[151] 何一清，孙颖. 辱虐型指导方式对研究生建言行为的影响研究——心理资本和导师—学生交换关系的双重中介作用[J]. 高教探索，2018（9）：92—98.

[152] 董贵成. 导师培养博士生需要关注的若干重要环节[J]. 学位与研究生教育，2018（9）：11—15.

[153] 吴杨，韦艳玲，施永孝，等. 主动性不同条件下导师指导风格对研究生创新能力差异性影响研究——基于九所大学的数据调查[J]. 复旦教育论坛，2018，16（3）：74—79.

[154] 黄海刚，白华．博士生需要什么样的导师？——基于对全国44所高校博士生的问卷调查［J］．高教探索，2018（8）：35—43．

[155] 王文文，郭宁，王扬．硕士研究生导学关系现状及影响因素研究［J］．研究生教育研究，2018．（6）：76—82．

[156] 陈万明，李玉倩．不当督导对研究生科研创新绩效的影响：师生关系视角［J］．研究生教育研究，2018（5）：29—36．

[157] 徐贞，牛梦虎．研究生教育中师生合作发表的学科差异分析——基于全国39所研究生院高校的调查［J］．中国高教研究，2018（3）：88—92．

[158] 梁社红，刘艳，朱婉儿，等．导学关系困扰类型分析及对策研究［J］．学位与研究生教育，2018（5）：50—54．

[159] 梁辰，陈谦明．基于接力创新的研究生创业调查研究［J］．学位与研究生教育，2018（4）：66—72．

[160] 王燕华．从工具理性走向交往理性——研究生“导学关系”探析［J］．研究生教育研究，2018（1）：60—66．

[161] 刘燕，刘博涵．研究生导学关系优化研究［J］．高教探索，2018（8）：30—34．

[162] 涂艳国，吴河江．自由教育视野下研究生教育的导学关系重构——基于人文学科领域的思考［J］．研究生教育研究，2018（4）：23—27+34．

[163] 陈亮，栾培中．导师与研究生交往共生体的意义建构与路径保障［J］．研究生教育研究，2018（5）：58—64．

[164] 殷忠勇．研究生教育中师生一元关系的理解与构建［J］．研究生教育研究，2018（5）：65—69．

[165] 郑文力．知识创新中的导师与研究生学术共同体运作范式探究——基于自组织视角［J］．当代教育论坛，2018（2）：64—69．

[166] 陈恒敏．导师、研究生关系的内在属性冲突及其超越——兼论一元主义雇佣关系的建构［J］．江苏高教，2018（1）：69—72．

[167] 陈恒敏．“老师”抑或“老板”：论导师、研究生关系的经济性［J］．学位与研究生教育，2018（4）：73—77．

[168] 马喜亭，冯蓉．基于积极心理学视角的和谐“导学关系”模式构建研究［J］．研究生教育研究，2018（1）：67—70+95．

[169] 唐润，尹星．研究生教育中的师生博弈关系及管理策略分析［J］．研究生教育研究，2018（6）：70—75．

[170] 刘志．研究生教育中和谐导生关系何以可能？［J］．学位与研究生教育，2018（10）：20—25．

［171］田建军. 导师与研究生关系的基本类型及科学构建探析［J］. 研究生教育研究，2018（3）：55—58.

［172］姚琳琳. 研究生导师职责的探讨［J］. 高教探索，2018（2）：84—90.

［173］刘林. 研究生导师立德树人职责与实现途径探究［J］. 思想教育研究，2018（5）：115—118.

［174］成敏敏. 切实增强研究生导师立德树人的认同感［J］. 中国高等教育，2018（24）：45—47.

［175］刘志，韩雪娇. 研究生导师立德树人需要突破的三重瓶颈［J］. 研究生教育研究，2018（5）：13—17+64.

［176］左崇良. 研究生导师责权机制的法理分析［J］. 学位与研究生教育，2018（8）：19—24.

［177］钱婷，吴昱江. 正当程序原则在美国教育领域中的适用及其启示——从中国教育部第41号令切入的比较研究［J］. 教育学术月刊，2018（1）：48—55.

［178］郑世良，李丹. 专业学位研究生教育中企业导师的身份认同研究［J］. 学位与研究生教育，2018（7）：61—65.

［179］闵韡，李永刚. "好学者"是否是"好导师"？——导师学术身份对理工科博士生指导效果的影响［J］. 学位与研究生教育，2018（8）：25—32.

［180］张胜利，凌鹊，丁彦. 思想政治教育视野下研究生导师育人作用研究［J］. 学校党建与思想教育，2018（14）：80—82.

［181］陆道坤，葛元燕. 论研究生导师专业道德［J］. 学位与研究生教育，2018（8）：13—18.

［182］姚林，王建梁. 研究生导师"专业化"如何实现？——澳大利亚高校研究生导师专业发展项目研究［J］. 学位与研究生教育，2018（8）：7—12.

［183］顾丽娜，刘家骥，蔡继红. 研究生导师遴选体系构建与实践——天津大学基于学术自治的改革［J］. 学位与研究生教育，2018（6）：27—32.

［184］廖素娴，张立迁，王顶明，等. 高校研究生招生计划分配及其优化研究［J］. 学位与研究生教育，2018（7）：28—33.

［185］陈睿，白丽新，张立迁. 硕士研究生招生考试自划线问题探析［J］. 研究生教育研究，2018（1）：55—59.

［186］李新华，孟宪君，王春超，等. 基于构建"国考+校试"模式的硕士研究生统一入学考试招生制度探索［J］. 高教探索，2018（3）：87—91.

［187］周文辉，曹镇玺. 非全日制研究生招生新形势、问题及对策［J］.

中国高教研究，2018（1）：81—86.

［188］陈谦．非全日制与全日制研究生教育并轨实施路径的思考［J］．江苏高教，2018（1）：73—76.

［189］林莉萍．利用新媒体实现研究生招生宣传工作转型［J］．中国高等教育，2018（11）：60—61.

［190］唐润．公平公正视角下的研究生招生面试问题研究［J］．研究生教育研究，2018（4）：41—45.

［191］赵颖．如何定位“学有余力”？——关于双学位招生和培养的实证研究［J］．教育学术月刊，2018（4）：36—43.

［192］朱鹏宇，马永红，林莉萍，等．英美研究生招生制度对我国的启示［J］．研究生教育研究，2018（3）：84—89.

［193］柴省三．来华留学研究生招生考试体系的构建研究［J］．学位与研究生教育，2018（9）：60—66.

［194］朱子义，崔延强．照顾的逻辑与实践的偏误：我国少数民族研究生招生政策改进审度［J］．清华大学教育研究，2018（12）：80—87.

［195］吴东姣，包艳华，马永红．改革开放以来我国博士研究生招生制度变迁的逻辑分析［J］．中国高教研究，2018（6）：37—43.

［196］徐柱柱，綦春霞．我国博士招生制度改革研究的热点主题及其演进［J］．黑龙江高教研究，2018（3）：100—104.

［197］宫新栋，杨平．我国博士生招生制度系统特征与改革着力点［J］．研究生教育研究，2018（3）：50—54.

［198］刘阳，林荣日．博士生申请考核制招生制度的现状、问题与改进——基于 2017 年 6 所“985 高校”博士生招生简章的分析［J］．研究生教育研究，2018（2）：29—35.

［199］张韡．理工科博士生招生方式对培养效果的影响——基于 35 所研究生院理工科博士生的调查［J］．研究生教育研究，2018（2）：36—41.

［200］范丽丽．研究型大学博士生非学术职业选择探究——基于“双一流”A 类高校就业数据的分析［J］．高等工程教育，2018（4）：120—125.

［201］于苗苗，马永红，刘贤伟．如何实现专业学位学生的高质量就业——基于全国高校抽样调查数据的实证分析［J］．高教探索，2018（2）：91—96.

［202］孟令奎．论硕士生专业实践与就业实习［J］．研究生教育研究，2018（2）：54—59.

［203］于苗苗，包艳华，马永红，等．学术融合与社交融合对学术型硕士

高质量就业的影响研究［J］. 研究生教育研究，2018（4）：14—22.

［204］徐贞. 理工科博士生入学动机及其对学术表现、就业偏好的影响［J］. 中国高教研究，2018（9）：74—80.

［205］张扬. 家庭资本与研究生就业认知——基于“211”高校的实证研究［J］. 高教探索，2018（1）：88—92.

［206］叶继红. 高校研究生学术不端行为及与论文发表制度关联性思考［J］. 研究生教育研究，2018（5）：7—12.

［207］秦汉. 高校研究生学术不端处罚的权利救济与程序正义——基于对“C9 联盟”高校相关制度的考察［J］. 高校教育管理，2018，12（1）：61—67.

［208］郑文力，杨乔乔. 在职研究生学术失范与治理探析［J］. 黑龙江高教研究，2018，36（4）：109—112.

［209］姚志友，董维春. 他律与自律：研究生学术道德教育的逻辑与路径［J］. 学位与研究生教育，2018（4）：31—37.

［210］陈亮. 多中心治理视角下研究生学术不端行为矫治探究［J］. 学位与研究生教育，2018（11）：56—61.

［211］姜国峰. 科学道德建设：破解高校研究生教育中学术失范的“体系”力量［J］. 研究生教育研究，2018（2）：18—23.

［212］邓小华. 博士研究生学术情怀的概念构建及培育路径［J］. 研究生教育研究，2018（6）：35—39 + 75.

［213］林仕尧. 德育融入研究生培养体系的理论探索［J］. 研究生教育研究，2018（6）：14—17 + 89.

［214］郭劲松，叶秀娟. 论研究生先进典型教育机制的构建［J］. 学位与研究生教育，2018（5）：34—39.

［215］成敏敏. 切实增强研究生导师立德树人的认同感［J］. 中国高等教育，2018（24）：45—47.

［216］刘志，韩雪娇. 研究生导师立德树人需要突破的三重瓶颈［J］. 研究生教育研究，2018（5）：13—17 + 64.

［217］刘志，许畅. 研究生思想政治教育研究的前沿、热点与进路——基于 CNKI 重点期刊文献正文的归纳性主题分析［J］. 思想教育研究，2018（7）：135—139.

［218］刘志. 研究生思想政治教育基本问题论析［J］. 学位与研究生教育，2018（7）：20—27.

［219］王彬，尹璐. 研究生思想政治课翻转课堂教学改革探讨［J］. 学位

与研究生教育，2018（5）：24—28.

［220］王高峰，古继宝，顾明亮．提高研究生辅导员工作投入的实证研究［J］．江苏高教，2018（3）：67—71.

［221］任怀艺，白本锋．基于 SWOT 分析视角的研究生党建工作体系构建与实施研究［J］．学位与研究生教育，2018（5）：29—34.

［222］周华．农业院校硕士研究生心理健康状况与对策建议［J］．黑龙江高教研究，2018，36（7）：140—145.

［223］毛智辉，眭依凡．跨学科教育学硕士生专业认同的实证研究［J］．学位与研究生教育，2018（6）：57—61.

［224］夏祥伟，黄金玲，刘单．高校研究生体育锻炼行为的实证研究［J］．华东师范大学学报（教育科学版），2018，36（5）：114—128 + 169—170.

［225］闫广芬，尚宇菲．我为什么还要读博？——在读理工科女博士学习动力研究［J］．研究生教育研究，2018（5）：37—42.

［226］黄宝印，任超，陈燕，等．加快构建更高水平的中国特色学科评估体系［J］．中国高等教育，2018（17）：20—24.

［227］杨频萍，汪霞．“双一流”建设背景下我国学科专业评价创新研究［J］．高校教育管理，2018，12（6）：65—73.

［228］方跃平，邹放鸣．我国学科类型化评估机制的完善［J］．江苏高教，2018（7）：21—25.

［229］徐贤春，朱嘉赞，吴伟．一流学科生态系统的概念框架与评价模型——基于浙江大学的实证研究［J］．江苏高教，2018（9）：16—20.

［230］刘小强，彭颖晖．从学科生产能力看一流学科评价［J］．高等教育研究，2018，39（11）：13—19.

［231］罗宏，周杰．ESI 学科分类与评价缺陷及其风险探讨［J］．江苏高教，2018（11）：55—59 + 63.

［232］谢冉，张兄武．重构跨学科研究评估［J］．高教发展与评估，2018，34（4）：19—26 + 104.

［233］林梦泉，陈燕，任超，等．约束条件下的学科建设绩效评价理论体系探究［J］．中国高教研究，2018（7）：17—21.

［234］高耀．学科评估机制失衡的效率损失与补偿策略——兼论一流学科建设的路径取向［J］．中国高教研究，2018（1）：23—27.

［235］张睦楚．必要的张力：论我国学科评估的正负向度——以教育学科为例之理性探析［J］．现代大学教育，2018（3）：28—36.

［236］王建慧．学科评估双重目的引致的三对矛盾［J］．高教发展与评估，2018，34（3）：15—17.

［237］张丽莎．以“双一流建设”为导向的学科评估制度优化研究［D］．长春：吉林大学，2018.

［238］冒荣．直面学科评估的透视力和导向性［J］．高教发展与评估，2018，34（3）：5—7.

［239］金国．中西部高校学科建设的出路在哪里［J］．高教发展与评估，2018，34（3）：12—14.

［240］赵立莹．问责与改进：我国第四轮学科评估元评估［J］．学位与研究生教育，2018（2）：32—38.

［241］周继良，张金龙．学科评估与一流学科建设的制度平衡［J］．高教发展与评估，2018，34（6）：1—8+117.

［242］徐高明．学科评估要引领一流学科建设［J］．高教发展与评估，2018，34（3）：8—11.

［243］邓小华．地方政府“双一流”建设的行动逻辑——基于地方政府“双一流”建设实施方案的分析［J］．现代教育管理，2018（3）：24—29.

［244］刘苗苗，黄帅．高校学科影响力、潜力值与贡献度的省域考量——基于辽宁省属高校的学科扶持策略分析［J］．当代教育科学，2018（7）：78—82.

［245］吴立保，高凡，华玉珠．高校优势学科建设的政策效应分析——基于江苏省的案例研究［J］．学位与研究生教育，2018（10）：8—14.

［246］侯佛钢，张学敏．地方高校跨学科复合应用型人才培养的学科集群探究［J］．清华大学教育研究，2018，39（3）：99—104.

［247］吴海江，楼世洲．“入围或突围”：“双一流”建设背景下地方高校学科发展的挑战与应对［J］．教育发展研究，2018，38（Z1）：22—29.

［248］张力．新时代加快一流大学和一流学科建设的战略意义［J］．中国高等教育，2018（5）：27—28.

［249］眭依凡，李芳莹．“学科”还是“领域”：“双一流”建设背景下“一流学科”概念的理性解读［J］．高等教育研究，2018，39（4）：23—33+41.

［250］李凤玮，周川．江苏高校一流学科的优势累积效应及存在问题——基于四轮学科评估数据的初步分析［J］．江苏高教，2018（6）：12—16.

［251］申超，杨梦丽．一流学科建设蓝图是如何描绘的——基于41所“双一流”建设高校建设方案的文本分析［J］．高等教育研究，2018，39（10）：37—42.

[252] 龚放. 一流学科建设不应舍本逐末 [J]. 高教发展与评估，2018，34（3）：1—4.

[253] 王洁，蒋灿华. 高校一流学科建设必须重视的几个误区和转变 [J]. 高教探索，2018（9）：23—28.

[254] 刘小强，彭颖晖. 一流学科建设就是建设一流的学科生产能力 [J]. 学位与研究生教育，2018（6）：19—23.

[255] 孟照海. 制度化与去制度化：世界一流学科建设的内在张力——以美国芝加哥大学社会学为例 [J]. 中国高教研究，2018（5）：20—25.

[256] 朱冰莹，董维春. 技术治理视角下的一流学科建设：实践反思与制度重构 [J]. 学位与研究生教育，2018（10）：1—7.

[257] 王超，樊媛，贾克斌，等. 地方高水平大学建设一流学科的路径——以北京工业大学为例 [J]. 教育研究，2018，39（8）：153—157.

[258] 郭天武，严林雅. 法学一流学科建设及其人才培养模式探析 [J]. 高教探索，2018（12）：17—24.

[259] 李枫，李萍，何丽娜. 高水平行业特色型大学一流学科建设策略分析 [J]. 江苏高教，2018（11）：33—36.

[260] 刘瑞儒，何海燕. 双一流视域下教育技术一流学科建设路径研究 [J]. 现代教育技术，2018，28（2）：40—46.

[261] 武学超，罗志敏. 悉尼大学世界一流学科的科研卓越发展路径 [J]. 中国高校科技，2018（11）：42—46.

[262] 曾亦斌，王钊. “双一流”建设背景下行业性院校的学科生态治理研究 [J]. 江苏高教，2018（3）：25—28.

[263] 周超，祝遵凌. “双一流”视域下行业高校特色学科研究——以林业类高校设计学学科为例 [J]. 中国高校科技，2018（11）：63—65.

[264] 黄巨臣. “双一流”背景下高校跨学科建设的动因、困境及对策 [J]. 当代教育科学，2018（6）：21—25.

[265] 袁广林. 综合交叉学科发展的组织建构和制度设计——基于我国大学创建世界一流学科的思考 [J]. 学位与研究生教育，2018（7）：1—8.

[266] 刘强. 复杂性思维视域下高等教育多学科研究方法论的省思 [J]. 高校教育管理，2018，12（4）：103—110.

[267] 刘志忠. 高等教育多学科研究的内涵、逻辑缺失与弥补路径 [J]. 黑龙江高教研究，2018，36（5）：21—24.

[268] 王声平，贺静霞. 改革开放 40 年我国教育管理学学科体系研究的反思与展望 [J]. 现代教育管理，2018（12）：24—30.

［269］周统建．“双一流”建设高校如何协调发展弱势学科——基于学科生态建设的视角［J］．中国高校科技，2018（10）：4—8.

［270］郑伟涛．“双一流”背景下学科内涵式发展策略研究［J］．中国高校科技，2018（5）：4—7.

［271］李宁，王玉婧，陈星．创新共同体与学科内涵式建设互动研究［J］．中国高校科技，2018（9）：44—46.

［272］李峻，张珍．“双一流”建设背景下学科建设的行动逻辑与可能路径［J］．江苏高教，2018（7）：9—13.

［273］王越乙，杨晓蕾．“双一流”背景下以绩效为杠杆的学科建设研究［J］．黑龙江高教研究，2018，36（9）：9—12.

［274］雷环，钟周，乔伟峰．“双一流”建设背景下中美研究型大学“学科”发展模式比较研究［J］．清华大学教育研究，2018，39（6）：66—73.

［275］焦磊．国外知名大学跨学科建制趋势探析［J］．高等工程教育研究，2018（3）：124—129.

［276］季卫兵，夏欢．我国研究生教育学的建构逻辑及其呈现——基于研究生主体的视角［J］．研究生教育研究，2018（3）：59—64.

［277］刘小强．方法与路径：研究生教育学学科建设的方法论思考［J］．研究生教育研究，2018（2）：1—5.

［278］郗厚军，康秀云．比较思想政治教育学科体系建设的四个着力点［J］．思想政治教育研究，2018，34（3）：68—72.

［279］安涛，周进，韩雪婧．从“知识”到“思维”：教育技术学发展的学科转向［J］．电化教育研究，2018，39（9）：17—21+36.

［280］李牧，赵衍民．法学学科的定位与发展［J］．高教发展与评估，2018，34（5）：107—112+118.

［281］谢辉．用党的十九大精神指导推动学校教育事业发展［J］．中国高等教育，2018（2）：11—13.

［282］邓小华．面向国家资格框架的研究生教育质量治理初探［J］．研究生教育研究，2018（3）：13—18.

［283］温晓亮．供给侧结构性改革视域下研究生教育内涵式发展策略［J］．黑龙江高教研究，2018（9）：91—94.

［284］方超，罗英姿，黄斌．研究生教育扩展、人力资本积累与劳动力的收入差距——兼论收入差距的空间分布机制［J］．中国高教研究，2018（3）：93—98.

［285］徐晓飒．研究生教育质量提升的多元治理视域［J］．高等工程教育

研究，2018（1）：131—135.

[286] 乔刚．社会组织在研究生教育治理中的行为模式研究［D］．北京：北京理工大学，2018.

[287] 付鸿飞，李明磊．“双一流”建设背景下研究生教育发展新趋势——首届研究生教育学国际会议综述［J］．学位与研究生教育，2018（1）：73—77.

[288] 张炜．教育现代化背景下博士生教育的内涵式发展［J］．学位与研究生教育，2018（12）：1—6.

[289] 沈文钦．全球化对中国博士生教育的影响：人员流动的视角［J］．教育发展研究，2018（9）：35—42＋63.

[290] 程伟华，张海滨，董维春．从“规模扩张”到“提质增效”：新时代来华留学研究生教育转型与制度重构［J］．学位与研究生教育，2018（12）：32—38.

[291] 田恩舜，朱金明，别敦荣．专业学位研究生教育质量监管体系建设策略［J］．学位与研究生教育．2018（7）：38—42.

[292] 朱金明，林梦泉，何爱芬，等．中国特色专业学位教育认证制度框架设计探究［J］．研究生教育研究．2018（2）：72—76.

[293] 王战军，乔刚．改革开放 40 年中国研究生教育的成就与展望［J］．学位与研究生教育，2018（4）：1—9.

[294] 田贤鹏．解构与重构：高校研究生教育制度变革 40 年回顾［J］．现代教育管理，2018（11）：26—32.

[295] 廖湘阳．2017 年中国学位与研究生教育改革发展热点述评［J］．学位与研究生教育，2018（4）：1—9.

[296] 赵立莹．从 CGS《研究生教育 2030：展望未来行动指南》看我国的研究生教育改革路径［J］．学位与研究生教育，2018（3）：66—71.

[297] 宋朝阳．全日制与非全日制研究生统筹管理改革刍议［J］．国家教育行政学院学报，2018（6）：22—27.

[298] 李璐．供给侧改革视角下的研究生教育调控机制研究［D］．合肥：中国科学技术大学，2018.

[299] 朱玉成，周海涛．研究生教育供给侧结构性改革透视：内涵、问题与对策［J］．学位与研究生教育，2018（3）：54—57.

[300] 李雪辉，罗英姿．博士研究生教育供给侧改革：目标强化与方向转轨［J］．教育发展研究，2018（9）：28—34.

[301] 姚云，钟秉林．第十二次博士硕士学位授权审核政策解析［J］．研

究生教育研究.2018 (4): 9—13.

[302] 张端鸿. 学位授权自主审核推动高校内涵发展 [N]. 中国教育报, 2018-05-08 (2).

[303] 王顶明. 学位授权常态化管理迈入新时代 [N]. 中国教育报, 2018-05-15 (2).

[304] 孟鸿志, 张运昊. 学位授权自主审核的制度架构与风险防范 [J]. 学位与研究生教育, 2018 (11): 10—20.

[305] 吴立保, 华玉珠, 高凡. 政府主导下的高校优势学科建设成效及其政策建议——以江苏省为例 [J]. 研究生教育研究, 2018 (6): 56—63.

[306] 刘苗苗, 黄帅. 高校学科影响力、潜力值与贡献度的省域考量——基于辽宁省属高校的学科扶持策略分析 [J]. 当代教育科学, 2018 (7): 78—82.

[307] 别敦荣. "双一流" 建设与大学管理改革 [J]. 中国高教研究, 2018 (9): 1—6.

[308] 张凌云, 陈龙. 大数据时代高校研究生教育管理的变革——基于发达国家实践的考察 [J]. 学位与研究生教育, 2018 (6): 33—37.

[309] 彭莉君, 余菡, 白丽新, 等. 中央部属高校的研究生教育投入产出效率研究——基于 2009—2014 年的面板数据 [J]. 学位与研究生教育, 2018 (12): 67—172.

[310] 张茂聪, 陈萍, 范晓婷. 我国研究生国家奖学金政策的价值取向分析: 应然、异化及回归之道 [J]. 学位与研究生教育, 2018 (12): 27—31.

[311] 李爱彬, 杜晓虹. 路径依赖视角下我国研究生资助政策变迁约束及破解策略 [J]. 研究生教育研究, 2018 (2): 12—17+47.

[312] 洪柳. 我国研究生国家奖学金制度现存问题研究——以美国科学基金会研究生国家奖学金为借鉴 [J]. 学位与研究生教育, 2018 (12): 67—72.

[313] 张林, 游蠡, 于津民, 等. 资助制度促进了研究生的学业表现吗? ———一项基于北京大学的校本调查研究 [J]. 学位与研究生教育, 2018 (2): 51—57.

[314] 张颖, 孙鹤, 卢铮松, 等. 高校研究生生态化资助体系的构建与实践 [J]. 学位与研究生教育, 2018 (1): 40—44.

[315] 毛笛, 毛建青. 全日制学术型研究生全面收费的实证研究——基于 91 所 "211 高校" 的数据分析 [J]. 研究生教育研究, 2018 (1): 16—20+43.

[316] 朱鹏宇, 马永红, 林莉萍, 等. 英美研究生招生制度对我国的启示 [J]. 研究生教育研究, 2018 (3): 84—89.

［317］王世岳，秦琳．艰难的衔接：德国应用科学大学毕业生攻读博士的权利之争［J］．学位与研究生教育，2018（10）：65—71．

［318］彭湃，龚雪．一流研究型大学应培养多少研究生——基于中美数据的比较研究［J］．高等工程教育研究，2018（4）：126—131．

［319］吴敏，姚云．美国专业博士学位的学科与规模特点研究［J］．学位与研究生教育，2018（8）：73—77．

［320］武海峰．为胜任大学教学做准备——基于美国一流高校研究生教学证书项目研究［J］．高教探索，2018（11）：33—40．

［321］王轶玮．美国博士生学术职业社会化的相关研究与实践［J］．高教探索，2018（11）：63—70．

［322］姜勇，柳佳炜．境外教师教育课程改革的范式变迁对我国教育硕士课程改革的启示［J］．学位与研究生教育，2018（6）：44—50．

［323］毛晓翔，吴清．基于项目教学课程的研究生助教制度——代尔夫特理工大学航空航天学院的经验与启示［J］．高教探索，2018（5）：93—98．

［324］熊华军，陈怡静．日本博士课程制教育引领计划的特征——以名古屋大学“女性领导者养成项目”为个案［J］．研究生教育研究，2018（2）：83—89．

［325］李征博，曹红波，郑月龙，等．哈佛大学商学院案例教学运行模式及对我国的启示［J］．学位与研究生教育，2018（11）：66—71．

［326］高田钦，蒋燕．墨尔本大学教育硕士“临床实践”实习体系探析［J］．研究生教育研究，2018（3）：90—95．

［327］王轶玮．英国顶尖研究型大学研究生导师制度及其启示——以牛津大学为例［J］．学位与研究生教育，2018（10）：71—77．

［328］胡天助．聚焦学生成功：博士生教育的新旨趣——基于加拿大麦吉尔大学博士生培养模式的探究［J］．学位与研究生教育，2018（5）：68—73．

［329］孙维，黄旭光，马永红．美国佛罗里达大学在线教育技术博士项目设计研究及启示［J］．电化教育研究，2018，39（9）：114—122．

［330］张天舒．21 世纪日本博士教育政策改革研究———兼论“卓越大学院计划［J］．中国高教研究，2018（5）：98—103．

［331］王文礼．世界一流大学的创新：约翰·霍普金斯大学在线教育博士的培养模式和启示［J］．现代教育技术，2018，28（2）：93—99＋53．

［332］王文礼．欧洲工业博士学位项目的培养模式和实施效果［J］．研究生教育研究，2018（5）：82—89．

［333］王文礼．美国密歇根州立大学教育心理和教育技术混合博士项目及

其启示［J］. 高教探索，2018（9）：66—72.

［334］姚林，王建梁．三重视角下的英国专业博士学位教育发展研究［J］. 清华大学教育研究，2018，39（4）：81—86.

［335］郭雳．中美一流法律专业学位研究生培养模式比较——以北京大学和哈佛大学为例［J］. 学位与研究生教育，2018（11）：71—77.

［336］俞婷婕．美国一流研究型大学教育硕士培养目标探析及启示［J］. 中国高等教育，2018（21）：60—62.

［337］张苏，张忠华．美国“微硕士”学位项目评析［J］. 研究生教育研究，2018（1）：91—95.

［338］高田钦，蒋燕．澳大利亚墨尔本大学教育硕士“临床实践”培养模式的解读与借鉴［J］. 学位与研究生教育，2018（2）：65—71.

［339］鲍嵘，朱华伟．硕士研究生能力图景及发展研究——来自英国精英大学的实践经验［J］. 研究生教育研究，2018（6）：83—89.

［340］李文英，陈元元．日本硕士专业学位研究生教育的发展及经验［J］. 研究生教育研究，2018（4）：91—95.

［341］黄巨臣．联合学位：日本研究生国际化培养机制的改革实践及启示［J］. 高教探索，2018（4）：45—51.

［342］陈晓清，孙雯．欧盟伊拉斯谟系列计划中的研究生联合培养模式研究［J］. 江苏高教，2018（4）：98—103.

［343］陈翠荣，李冰倩．密歇根大学跨学科培养研究生的理念基础、实现途径及面临的挑战［J］. 外国教育研究，2018，45（8）：3—14.

［344］包水梅，谢心怡．美国研究型大学博士生跨学科培养的基本路径与支撑机制研究——以普林斯顿大学为例［J］. 江苏高教，2018（3）：95—100.

［345］徐岚，陶涛，周笑南．跨学科研究生核心能力及其培养途径——基于美国 IGERT 项目的分析［J］. 学位与研究生教育，2018（5）：61—68.

［346］林祥瑜．日本研究生复合型人才培养特点分析［J］. 江苏高教，2018（6）：102—107.

［347］洪柳．我国研究生国家奖学金制度现存问题研究——以美国科学基金会研究生国家奖学金为借鉴［J］. 学位与研究生教育，2018（12）：67—72.

［348］吴薇，崔亚楠．美国研究生资助政策实施成效和发展趋势探析［J］. 教育科学，2018，34（4）：82—89.

［349］陈翠荣，周蕾．美国联邦政府博士生资助的主要方式及其特点分析［J］. 中国高教研究，2018（1）：92—97.

［350］李云鹏．百年来美国博士教育的转型发展及其启示［J］. 高等工程

教育研究，2018（4）：132—136.

［351］王传毅，程哲．南非博士生教育：现状、问题及改革［J］．学位与研究生教育，2018（7）：72—77.

［352］熊华军，李燕．透视美国STEM研究生教育改革［J］．学位与研究生教育，2018（6）：69—75.

［353］刘雅，袁本涛．“基于证据”：现代教育智库功能的提升——对欧美研究生教育改革中EUA和CGS的案例分析［J］．教育研究，2018，39（10）：76—84.

［354］张炜．美国研究生教育的困境与出路——《研究生院之道》读后感［J］．学位与研究生教育，2018（1）：67—73.

［355］张炜．中美博士研究生教育发展趋势比较分析［J］．国家教育行政学院学报，2018（5）：9—17.

［356］卞翠．法国博士学位制度演变及其影响因素分析［J］．研究生教育研究，2018（5）：90—95.

［357］王莉．当代俄罗斯学位授予制度改革及启示［J］．学位与研究生教育，2018（3）：72—77.

［358］郝天聪，贺艳芳．德国应用科学大学获独立博士学位授予权争议与反思［J］．比较教育研究，2018，40（1）：105—112.

［359］唐青才，卢婧雯．德国应用科学大学博士学位授予权论争的缘由与本质［J］．比较教育研究，2018，40（1）：97—104.

［360］朱金明，韩婷婷，康建山．欧洲工程教育认证体系对中国工程硕士教育认证的启示［J］．学位与研究生教育，2018（7）：66—71.

［361］梁传杰．借鉴美国经验构建我国研究生教育质量保障体系［J］．研究生教育研究，2018（4）：84—90.

［362］张松，张国栋．博士生完成学业情况中认识论与政治论的冲突与协调——普林斯顿大学博士生完成学业和综合考试情况的时间演变逻辑［J］．学位与研究生教育，2018（12）：73—77.

［363］郭月兰，汪霞．“英国研究生科研体验调查”述评［J］．高教探索，2018（5）：56—61.

［364］宋旭璞．韩国研究生教育及其评价机制发展中的协同治理关系——基于政府、市场与高校的分析［J］．教师教育研究，2018，30（5）：117—122.

［365］张逸阳．思想政治工作是“双一流”建设的生命线［J］．学校党建与思想教育，2018（23）：33—35.

［366］彭宇文．以一流党建促进“双一流”建设［J］．学校党建与思想教

育，2018（4）：57—59.

［367］张力．新时代加快一流大学和一流学科建设的战略意义［J］．中国高等教育，2018（5）：27—28.

［368］卢晓中，杨蕾．“双一流”建设的中国特色与世界一流［J］．国家教育行政学院学报，2018（9）：20—27.

［369］史静寰．“形”与“神”：兼谈中国特色世界一流大学建设之路［J］．中国高教研究，2018（3）：8—12+23.

［370］谢冬平．内涵、关系与走向：双一流建设的国际化与民族化［J］．黑龙江高教研究，2018，36（11）：6—10.

［371］刘兵飞，郑文．“双一流”建设：传统超越之思［J］．高教探索，2018（12）：5—9.

［372］庞守兴．为“双一流”建设创设更宽松的舆论环境［J］．教育发展研究，2018（17）：3.

［373］别敦荣．“双一流”建设与大学管理改革［J］．中国高教研究，2018（9）：1—6.

［374］沈红，王鹏．“双一流”建设与研究的维度［J］．中国高教研究，2018（4）：16—21.

［375］王旭初，黄达人．关于“双一流”建设若干关系的思考［J］．高等教育研究，2018，39（5）：9—13.

［376］程晓林．基于可视化分析的“双一流”大学建设［J］．高教发展与评估，2018，34（5）：39—45+115.

［377］张彦．擦亮底色增强特色开创世界一流大学建设新局面［J］．中国高等教育，2018（11）：13—14.

［378］孙海涛．新时代建设世界一流大学的挑战［J］．清华大学教育研究，2018，39（4）：105—110.

［379］王晓阳．立足中华优秀传统文化建设中国特色世界一流大学［J］．中国高等教育，2018（7）：22—24.

［380］何玉海．世界一流大学建设重在提升内在品质［J］．教育研究，2018，39（1）：59—63+82.

［381］吴立保，高凡．我国一流大学建设的异化与纠偏——鉴于西方学者的反思及其启示［J］．教育发展研究，2018（Z1）：14—21.

［382］章维慧，殷学东．以一流大学精神引领“双一流”建设［J］．高校教育管理，2018，12（1）：35—40+47.

［383］龚放．知识生产模式Ⅱ方兴未艾：建设一流大学切勿错失良机

［J］. 江苏高教，2018（9）：1—8.

［384］王飞，王运来. 逻辑与维度：大学之所以一流的显性表达与理性支点［J］. 大学教育科学，2018（2）：19—25 + 123.

［385］熊晓梅. 明确方向凝心聚力努力建设中国特色世界一流大学［J］. 中国高等教育，2018（17）：7—9.

［386］董立平. 世界一流大学内涵建设的理论反思［J］. 国家教育行政学院学报，2018（10）：29—35.

［387］赵俊芳，刘硕. 一流大学建设的历史经验与时代省思——以“哈军工”办学实践为例［J］. 大学教育科学，2018（1）：4—10 + 122.

［388］陈星，张学敏. 世界一流大学与城市的共生关系及启示［J］. 教育发展研究，2018，38（Z1）：1—8.

［389］眭依凡，李芳莹. “学科”还是“领域”：“双一流”建设背景下“一流学科”概念的理性解读［J］. 高等教育研究，2018，39（4）：23—33 + 41.

［390］刘小强，彭颖晖. 一流学科建设就是建设一流的学科生产能力［J］. 学位与研究生教育，2018（6）：19—23.

［391］田贤鹏. 一流学科建设中的知识生产创新路径优化——基于知识生成论视角［J］. 学位与研究生教育，2018（6）：7—13.

［392］谢妮，曹志峰. “一流学科”话语及其实践机制研究［J］. 江苏高教，2018（7）：14—20.

［393］徐贤春，朱嘉赞，吴伟. 一流学科生态系统的概念框架与评价模型——基于浙江大学的实证研究［J］. 江苏高教，2018（9）：16—20.

［394］刘国瑜. 一流学科建设中研究生培养与高水平科研的结合［J］. 学位与研究生教育，2018（6）：14—19.

［395］李立国. “双一流”高校的内涵式发展道路［J］. 国家教育行政学院学报，2018（9）：14—19.

［396］朱冰莹，董维春. 技术治理视角下的一流学科建设：实践反思与制度重构［J］. 学位与研究生教育，2018（10）：1—7.

［397］王洁，蒋灿华. 高校一流学科建设必须重视的几个误区和转变［J］. 高教探索，2018（9）：23—28.

［398］刘国瑜. 世界一流学科建设：学术性与实践性融合的视角［J］. 现代教育管理，2018（5）：19—23.

［399］王战军，刘静. 世界一流大学的三大标志和四大特征［J］. 中国高等教育，2018（19）：11—13.

［400］张伟，张茂聪. 我国高校一流大学建设的校际经验——基于 6 所高

校一流大学建设方案的文本分析［J］. 中国高教研究，2018（5）：26—32.

［401］姜璐，董维春，张海滨. 目标、策略与保障：我国建设世界一流大学的三维行动路径［J］. 江苏高教，2018（10）：35—40.

［402］闫丽雯，周海涛. 激发“双一流”建设的新动能［J］. 教育发展研究，2018（Z1）：9—13+29.

［403］潘军. 双一流建设的路径演化：一个制度创新的论域［J］. 国家教育行政学院学报，2018（2）：23—29.

［404］王建国. 加快中国特色世界一流大学建设的思考［J］. 中国高教研究，2018（2）：13—17.

［405］陈中润. 基于高等教育问责理论的“双一流”建设探析［J］. 黑龙江高教研究，2018，36（7）：5—8.

［406］李斌琴. 一流大学需要一流的管理德性［J］. 现代教育管理，2018（3）：30—35.

［407］钟秉林. 扎实推进世界一流大学和一流学科建设［J］. 教育研究，2018，39（10）：12—19.

［408］张凤娟，张明超. “双一流”政策实施后的公众反应、关注热点与反思——基于“知乎”论坛197条话题的数据分析［J］. 教育发展研究，2018（Z1）：30—37.

［409］徐赟. “双一流”建设中政策工具选择与运用的问题及对策［J］. 教育发展研究，2018，38（1）：26—32.

［410］闫守轩，郭超华，王少奇. “双一流”建设的理性审思［J］. 教育理论与实践，2018，38（21）：3—5.

［411］李玲玲，蔡三发. 建设支撑一流大学成长的章程制度体系［J］. 中国高等教育，2018（17）：28—30.

［412］王彬，崔玉平. 36所A类一流大学文化资本层次及差异分析［J］. 国家教育行政学院学报，2018（1）：88—94.

［413］李斌琴. “双一流”建设中地方高校管理要实现“四个转变”——基于组织社会学新制度主义的视角［J］. 大学教育科学，2018（3）：71—78.

［414］管培俊. 一流大学建设的两个关键要素：制度与人［J］. 中国高教研究，2018（5）：4—9.

［415］李永智. 一流大学和一流学科建设离不开一流人才引育环境［J］. 中国高等教育，2018（5）：31—32.

［416］何志鹏. 一流大学的教学之基［J］. 中国大学教学，2018（2）：7—13.

［417］从京生．对创建一流大学的几点想法［J］．学位与研究生教育，2018（6）：24—27.

［418］王明明．国际责任与话语权：一流大学国际化建设的使命与方向［J］．现代教育管理，2018（11）：59—64.

［419］姜晓萍．一流大学拔尖创新人才培养的两个维度［J］．中国高等教育，2018（1）：41—42.

［420］谢阳斌，桑新民．如何在“双一流”建设中促进科研与教学协同发展——国际教学学术运动的深层反思与战略谋划［J］．教育发展研究，2018，38（7）：8—15.

［421］张铭凯．“双一流”建设与课程变革［J］．高校教育管理，2018，12（3）：7—12＋20.

［422］程天权，杨维东．建设世界一流大学要激发教育基金活力［J］．中国高等教育，2018（20）：12—15.

［423］姚云，吴宗聪．“双一流”大学建设的筹资功能新解［J］．大学教育科学，2018（1）：25—28＋125.

［424］杨希．一流大学建设的效果可持续吗？——高校经费累积效应及其对科研产出的影响研究［J］．教育与经济，2018（1）：80—87.

［425］张扬．大学科技园如何在“双一流”建设中发挥作用［J］．当代教育论坛，2018（4）：76—82.

［426］苏林，杨佳乐，高耀，等．省域统筹推进“双一流”建设政策中的突出特点、典型矛盾及破解策略［J］．学位与研究生教育，2018（2）：38—44.

［427］崔海丽．“双一流”建设中的地方政府竞争行为分析［J］．江苏高教，2018（6）：17—22＋87.

［428］孙百才，徐宁．香港建设“世界一流大学”的质量保障措施与政策经验［J］．清华大学教育研究，2018，39（1）：75—83.

［429］陈燕，车金恒，祝苏东．“双一流”建设的地方行动：基于政策的文本分析［J］．研究生教育研究，2018（4）：70—76.

［430］张伟，张茂聪．我国“双一流”建设的省际政策比较——基于26省“双一流”实施意见的文本分析［J］．高等教育管理，2018，12（4）：19—26.

［431］邓小华．地方政府“双一流”建设的行动逻辑——基于地方政府“双一流”建设实施方案的分析［J］．现代教育管理，2018（3）：24—29.

［432］张伟，薄存旭．“双一流”的价值逻辑与实践路径——基于四省“双一流”建设的系列政策文本分析［J］．现代教育管理，2018（1）：19—25.

［433］周倩，靳培培，崔来廷，等．经济相对落后地区“双一流”建设的理性思考与现实选择［J］．现代大学教育，2018（1）：71—78+112.

［434］葛道凯．新时代“双一流”建设的内涵与路径［J］．中国高等教育，2018（5）：29—30.

［435］李凤玮，周川．江苏高校一流学科的优势累积效应及存在问题——基于四轮学科评估数据的初步分析［J］．江苏高教，2018（6）：12—16.

［436］杨振斌．努力建设中国特色世界一流大学［J］．中国高等教育，2018（17）：4—6.

［437］靳诺．牢记使命，抓住根本，建设中国特色世界一流大学［J］．中国高等教育（10）：10—12.

［438］刘伟．培养社会主义建设者和接班人，建设中国特色世界一流大学［J］．中国高等教育，2018（Z2）：4—8.

［439］董奇．加快建设综合性、研究型、教师教育领先的中国特色世界一流大学［J］．中国高等教育，2018（Z1）：25—26.

［440］左惟．擦亮底色，突出亮色，彰显特色，培养一流领军人才践行一流大学使命［J］．中国高等教育，2018（Z3）：15—16.

［441］杨金龙．责任、使命、作为：新时代一流大学建设的探索与实践［J］．学位与研究生教育，2018（9）：1—5.

［442］陈文申．发挥思想政治工作优势，建设中国特色世界一流大学［J］．中国高等教育，2018（19）：7—8.

［443］刘奕琳，周统建，高江勇．内生发展视域下的地方院校“双一流”建设［J］．中国高等教育，2018（21）：48—50.

［444］申超，杨梦丽．一流学科建设蓝图是如何描绘的——基于41所“双一流”建设高校建设方案的文本分析［J］．高等教育研究，2018，39（10）：37—42.

［445］张继龙，陈廷柱．“双一流”建设中的学科发展规划：战略、管理及有效性——基于两所一流大学建设高校的案例分析［J］．中国高教研究，2018（7）：22—29.

［446］宋亚峰，王世斌，郄海霞．我国一流大学建设高校的学科布局与生成机理［J］．江苏高教，2018（9）：9—15.

［447］谭天伟．立足学科特色，增强核心竞争力，推进北京化工大学一流学科建设［J］．高等工程教育研究，2018（6）：87—91.

［448］郭天武，严林雅．法学一流学科建设及其人才培养模式探析［J］．高教探索，2018（12）：17—24.

[449] 王战军，刘静．构建中国特色评价体系推进世界一流大学建设［J］．清华大学教育研究，2018，39（6）：58—65.

[450] 崔育宝．我国“世界一流大学”建设评价研究［D］．合肥：中国科学技术大学，2018.

[451] 鲁世林，冯用军．“双一流”大学建设的监测机制与评估标准探究［J］．黑龙江高教研究，2018，36（10）：1—5.

[452] 崔育宝，李金龙，裴旭，等．我国“一流大学建设高校”杰出学术人才培育评价［J］．现代大学教育，2018（6）：74—81.

[453] 黄建国，袁伟灿．世界一流大学建设高校科研效率评价［J］．黑龙江高教研究，2018（8）：11—15.

[454] 曹志峰．超越技术理性回归大学之道——世界一流大学评价问题与反思［J］．研究生教育研究，2018（5）：23—28.

[455] 梅雄杰，李志峰．本体与模式：“双一流”建设评价体系研究述评［J］．现代大学教育，2018（2）：76—84.

[456] 陈恩伦，龚洪．“双一流”建设第三方评价的实施构想［J］．大学教育科学，2018（3）：44—50.

[457] 张淑林，崔育宝，李金龙，等．大学排名视角下的我国“世界一流大学”建设现状、差距与路径［J］．清华大学教育研究，2018，39（1）：24—34.

[458] 夏国萍，管恩浩．建设世界一流大学亟待处理好四重关系——基于三大世界大学排行榜的视角［J］．高校教育管理，2018，12（4）：27—35.

[459] 朱冰莹，董维春．从“符号化评价”到“真实性评价”：一流学科建设评价的核心向路［J］．学位与研究生教育，2018（6）：1—6.

[460] 曹志峰，汪霞．世界一流大学重点学科评价模式的比较分析［J］．江苏高教，2018（1）：13—18.

[461] 刘瑞儒，何海燕．世界一流学科建设中期绩效考核评估研究［J］．研究生教育研究，2018（2）：60—66.

[462] 郭宝宇，冯倬琳．美国一流大学“黄金发展期”的经验和启示［J］．外国教育研究，2018，45（8）：15—27.

[463] 林成华，胡炜．美国一流大学“筹款人”角色模型与启示［J］．中国高等教育，2018（Z2）：75—78.

[464] 李志峰，刘智慧，周玉容．美国一流大学教师岗位工作分析的特征与启示［J］．国家教育行政学院学报，2018（7）：88—94.

[465] 王文礼．世界一流大学的创新：约翰·霍普金斯大学在线教育博士

的培养模式和启示 [J]. 现代教育技术，2018，28（2）：93—99 +53.

[466] 李志峰，汪洋. 世界一流大学教师队伍的结构与分类管理逻辑——以 MIT 为案例 [J]. 教师教育研究，2018，30（1）：116—123.

[467] 刘爱生. 美国一流大学校长如何展现道德领导力——以范德堡大学的宿舍楼更名事件为例 [J]. 高教探索，2018（6）：50—54.

[468] 芦艳，庞青山. 世界一流学科形成的影响要素研究 [J]. 大学教育科学，2018（2）：89—94.

[469] 孟照海. 有选择的卓越：世界一流大学的学科布局调整策略——以美国哥伦比亚大学为例 [J]. 高等教育研究，2018，39（3）：30—36.

[470] 孙贵平，邹源椋. 社会资源支持下的美国一流学科建设——以劳拉·斯皮尔曼基金会对芝加哥大学社会科学研究的支持为例 [J]. 高教探索，2018（4）：32—38.

[471] 孟照海. 制度化与去制度化：世界一流学科建设的内在张力——以美国芝加哥大学社会学为例 [J]. 中国高教研究，2018（5）：20—25.

[472] 高黎. 俄罗斯世界一流大学建设路径探析 [J]. 比较教育研究，2018，40（3）：62—69.

[473] 陈瑞英. 日本创建世界一流大学的政策措施："全球顶级大学计划" [J]. 比较教育研究，2018，40（3）：54—61 +69.

[474] 梁会青，魏红. 瑞士世界一流大学建设路径探析 [J]. 江苏高教，2018（3）：101—107.

[475] 彭新一，宋雪龄. 世界一流大学鉴借——以英国伦敦帝国学院的办学理念与实践为例 [J]. 中国高校科技，2018（10）：9—12.

[476] 林健，王煦樟. 特色办学成就一流大学——以滑铁卢大学为例 [J]. 中国高教研究，2018（4）：22—28.

[477] 廖菁菁. 日本建设世界一流大学的战略及实践——以日本东北大学为例 [J]. 当代教育科学，2018（5）：86—91 +96.

[478] 张欣亮，童玲红，苏庆伟. 澳大利亚新南威尔士大学创建世界一流大学的战略与实践鉴析 [J]. 现代大学教育，2018（1）：46—56.

[479] 洪成文. 世界一流学科发展有哪些国际经验 [J]. 中国高等教育，2018（5）：1.

[480] 阮蓁蓁，孟祥臣. 新加坡世界一流大学学科建设的特征 [J]. 中国高校科技，2018（Z1）：49—52.

[481] 陈新忠，张亮. 世界一流学科人才培养的经验与启示——以德国霍恩海姆大学有机农业和食品系统专业为例 [J]. 高等工程教育研究，2018

(4)：101—106.

［482］武学超，罗志敏．悉尼大学世界一流学科的科研卓越发展路径［J］．中国高校科技，2018（11）：42—46.

［483］赵倩，宋永华，伍宸．世界一流大学引领型人才培养模式创新研究——以伦敦大学学院的文理学位项目为例［J］．高等工程教育研究，2018（1）：95—101.

［484］李虔．国外一流私立大学发展的多元模式研究——基于对美国、韩国、土耳其和拉美经验的考察［J］．外国教育研究，2018，45（8）：44—55.

［485］陈丽媛，祁翔．世界一流大学投入模式研究——基于中国、美国、日本与中国台湾地区的比较［J］．高等教育研究，2018，39（9）：100—106.

［486］王宝玺，于晴．亚洲世界一流大学建设的特点及启示——以东京大学、新加坡国立大学和香港科技大学为例［J］．高校教育管理，2018，12（6）：57—64.

［487］孟照海．世界一流学科是如何形成的——基于斯坦福大学和加州大学伯克利分校工程学科的比较［J］．比较教育研究，2018，40（3）：70—76.

［488］李燕，陈伟，张淑林，等．世界一流学科的特征探析［J］．学位与研究生教育，2018（7）.

［489］傅维利，雷云．中美一流学科的校际布局特征及对我国建设一流学科的启示［J］．教育科学，2018，34（1）：75—80.

附录二 2018年研究生教育领域主要著作一览表

序号	书名	作者	出版地与出版单位
1	中国研究生教育研究进展报告 2018	中国学位与研究生教育学会进展报告编写组	北京：中国科学技术出版社
2	中国研究生教育质量报告 2018	王战军	北京：中国科学技术出版社
3	世界一流大学世界一流学科建设政策汇编	王战军	北京：中国科学技术出版社
4	中国学位与研究生教育 40 年（1978—2018）	王战军	北京：中国科学技术出版社
5	中国研究生满意度调查	周文辉	北京：中国科学技术出版社
6	理与路研究生教育综合改革的理论与路径	张淑林	北京：中国科学技术出版社
7	中国研究生暑期学校的概念、特征与实践研究	马永红	北京：北京大学出版社
8	研究生院之道	（美）莱纳德·卡苏托	北京：北京理工大学出版社
9	学者养成重思 21 世纪博士生教育	（美）乔治·E. 沃克等	北京：北京理工大学出版社
10	博士生教育与未来的教师	（美）罗纳德·G. 埃伦伯格，等	北京：北京理工大学出版社
11	中国科学与工程学科发展评估报告	崔宇红	北京：北京理工大学出版社
12	北京师范大学百年体育学科史	高嵘、屈国锋	北京：人民日报出版社
13	协同创新视域下大学跨学科科研生产力：理论与实证	陈艾华	杭州：浙江大学出版社

续表

序号	书名	作者	出版地与出版单位
14	普通高校国防教育学科建设研究	曾蓉	北京：经济管理出版社
15	工程专业学位研究生教育理论与实践问题探索——2016—2017 年工程专业学位研究生教育研究成果选编	全国工程专业学位研究生教育指导委员会	北京：清华大学出版社
16	多学科视角下的体育人文社会学	杨潞然	北京：中国纺织出版社
17	产教结合协同育人——第三届全国工程专业学位研究生联合培养示范基地、第一届全国工程专业学位研究生联合培养开放基地建设成果巡礼	全国工程专业学位研究生教育指导委员会	北京：清华大学出版社
18	大数据时代高校图书馆智慧化学科服务研究	吴爱芝	北京：海洋出版社
19	斯坦福的创新力——来自世界一流大学的启示	石毓智	北京：科学出版社
20	基于跨学科协同创新的高等教育核心竞争力提升路径	张炜	杭州：浙江大学出版社
21	人生导师育人法	岳川博	北京：民主与建设出版社
22	协同共治构建专业学位研究生教育质量保障体系	宋芳，赵哲	沈阳：辽宁人民出版社
23	MBA 学位论文研究及写作指导	李怀祖	重庆：重庆大学出版社
24	面向一流国际人才培养的理论与实践创新（2018 卷）——北京语言大学教学研究论文集	张旺熹	北京：科学出版社
25	广播电视学学科建设历史、现状与未来	艾红红、庞亮	北京：中国广播影视出版社
26	生命中的重要他人、导师之于研究生	朱婉儿、吕森华	杭州：浙江大学出版社

续表

序号	书名	作者	出版地与出版单位
27	博士生写作手册	Desmond Thomas	上海：上海外语教育出版社
28	高校心理健康教育读本系列丛书　研究生心理健康教育简明知识10问（导师版）	申晓蓉、李媛	成都：电子科技大学出版社
29	学科重要理论探索	张澍军	北京：中国人民大学出版社
30	文献信息检索与案例分析　学术硕士分册	王瑜、张丽英、高彦静	北京：科学出版社
31	交叉学科研究生培养研究	熊思东	南京：南京大学出版社
32	创新创业导师体系1.0	中国科技咨询协会创业导师工作委员会	北京：中国铁道出版社
33	新闻与传播专业硕士《334专业综合能力》专题精析	汤军军	北京：北京理工大学出版社
34	高等教育评估的价值取向博弈——双一流建设与学科评估的视角	张继平	北京：中国社会科学出版社
35	2017博士后发展年度研究报告	姚云	北京：学苑出版社
36	学术道德与学术规范——信息化时代的要求与演进	四川大学《学术道德与学术规范》编写组，李栓久	成都：四川大学出版社
37	世界一流大学案例研究——高质量的秘密	汪霞、顾露雯	杭州：浙江大学出版社
38	走向一流的历史轨迹（中国卷2）——中外著名大学校长治校理念与办学制度文献选编	商丽浩	杭州：浙江大学出版社
39	世界一流大学建设与中国梦	刘莉、刘念才	北京：北京交通大学出版社

续表

序号	书名	作者	出版地与出版单位
40	提高人才培养质量　推进“双一流”建设——北京交通大学本科教学研究与改革论文集2017（上）	张星臣，戴胜华	北京：北京交通大学出版社
41	提高人才培养质量　推进“双一流”建设——北京交通大学本科教学研究与改革论文集2017（下）	张星臣，戴胜华	北京：中国社会科学出版社
42	高等教育评估的价值取向博弈——双一流建设与学科评估的视角	张继平	北京：高等教育出版社

后　　记

2019年4月，编写组在认真总结前7年《中国研究生教育研究进展报告》编写经验的基础上，完善方案、改进方法，启动了《中国研究生教育研究进展报告2019》的撰写。编写组继续秉承研究生教育年度报告的定位——“汇聚研究生教育研究成果、展现研究生教育研究状态、引导研究生教育研究方向、提高研究生教育研究水平”，搜集2018年度发表、出版的学术成果，比较全面地反映了我国研究生教育年度研究的全貌。

经过“目录定刊”“词语定文”“人工鉴别”3个检索步骤，广泛搜集研究生教育研究学术成果。与2017年相比，2018年度关于研究生教育的学术期刊论文数量、博士学位论文数量均有不同程度增加。

《中国研究生教育研究进展报告2019》在保持10个专题的主体框架基础上，紧跟时代热点展现研究生教育研究现状。各专题由引言、主要内容、文献分布及特点分析3部分组成，各部分之间紧密联系。各专题客观描述研究内容，提炼研究成果。为了展示近年来研究生教育研究发展情况，本报告各专题根据前7年研究生教育研究报告的研究积累，对2011—2018年相关主题问题中研究重点、研究方法、引用作者群进行比较分析，并用数据对比、图表展示等方式进行阐述。

希望读者在阅读过程中，收获新的知识、新的理念和新的思想；更希望读者从中获得启发，开阔视野、提高认识，找出研究生教育研究的空白及新的方向，在现有研究基础上，不断提高研究水平，推进研究教育研究不断前进。

本报告由中国学位与研究生教育学会原会长赵沁平院士筹划和指导，由北京理工大学学位与研究生教育研究中心、学位与研究生教育杂志社、中国科技大学研究生教育研究杂志社共同编写。分工如下：

文献概述：王战军　杨旭婷

专题一　研究生教育基本理论问题研究：王战军　杨旭婷

专题二　研究生教育质量研究：王战军　张微

专题三　研究生培养研究：裴旭　许国亮

专题四　研究生导师队伍建设研究：裴旭　钱亚林

专题五　研究生招生与就业研究：周文辉　曹镇玺

专题六　研究生德育研究：周文辉　陆晓雨

专题七　学科建设研究：王战军　于妍

专题八　研究生教育管理研究：王晴

专题九　研究生教育国际比较研究：李金龙　赵强强

专题十　“双一流”建设研究：李明磊　李艳艳　陈冬洁　张锦绣

北京理工大学学位与研究生教育研究中心主任王战军教授负责全书统稿工作。北京理工大学博士研究生杨旭婷、张微在王战军教授的指导下负责2018年度全部文献的搜集、分析，并承担编写组秘书工作。鉴于编写组水平有限，本报告肯定存在疏漏和不当之处，肯请读者批评指正。

最后，湖南师范大学相关学者参与了本报告的统稿会议并提出了宝贵意见，中国科学技术出版社王晓义主任对本报告的出版提供了大力支持。在此，向他们表示衷心的感谢！

中国学位与研究生教育学会研究进展报告编写组

2019年6月